Josef Zotter

KOPF
STAND

MIT FRISCHEN
FISCHEN

Josef Zotter

KOPFSTAND MIT FRISCHEN FISCHEN

Mein Leben – meine Überzeugungen

+ Zotter in Shanghai
das Chinaabenteuer

Erweiterte und aktualisierte Neuausgabe
Wolfgang Wildner & Wolfgang Schober

Josef Zotter, geboren am 21. Februar 1961 in Feldbach (Steiermark), zählt zu den schillerndsten und erfolgreichsten Unternehmern Österreichs. Sein dramatischer unternehmerischer Werdegang, der ihn zunächst Schiffbruch erleiden ließ und in die Pleite führte, seine unkonventionellen Ansichten und sein kompromissloses Eintreten für biologische Produktion und fairen Handel machten den Querdenker und Visionär zum international beachteten Chocolatier und Vorzeigeunternehmer. Seine unorthodoxen Innovations- und Vermarktungsideen brachten ihn sogar auf den Lehrplan der angesehenen Harvard Business School. Die um einen „Essbaren Tiergarten" erweiterte Schokolade-Manufaktur im oststeirischen Bergl ist mit jährlich über 250.000 Besuchern heute Pilgerstätte und Tourismusmagnet. Zotters Geschmackskreationen gehen in die halbe Welt, mit seinen Projekten – zuletzt einer Niederlassung in China – sorgt er regelmäßig für Aufsehen und Gesprächsstoff. Josef Zotter ist verheiratet und Vater von drei Kindern.

Wolfgang Wildner (Jg. 1962) und **Wolfgang Schober** (Jg. 1973) sind langjährige leitende Magazinredakteure und Buchautoren.

INHALT

Vorwort Josef Zotter ... 8

Vorwort Koautoren ... 14

FALL UND AUFSTIEG

Unter Geiern ... 19

Phönix aus der Torte ... 45

Back to Bergl, auf nach Wien! ... 65

Nicht ganz dicht! Oder das verkehrte Hirn ... 81

Alle Sorten aller Orten? ... 103

Ideen-Diktatur und der blöde Markt, der schuld ist! ... 117

Schlachten, Rösten & Eisberge ... 139

AUFSTIEG UND ÜBERZEUGUNGEN

Ethik oder Motorboot? ... 148

Wo die Schokoladetafel herkommt und was drin ist ... 151

Kindersklaven ... 153

Aus dem Schoko-Atelier ... 155

Fairer Handel, aber bitte nicht heute ... 182

Gesichter beim Zahlen (weniger ist mehr) ... 191

Die Angst des Unternehmers vor der Blase ... 199

Die Milch wächst auf der Nachbarwiese ... 202

G'scheit schlau (und dann sauer) ... 205

Bist du deppert, ist das schön (vom Tod der Schokolade) ... 208

Wo der Wurm drinnen ist (juhu, die Schoko lebt) ... 210

Kostenloses Biomenü (trotz des geilen Geizes) ... 212

Wachsen oder nicht wachsen? Das ist hier die Frage	215
Die Legende von den unausgelasteten Maschinen und den toten Lebensmitteln	224
Luft zu Autos schmieden	227
Alle Steuern weg und Autos, die am Dach fahren	229
Die Geschichte von der Endzeit	234
Schlammringen oder das Eigenleben der Pflanzen	236
Der Chef im Glashaus	239
Der Rhythmus des Herzens	240
Lang lebe die Hose!	243
Ein Zotter, zwei Schuhe (oder das Verschiedene an mir)	245
Penisverlängerung	249
Glitzer und Glamour	252
Gegenstand von irgendwas (Harvard)	253
Ein einfaches Essen (warum so traurig?)	257
Letscherter Salat	272
Das Leiden des (jungen) Zotter oder selber denken	278
Die arme Sau, die nicht mit dem Arsch wackeln darf	280
Ob der Diskonter zum Diskonter geht?	285
Die Geschichte von David und Goliath (oder Zotter gegen den Rest der Welt)	287
Ein neues Zeitalter oder Frühstück beim Bäcker	291
Träume (schön)	296
Fragen über Fragen (wir brauchen Antworten)	301

ZOTTER IN CHINA

Zotter in China oder Bio-Schoko für Maos Erben	306

ÜBER DIESES BUCH

Warum das Buch so heißt, wie es heißt? Kopfstand mit frischen Fischen? Hä? Nun, was den Kopfstand betrifft, müsste man eigentlich meine beiden Koautoren befragen. Die haben nämlich nur knapp gemeint: „Sepp, Kopfstehen passt zu dir!" Glauben die das wirklich? Sie erklärten es damit, dass meine Geschichte vieles von dem auf den Kopf stellen würde, was man bislang für erfolgreiche Unternehmer als notwendig erachtet hätte. Ja, mehr noch, mein ganzes Lebenswerk sei ein dynamischer Kopfstand mit aktiver Neigung zu permanenten Kopfgeburten. Dinge, die im Kopf entstehen, Einfälle, die kopfstehen – Umsetzung auch oder vorzugsweise gegen Widerstände. „Da können sich andere auf den Kopf stellen", haben sie gemeint. Gut, wenn die das sagen …!? Das bringt mich auch schon zu den Fischen, den frischen. Es ist nämlich so: Ich bin nicht nur im Sternzeichen Fisch, ich fühle mich auch sonst manchmal wie im Aquarium. Es schwirren mir die Gedanken nur so um die Ohren, eben wie die frischen Fische. Ich mag es einfach, mit Ideen zu spielen, herumzufantasieren. Am schönsten ist es natürlich, wenn aus einem Gedanken mehr wird. Und wenn man sieht, dass in der Gedankenlücke, die sich danach auftut, gleich wieder so ein frischer Fisch drinsitzt. Wie im Teich, da ist auch kein Loch unbesetzt.

Fische haben etwas Quirliges, Freches und Neugieriges, aber kaum nimmt man sie aus dem Wasser, werden sie total unbeholfen. Weil sie ihrer gewohnten Umgebung entrissen sind. So ist es auch mit den frischen Ideen. Sie sind schön zum Anschauen, ändert sich jedoch die Umgebung – z.B. die Stimmung –, gehen sie ein oder werden schlecht (gemacht). Deswegen ist es so wichtig, dass wir uns niemals einfangen lassen, weil dann gehen die Ideen zugrunde. Schließlich ist auch der junge Zotter einmal in einen allzu großen Schlund geschwommen, weil er nicht aufgepasst hat und dachte, er würde schon nicht gefressen. Ja, viel hätt nicht gefehlt, und es wären von mir nur noch die Gräten übrig geblieben. Wie es dazu kam und welchen Weg ich aus dieser Krise fand, davon handelt dieses Buch.

Aber auch davon, dass ich in meinem Leben nur ganz selten irgendwelche Kompromisse eingegangen bin. Von Anfang an. Mein Scheitern im ersten Durchgang meiner Unternehmerkarriere war da ja auch nur konsequent. Ja, ich habe einen gewaltigen Bauchfleck hingelegt – mit Anlauf. Auch einige meiner Schoko-Ideen sind auf dem Ideenfriedhof gelandet, Geschmacksrichtungen wie zum Beispiel Käferbohnen mit süßem Zwiebel, andere wie etwa Schweineblut oder Fisch sorgten für Aufsehen oder

riefen gar Widerstand hervor. Wenn man sich so wie ich in seiner Arbeit ganz nah an der Linie zum Absturz bewegt, kann man auch ganz schnell hinunterfallen. Dafür ist dort aber auch die Aussicht am schönsten. Und wenn man Glück hat, wachsen einem Flügel. Ich hatte dieses Glück schon einige Male und bin sehr hoch geflogen, etwa wenn ich „Ge Nüsse" oder Käse-Schokolade, das Schoko-Laden-Theater, den Essbaren Tiergarten, das zweite Schoko-Laden-Theater in Shanghai, das Flat Ice, die Insekten-Schokolade mit Mehlwürmern, Heuschrecken und Buffalo Worms, Overdose, den coolen Chocolate Drink mit dem Superfood-Kick, und all die anderen Projekte, Ideen und Kreationen entwickeln durfte. Mittlerweile sind es übrigens weit mehr als tausend Geschmacksrichtungen in Schokoladen und Mehlspeisen – allesamt meine Geisteskinder. Und laufend gesellen sich neue dazu.

Auch wirtschaftlich bin ich mittlerweile nach meiner Bruchlandung vor vielen Jahren in von mir kaum vorhersehbare Höhen aufgestiegen. Was ich fast ein bisschen witzig finde, schließlich hat sich meine Grundhaltung zeit meines Schaffens ja nie geändert. Mein Bedürfnis war immer gleich: Ich wollte stets LEBENsmittel herstellen, die kompromisslos ehrlich und fair zu uns Menschen und zu unserer Umwelt sind. Und ich möchte nichts produzieren, was ich nicht auch mir selber und meiner Familie zumuten würde.

Ich habe immer auf meine innere Stimme gehört und diese auch nach außen getragen. Ich bin mir sicher, jeder, der das macht und seinen Überzeugungen folgt, wird auch Erfolg haben – das muss ja nicht immer nur monetärer Erfolg sein. Eine Familie zu haben, die zu einem steht, auch in schlechten Zeiten (in guten ist es eh leicht), das ist wohl das Schönste, was man sich wünschen kann.

Manchmal vor dem Einschlafen versuche ich mir vorzustellen, wie unsere Welt in 300, 500 oder gar 1.000 Jahren ausschauen wird. Klar, das werden weder Sie noch ich erleben und es könnte uns daher egal sein. Doch halte ich das für grob fahrlässig. Wir haben mit unserer Geburt einen wunderschönen Planeten betreten und tragen dazu bei, diesen in einem miserablen Zustand wieder zu verlassen. Ausgezehrt, verbraucht, ausgebeutet, um seine Ressourcen gebracht, die nachfolgenden Generationen dann nicht mehr zur Verfügung stehen. Dieses oft gehörte „Ja, aber ich kann eh nichts ändern" befriedigt mich überhaupt nicht. Weil es nicht stimmt. Denn jeder ist „selbst die Veränderung"! Auch lieben muss man sich zuerst selbst, bevor man Liebe schenken kann. Also fangen wir bei uns an und warten nicht auf die anderen. Denken wir auch daran, wie es den Menschen geht, die es nicht so gut erwischt haben! Etwa – für mich naheliegend – an die Kakaobauern in Lateinamerika und Afrika, in Indien oder Papua-Neuguinea. Oder denken wir darüber nach, wie unser tägliches Essen entsteht! Achten wir darauf, wie und was wir konsumieren: XL-Autos, Billigst-Klamotten, Fast Food, Möbel, die mit giftigen Stoffen eingelassen sind und worin wir z. B. täglich schlafen.

„Ich wollte stets LEBENsmittel herstellen, die kompromisslos ehrlich und fair zu uns Menschen und zu unserer Umwelt sind."

Ein Lösungsweg dazu: Kreativität. Kreativität ist etwas, was jedem Menschen innewohnt. Jeder ist dazu aufgerufen, herauszufinden, was er besonders gut kann. Und wenn er es weiß, soll er sich nicht beirren lassen und sich einbringen. Immer mehr geht heute in Richtung Gleichförmigkeit und Gleichmacherei, vieles wird von Institutionen geregelt. Das brauchen wir alles nicht, wir müssen selbst Verantwortung übernehmen, nur das kann zu Glück führen. Heute weiß ich aber auch: Wir sind, wer wir sind, weil wir nicht (krampfhaft) versucht haben, anders zu sein.

In meinem Leben bin ich vielen Menschen begegnet, die mich immer wieder beeinflusst haben. Zufälligerweise waren es immer wieder Künstler aus den unterschiedlichsten Sparten. Gerade von ihnen konnte ich sehr viel lernen, weil es durchwegs Menschen sind, die nicht nach dem großen Geld suchen, sondern von anderen, inneren Werten und der Liebe zu dem, was sie tun, angetrieben sind.

Das letzte Hemd hat keine Taschen! Das sollte uns allen bewusst sein. Also versuchen wir, ein schönes Leben zu leben, aber auch ein verantwortungsvolles, und nicht allzu viel zu zerstören. Das haben mir meine Kakaobauern aus Lateinamerika immer wieder zu verstehen gegeben, wenn sie bei uns waren oder wir bei ihnen – und in dieser Hinsicht sind sie, finde ich, viel weiter entwickelt als wir in unserem Kulturkreis.

Die Maximierung der Menschlichkeit wäre unser größter Gewinn. Zu dieser Form der Gewinnmaximierung bekenne ich mich von ganzem Herzen. Es sind noch so viele Fragen, die mich beschäftigen und bewegen. Die Frage, ob es mir eines Tages gelingt, ein Schokoladen-Schiff-Theater zu bauen oder gar ein Schokoladen-Raumschiff, zählt dabei noch zu den harmloseren und bleibt vorerst unbeantwortet. Antworten auf mir gestellte Fragen liefert, so hoffe ich, dieses Buch. Wolfgang Wildner und Wolfgang Schober stellten die Fragen, meist zwischen süßer Ironie und bitterem Ernst, und ich bemühte mich redlich um Antworten. Der daraus gesponnene Dialog gibt Einblick in meinen Lebensweg und erhellt die wichtigsten Erkenntnisse und Erfahrungen in meinem Leben voller Höhen und Tiefen. Es ist ein Buch, das Zeugnis ablegt von meinen Erzeugnissen ebenso wie von meinen Überzeugungen. Es ist ein Buch, das meine Geschichte erzählt. Die Geschichte des Sepp Zotter.

SEPP ZOTTER

„Daher danke an Uli und meine drei Kinder Julia, Michael und Valerie!"

Wolfgang Schober, Wolfgang Wildner und Josef Zotter (v. l.)

DA WUSSTEN WIR:
Dieses Buch müssen wir einfach schreiben!

Interviewtermin bei Josef Zotter. Der Mann gibt Gas und ist immer für einen starken Sager gut, das wissen wir. Wir haben das Bild des mit Schokolade übergossenen Chocolatiers, der längst selbst zur Marke geworden ist, vor Augen. Bergl bei Riegersburg, davor oder danach – je nachdem, aus welcher Richtung man sich nähert. An einer Kurve, erhöht zwischen zwei Hügelkuppen, liegt Zotters legendäre Schokoladen-Manufaktur, darunter sein Essbarer Tiergarten. Der scheinbar überdimensionale Parkplatz ist gut gefüllt, vor der Manufaktur herrscht Jahrmarktsstimmung. Gruppen von Menschen, ganze Busladungen, Schokoladen-Pilger, die auf eine Führung durch z o t t e r s Schoko-Laden-Theater warten, den Tiergarten besichtigen oder im Schoko-Laden einkaufen wollen. Wir befinden uns an einem kulinarischen Wallfahrtsort. Schon über 250.000 kommen übers Jahr hierher. Also rein in den Schoko-Laden. Irgendwie wursteln wir uns durch das Gewühl und melden uns an der Kassa an. „O.K., der Chef kommt gleich". Unweigerlich zieht uns Zotters Inszenierung von Schokolade in ihren Bann – die bunten Schleifen, die vielen Marken und Sorten, die, fein säuberlich in die Regale geschlichtet, gleichzeitig die Aura von Ausstellungsstücken ausstrahlen, wie sie dazu verleiten, gekauft zu werden. Das Klingeln der Kassa verrät, dass es nicht nur uns schwerfällt, den Verlockungen zu widerstehen. Und plötzlich steht – wie hereingebeamt – Josef Zotter in seinem weißen Arbeitsmantel vor uns. Eine Regalwand hat sich wie eine Geheimtür geöffnet. Und dann schießt er uns auch schon in seine Umlaufbahn. Ein Parforceritt durch seine Manufaktur. Er erklärt, erzählt, entwirft, holt aus, teilweise im Gehen, von Station zu Station. Wir haben Mühe, ihm zu folgen. Dann zieht es uns in seinem Sog in sein Büro. Von hier aus überschaut er – wenn er will auch mittels Fernrohr – den Tiergarten. Auf seinem Tisch und in den Regalen herrscht das kreative Chaos. Wir setzen uns. Gut zwei Stunden Interview, das Band läuft mit. Die Erwartungen, die wir in ihn gesetzt haben, erfüllt Zotter mühelos. Stoff für drei Geschichten. Wir packen unsere Sachen, super, dieser Zotter, das hat sich ausgezahlt. Zotter begleitet uns hinunter. Es ist früher Nachmittag oder später Mittag. „Trinken wir noch einen Kaffee", sagt er. „O.K.", sagen wir. Wir stellen uns an die Theke im Schoko-Laden. Zotter beginnt zu erzählen und erzählt und erzählt – von seiner Kindheit und von seinen Träumen und von seinen Lehr- und Lernjahren, seinen Anfängen als Koch irgendwo in Kärnten, dann am Arlberg, seiner Zeit in New York und von seinen Konditoreien, mit denen es ihn aufgestellt hat, und davon, wie es war, ganz unten zu sein. Kein Tonband läuft mit. Längst sind die letzten Besucher gegangen. Draußen ist es dunkel geworden und Zotter erzählt noch immer. Wir hängen an seinen Lippen und irgendwann macht sich Erschöpfung breit, aber als wir uns von Zotter verabschieden, leuchten unsere Augen. Schweigend fahren wir durch die Nacht zurück nach Graz und doch liegt uns etwas auf der Zunge. Als wir uns am nächsten Tag bei der Arbeit wieder begegnen, sprudelt es beinahe gleichzeitig aus uns heraus: „Ein Wahnsinn, das ist Stoff für drei Bücher! Das müssen wir einfach machen." Sofort setzen wir uns hin und schicken Zotter eine E-Mail mit dem Vorschlag, ein Buch zu machen. Ein Buch über seine Erlebnisse, sein Leben, ein Buch über seine Überzeugungen, ein Buch über die Einsichten, die er während seiner erstaunlichen unternehmerischen Achterbahnfahrt gewonnen hat – zwischen tief unten und ganz oben. Viel von dem, was er uns an diesem ersten langen Nachmittag erzählt hat, war später auch Gegenstand der folgenden Gespräche an ebenso langen Nachmittagen und hat in dieses Buch Eingang gefunden, manches nicht. Die Episode vom ersten Schwarzen, der in Josef Zotters Schoko-Manufaktur arbeitete, zum Beispiel. Wie gesagt – Stoff für drei Bücher, mindestens. Hier ist eines davon.

WOLFGANG SCHOBER
WOLFGANG WILDNER

FALL UND AUFSTIEG

UNTER GEIERN

„Unter Geiern" – ein seltsamer Kapiteltitel. Findest du nicht auch, Zotter?
Ist das nicht ein Buch von Karl May?

Stimmt. Aber bei uns bezieht sich der Titel auf etwas anderes, wie du dir denken kannst.
Ja, ich weiß schon – ihr meint den Pleitegeier.

Der über dir gekreist ist.
Was heißt gekreist? Der hatte sich längst an meinem Kadaver zu schaffen gemacht. Gott sei Dank ist das jetzt schon eine Zeit lang her.

Aber es interessiert die Leute noch immer.
Warum?

Geschichten von Aufstieg und Fall sind immer interessant. Und am interessantesten ist es, wenn sich einer so wie du selbst wieder aus dem Sumpf zieht, in dem er schon beinahe versunken war. Geschichten, wie sie eben nur das Leben schreibt. Verstehst du?
Im Nachhinein mag das ja eine nette Story sein, aber damals war es Überheblichkeit. Aber um das zu erklären, muss ich aber jetzt ein bisschen weiter ausholen.

Ich war ja ursprünglich als Koch durch die halbe Welt unterwegs – vom Arlberg bis nach Manhattan.

Cool.
Eigentlich eh, aber irgendwann hatte ich genug davon. Wisst ihr, warum ich überhaupt auf die Idee gekommen bin, eine Konditorei aufzumachen?

Nein, keine Ahnung.
Ich habe die Konditorei gemacht, weil ich aus der Spitzengastronomie weg wollte. Damals war ich 27. Ich hatte von diesem ganzen Luxusgetue die Schnauze voll und habe mir gedacht: „Ich mache jetzt etwas ganz Einfaches – am besten ein Kaffeehaus." Ich habe dann in allen möglichen Städten ein geeignetes Lokal gesucht – in

Innsbruck zum Beispiel und in Wien. Dass es Graz geworden ist, war reiner Zufall. An der Glacisstraße gab es einen Laden, die Rollos waren längst heruntergelassen. Ich glaube, er war schon seit zwei Jahren geschlossen. Eine Konditorei, den Namen weiß ich gar nicht mehr. Ich kann mich nur erinnern, dass es dort fürchterlich gestunken hat – total vergammelt. Für mich hat das gepasst, weil die Miete ziemlich günstig war.

Du warst doch damals schon ziemlich bekannt, oder?
Ja, als Koch hatte ich schon einen Namen. Aber ich wollte etwas ganz anderes machen – ein einfaches Kaffeehaus. Die Universität war ganz in der Nähe und ich habe mir gedacht: „Wenn die Studenten zu mir kommen, dann wird das schon irgendwie funktionieren."

Und was war dann das Problem?
Dass nicht die Studenten gekommen sind, sondern die meistens schon ziemlich betagten ehemaligen Gäste der Konditorei. Und die haben mir auch noch das Hirn vollgejammert: „Mein Gott, früher haben wir hier so wunderbare Cremeschnitten gegessen, das können Sie sich gar nicht vorstellen, wie super die waren. Und die Punschkrapfen. Und die Schaumrollen …" Und dies und das. „Warum machen Sie eigentlich keine Cremeschnitten, keine Schaumrollen und auch sonst nichts?"

Ja, warum eigentlich??? Das wäre ja wohl möglich gewesen, dass man ein paar Cremeschnitten in die Vitrine stellt, oder?
Mir ist das total auf die Nerven gegangen, ich wollte definitiv nur ein Kaffeehaus machen und mit dem ganzen Cremeschnitten- und Schaumrollenzeugs rein gar nichts zu tun haben. Bitte nur keine Cremeschnitten! Vielleicht ein paar Wurstbrote. Aber die Leute haben mich die ganze Zeit angejammert.

Und du bist weich geworden.
Ja – mehr oder weniger. Irgendwann habe ich mir gedacht: „Na gut, dann mache ich halt etwas. Hilft ja nichts." Also habe ich begonnen, im Hinterzimmer ein paar Mehlspeisen zusammenzubasteln. Die waren dann alle ein bisschen halbschwindlig – wenn ihr versteht, was ich meine. Zum Beispiel Sachertorte mit Chili oder Topfenroulade mit Dosenpfirsich. Halbschwindlig und halbkreativ.

Also keine Cremeschnitten?
Nein, keine Cremeschnitten. Keine verdammten Cremeschnitten, keine Schaumrollen, keine Punschkrapfen und auch keine Sachertorten. Ich hatte mir geschworen, so etwas in meinem ganzen Leben nicht anzugreifen. Dazu habe ich einfach keinen Geist gehabt. Ich wollte sowieso nur das machen, wovon ich überzeugt war,

und auf keinen Fall das, was andere von mir wollten. Da hatten es ja meine Eltern schon immer schwer mit mir.

Davon träumen die meisten.
Das Problem bei mir war, dass ich mich damit zwischen alle Stühle gesetzt habe. In dem Viertel, in dem sich mein Kaffeehaus befand, gab es ja einerseits durch die Uni irrsinnig viele Studenten, andererseits wohnten dort auch die ganzen gutbürgerlichen Pensionisten – Universitätsprofessoren und Hofräte und Hofratsgattinnen und so weiter. So ein Viertel gibt es ja in jeder Stadt. Und genau diese alten Leute haben mich jetzt wieder angejammert – wegen der Cremeschnitten und der Schaumrollen, dieser Konditorei-Sachen von gestern. Die sind mir also schon wieder bzw. immer noch auf die Nerven gegangen. Und ich habe mir gedacht: „Verdammt, jetzt machst du für die Leute Mehlspeisen, damit sie etwas zu naschen haben, und dann passt es ihnen wieder nicht." Leider sind aber auch die Studenten ausgeblieben. Die haben sich nämlich gedacht: „So ein Halbweicher mit seinen schwindligen Möchtegern-Mehlspeisen. Was will der eigentlich?" Oder so ähnlich. Keine Ahnung, was sich die wirklich gedacht haben, jedenfalls sind sie nicht gekommen und das Lokal war alles andere als voll. Dementsprechend flau war auch das Geschäft und in der Kasse herrschte Ebbe.

Klingt nicht berauschend.
War es auch nicht. Eigentlich war ich damals schon so gut wie pleite. Da hat wirklich nicht mehr sehr viel gefehlt. Obwohl: Streng genommen war ich ja schon beinahe pleite, als ich das Lokal aufsperrte. Ehrlich gesagt habe ich nämlich nicht die geringste Ahnung gehabt, worauf ich mich da eingelassen habe. Ich habe damals für das Lokal einen Pachtvertrag unterschrieben und nicht einmal gewusst, dass man das Klo auch herrichten sollte. Weil das war in einem erbärmlichen Zustand. Ich erspare euch die Einzelheiten. Jedenfalls haben sich die Fliesen von der Wand gelöst, die Decke war demoliert und die Tische waren klebrig und haben gestunken. Überhaupt hat es im ganzen Lokal gemieft. Irgendwie grausig. „Na ja", habe ich mir gedacht, „ein bisschen herrichten musst du das schon." Also habe ich mit den Renovierungsarbeiten begonnen. Das Problem war nur, dass ich eigentlich kein Geld hatte. Von meiner Zeit als Spitzenkoch war nicht viel übrig – vielleicht 50.000 Schilling und ein Regal voller Kochbücher. So viel habe ich damals ja auch wieder nicht verdient. Renovierung und Einrichtung des Lokals wären sich damit niemals ausgegangen. Was also tun?

Damals hat man fürs Heiraten ja noch 15.000 Schilling bekommen. Also haben die Uli und ich beschlossen, zu heiraten. „Das ist super, dann haben wir immerhin schon 15.000 Schilling", haben wir uns gedacht. Den Hochzeitsgästen haben wir dann mitgeteilt, dass wir kein Bügeleisen und kein Geschirr bräuchten und überhaupt dieses ganze Zeug nicht, weil wir nämlich schon alles hätten – was natürlich ein kompletter Blödsinn war. Sie mögen uns stattdessen bitte lieber Kohle geben, also Bargeld. So haben wir weitere 40.000 Schilling bekommen. Insgesamt hat uns das Heiraten also 55.000 Schilling gebracht. Nicht schlecht, oder? Das war genau die Summe, mit der wir uns die neuen Fliesen leisten konnten. Die Fliesenleger waren nämlich mit ihrer Arbeit schon so gut wie fertig. Irgendwie wäre es nicht besonders klass gewesen, wenn ich sie nicht bezahlen hätte können. Aber damit war das Geld auch schon wieder weg.

Und dann?
Ein Kredit musste her. Mir blieb gar nichts anderes übrig. Ich erinnere mich noch gut daran, wie ich dann in diesem Bankinstitut gesessen bin. Das Problem war, dass irgendwie immer alles etwas gekostet hat, wir damals aber noch so gut wie keine Umsätze gemacht haben. Bei genauerer Betrachtung eine ziemlich unerfreuliche Situation. Der Überziehungsrahmen war auch sehr bescheiden, außerdem musst du die Überziehungszinsen ja auch zahlen. Jedenfalls hat der Bankangestellte sofort gewusst, worum es geht: „Ja, Herr Zotter, Sie brauchen eine Jungunternehmerförderung. Die Jungunternehmerförderung wird Ihre Rettung sein." Das hat er gesagt.

Genialer Gedanke.
Ja, das hab' ich mir auch gedacht: „Wahnsinn, Boa, Jungunternehmerförderung! Das klingt gut. Ich bin jung. Das krieg ich hundertprozentig." Und so weiter. Ich bin echt ein bisschen euphorisch geworden und hab gleich die teurere Kaffeemaschine bestellt, weil die einen besseren Kaffee gemacht hat.

Da musst du jetzt selber lachen. Was ist dann passiert?
Dann ist schon das erste „Aber" gekommen. Eh logisch. Die Förderung war nämlich in Wirklichkeit mit einem Kredit verknüpft – sonst hätte ich ja gar nicht auf die Bank gehen müssen. Und für einen Kredit brauchst du Sicherheiten. Sicherheiten hatte ich aber nicht. Also konnte ich mir diese Förderung gleich wieder abschminken. Wir haben aber trotzdem weitergemacht und das Lokal neu eingerichtet. Keine Ahnung, womit. Da war nämlich nichts. Die ganze Sache fing also schon ziemlich spannend an. Eigentlich war ich nämlich bereits zu Beginn meiner geschäftlichen Aktivitäten nicht lebensfähig. Allerdings vermute ich, dass es sowieso fast allen so geht, die ein Unternehmen aus dem Nichts aufbauen. Allein schon deshalb, weil du keine Vorstellung davon hast, was bei so einem Projekt auf dich zukommt. Du übersiehst sehr viel. Du hast ja null Erfahrung. Wenn du dir als junger Mensch ein paar

IKEA-Möbeln kaufst und dir damit ein Zimmer einrichtest, dann ist das ja noch ziemlich überschaubar. Aber bei so einem Lokal … Das hätte ich mir am Anfang auch nicht gedacht, was da alles zu tun ist.

Eine Episode muss ich euch noch erzählen: Das Lokal war dann nämlich irgendwann wirklich fertig – renoviert und neu eingerichtet. Es hat echt lässig ausgeschaut in meinen Augen. Bloß finanziert war es noch nicht. Womit auch?! Der Bankdirektor von der Filiale nebenan hat aber anscheinend an mich geglaubt. Was ich gemacht habe, hat ihm gefallen, und so hat er mich halt immer wieder gefragt: „Zotter, wie schaut es eigentlich mit der Finanzierung aus und wie wollen Sie das überhaupt finanzieren?" Schließlich haben wir dann doch noch ein Förderansuchen gestellt. Und ein paar Tage später ist ein Förderprüfer bei mir im Geschäft erschienen. Es war ja längst alles fertig und wir hatten auch schon geöffnet. Ich weiß noch genau, wo er sich hingesetzt hat: an einen Tisch ganz hinten in der Nische, im letzten Eck eigentlich. Von dort aus hat er sich alles ganz genau angeschaut, das war quasi die Machbarkeitsanalyse. Dort hat er sich gefragt, ob diese Idee – meine Vision – überhaupt aufgehen kann. Da sitzt dieser Typ im fixfertigen Lokal und spricht mit mir, als würde es sich um etwas handeln, das möglicherweise irgendwann einmal entstehen könnte. Das vergesse ich nie. Das war schon wieder grotesk.

Du bist dir vorgekommen wie im falschen Film?

Ja, am liebsten hätt ich ihn gefragt, ob er einen **Huscher** hat. Ich hab's natürlich nicht getan. Damals habe ich sowieso noch einen Mordsrespekt vor Behörden gehabt, fast ein bisschen Angst. „Nur jetzt keinen Fehler machen!", hab ich mir gedacht. Am liebsten hätte ich ihm gesagt: „Sie! Wenn Sie sich mit mir über irgendwelche Zukunftsideen unterhalten wollen, dann sitzen Sie hier mit Sicherheit am falschen Platz, denn meine Idee ist längst realisiert. Es handelt sich dabei nämlich um das Lokal, in dem Sie sitzen. Und die Rechnungen dafür muss ich außerdem jetzt sofort zahlen und nicht übermorgen! Also brauche ich das Geld. Und zwar jetzt." Aber ich bin natürlich höflich geblieben, fast devot, wie es sich für einen Förderwerber gehört. Die Bank hat mir dann das Geld in der Überzeugung gegeben, dass die Genehmigung der Förderung nur mehr eine Formsache ist.

Super!

Ja, super. Wie der Teufel nämlich will, hat der Förderprüfer, ausgehend von seinen Beobachtungen, ein bisschen herumgerechnet und ist zu der Auffassung gelangt, dass sich das Ganze niemals rechnen kann. Also: Förderung, ade. „Na bravo!", hab

➡ **Huscher:** umgangssprachlich für „Knall", meist verwendet in der Form „einen Huscher haben", d. h. verrückt sein bzw. verrückte, von der Norm abweichende Dinge tun.

ich mir gedacht, „jetzt hab' ich den Scherb'n auf. So ein Mist!" An diesem Punkt war ich eigentlich stehend k. o. Das hat mich auf den Boden der Realität zurückgeholt. Ich hatte jede Menge Schulden, aber leider kaum Gäste im Lokal. Und die paar Gäste, die gekommen sind, wollten Cremeschnitten oder Schaumrollen, die ich wiederum nicht hatte. Toll, oder? Das mit der Förderung haben wir dann doch noch irgendwie hinbekommen. Wenigstens etwas. Und dann haben wir versucht, in die Offensive zu gehen.

In die Schlacht um die Gäste?
Das mit den Gästen war schon eine ziemlich verfahrene Situation, um es milde auszudrücken – wenn die Leute nämlich etwas wollen, was du nicht anbietest, aber nichts von dem, was du anbietest.

Das würde bedeuten, dass das Angebot nicht hundertprozentig mit der Nachfrage übereingestimmt hat?
Nicht hundertprozentig ist schön formuliert. Ich hab mir dann gedacht: „Das funktioniert irgendwie nicht." Auf keinen Fall wollte ich aber auf diese Gästewünsche eingehen. „Lieber mache ich Pleite, als Cremeschnitten zu produzieren." Das habe ich absolut ernst gemeint. Es gab für mich nicht die geringste Möglichkeit eines Kompromisses. Niemals! Lieber würde ich untergehen, als dem Markt zu gehorchen. Dabei hätte ich nur ein paar Cremeschnitten in die Vitrine stellen müssen. Aber in diesem Punkt war ich stur. Ich bin immer schon stur gewesen. Deswegen war ich eigentlich auch ein schlechter Arbeitnehmer. Mit mir hat es niemand leicht gehabt. Über mich haben alle meine Chefs immer nur gesagt: „Das ist ein Sturschädel. Mit dem zu reden, ist völlig sinnlos. Mit dem kann man nicht einmal ein Meeting machen, weil der rennt uns nach zwei Minuten sowieso davon."

Tolle Einstellung. Wirklich vorbildlich.
Ich bin halt der geborene Sturschädel. Was soll ich tun? Auf jeden Fall habe ich mich damals gefragt: „Was mache ich jetzt mit dem ganzen Sortiment, das anscheinend niemand so richtig will?" Und dann habe ich einen Entschluss gefasst: Ich werfe den ganzen halbkreativen Mist hinaus und lege einen Zahn zu. Und mache Saubohnen-Torte mit Zwiebel und Zimt.

Es heißt ja auch: „Angriff ist die beste Verteidigung."
Zuerst ist gleich einmal die Karte in den Müll gewandert – alles weg, alles raus! „Wir machen alles neu", war die Devise. Ich hab damals den Illy-Kaffee aus Triest hierhergebracht. Den hat es zuvor in Graz noch nicht gegeben. Ich war der Erste. Dann habe ich eine Teekarte geschrieben – mit über 20 Sorten. Auch das hat es vorher

noch nicht gegeben. Dabei habe ich diese Idee schon die längste Zeit im Kopf gehabt, mich jedoch nicht getraut, sie umzusetzen. 20 Sorten Tee. Die Leute haben damals ja normalerweise „einen Tee" bestellt. Damit haben sie einen schwarzen Tee aus dem Packerl gemeint, denn etwas anderes hat es ja gar nirgends gegeben. Und darauf hab ich sie gefragt: „Wollen Sie einen Darjeeling oder einen Ceylon?" Wenn du dann noch wissen wolltest, ob erste oder zweite Lage, dann war es überhaupt aus. Schließlich hatte ich ja 20 Sorten. Darauf haben sie ganz verwundert getan: „Was, wir können uns den Tee aussuchen? Beziehungsweise müssen ihn uns aussuchen. Aha, interessant." Den Gästen das begreiflich zu machen, war auch wieder nicht ganz so einfach, aber immerhin: Nach dieser Maßnahme sind immer mehr Studenten gekommen. Die haben es lustig gefunden, dass es eine Teekanne gibt und eine Teeuhr dazu. Und dann haben sie begonnen, den Tee bei uns im Lokal so richtig zu zelebrieren.

Tee-Kult.
Ja, kann man sagen. Und gleichzeitig habe ich auch bei den Mehlspeisen einen Zahn zugelegt und nur mehr Sachen gemacht, die es vorher noch nirgends gegeben hat. Und das war dann eigentlich auch die Geburtsstunde meines Prinzips, dem ich bis heute treu bin.

Welches Prinzip?
Dass es nicht einmal mehr annähernd das gibt, was sich die Leute wünschen, sondern nur das, was ich mir wünsche. Und siehe da, auf diese Weise stellten sich nach und nach die ersten Erfolge ein.

Zwischenfrage: Du warst doch eigentlich gar kein Konditor, sondern Koch? Wo hast du denn das Konditorhandwerk gelernt?
Eigentlich in meinem eigenen Betrieb. Ja, ich habe in der Glacisstraße gelernt, obwohl das ja mein eigener Betrieb war. Ich war dort Lehrherr und Lehrbub in einem. Dass ich mir das überhaupt antun musste, dazu hat mich die Konkurrenz verurteilt. Der war ich natürlich ein Dorn im Auge. Ich war ja kein Konditormeister und die wollten, dass ich die Meisterprüfung mache. Sonst hätte ich einen Konditormeister anstellen müssen. „Nein, das kommt überhaupt nicht infrage", habe ich mir gesagt, „dann mache ich es lieber selbst." Ich habe dann nebenbei die Lehre absolviert und schließlich auch die Meisterprüfung erfolgreich bestanden. Aber das war gar nicht so unspannend, weil ich die Abschlussprüfungen genau bei den Leuten machen musste, die von meinen Absichten alles andere als begeistert waren. Aber im Nachhinein betrachtet hat mir das alles letztlich auch geholfen, weil ich gelernt habe, mich durchzukämpfen. Es fällt einem im Leben eben nicht alles in den Schoß.

Ab jetzt hat sich der Erfolg langsam, aber sicher eingestellt. Und innerhalb von ein-einhalb oder zwei Jahren sind wir dann plötzlich so erfolgreich gewesen, dass sich die Leute wirklich vor unserem Geschäft angestellt haben. Vor allem sonntags hat sich vor dem Lokal regelrecht eine Warteschlange gebildet und das Geilste daran war, dass sich die Leute anstellten, um eine der Mehlspeisen zu bekommen, die ich kreiert hatte – zum Beispiel soufflierte Vanille mit Marille. Das waren mit Sicherheit keine traditionellen Süßspeisen mehr. Das war ein sehr erhebendes Gefühl und da waren wir dann auch schon ziemlich bekannt.

Was für Torten waren das?

Damals haben wir zum Beispiel eine Hopfen-Malz-Torte gemacht und Hanf habe ich auch sehr gerne verwendet. Und es gab Milchreistorte mit Bourbon-Vanille und Lychees oder Butter-Karamelletorte mit frischen Ananas und Meersalz, Guarana im Schokoladespeck, Walnusstorte mit Blütenpfeffer oder Steirahmisu. Am liebsten machte ich das, wozu ich gerade frische Zutaten im Haus hatte. Das ist bei den Leuten dann alles ziemlich gut angekommen. Die Funny-Torte war wohl das bekannteste Tortenobjekt, das sich im Laufe der Zeit entwickelt hat. Das war eine asymmetrische Torte, die sicher nicht zweimal gleich ausgeschaut hat. So ähnlich wie heute Mi-Xing-bar bei der **Schokolade**. Das war damals vielleicht ein Skandal! Keine runde Torte zu machen und nicht einmal eine quadratische, sondern irgendeine. Diese Art von Torte ist dann noch ziemlich berühmt geworden und an einem besonders großen Exemplar haben sich am Grazer Hauptplatz einmal 2.200 Menschen satt gegessen. Auf alle Fälle ist das Lokal jetzt immer beliebter geworden und meistens war es total voll. Ein Wahnsinn. Logischerweise musste ich dann auch Personal aufnehmen, denn allein habe ich es einfach nicht mehr geschafft. Es war wirklich viel los und auch die Umsätze haben jetzt gepasst.

Aber dann hat sich – vorerst kaum bemerkbar, aber umso heimtückischer – das eingeschlichen, was im Geschäftsleben unweigerlich zur Pleite führt: Alle haben mir auf die Schulter geklopft, weil ich ja jetzt so klass und so schick war. Ich bin mir natürlich ziemlich gut vorgekommen und hab mir gedacht: „Wahnsinn, Boa, du bist so klass. Kommst aus der tiefsten Oststeiermark, hast dir in New York ein paar Sporen verdient, wolltest danach mit einem Kaffeehaus im Grunde genommen eine ziemlich ruhige Kugel schieben – und nun das. Ist das nicht extrem lässig?" Plötzlich war es angesagt, zu mir zu kommen. Es hat sich in der Szene herumgesprochen. Und schon waren alle möglichen Architekten, Künstler und wichtigen Leute bei mir zu Gast und auch die Medien haben über mich und meine Mehlspeisen und die verrückten Tortenformen berichtet. Ich war in schöne Häuser mit Swimmingpools eingeladen. „Da gibt es einen, der macht total verrückte Sachen, das müsst ihr euch anschauen. Aber fragt nicht, was der in seine Mehlspeisen tut. Hanf und solche

zotter pedia

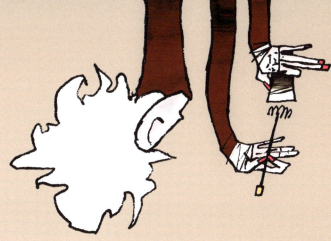

Schokolade

Schokolade ist ein kakaohältiges Lebens- und Genussmittel. Der Grundstoff entstammt dem Kakaobaum, der ausschließlich in Äquatorialländern gedeiht. Erstmals genützt um 1.500 v. Chr. von den Olmeken im mexikanischen Tiefland, später von den Mayas. Ihren Namen verdankt die Schokolade dem ersten kakaohältigen Getränk der Azteken, dem **Xocolatl**, was übersetzt "**bitteres Wasser**" bedeutet, dem Siegeszug der "süßen Versuchung" in Europa ab dem 19. Jahrhundert freilich keinen Abbruch tun konnte. Da Schokolade als kräftigend, leicht verdaulich und als Aphrodisiakum galt, wurde sie sogar als Kräftigungsmittel in Apotheken verkauft.

Schoko-Konsum

Schoko-Konsum: In Österreich werden jährlich pro Kopf 7,9 Kilogramm Schokolade verzehrt (entspricht 79 Stück 100-Gramm-Tafeln), 11,4 kg sind es in Deutschland, 11,7 kg in der Schweiz. Europäisches Schlusslicht bilden Spanien, Italien und Irland mit je 3,3 kg pro Kopf und Jahr*.

*ICA 2008

Sachen." Außerdem hat damals der große Italien-Boom gerade begonnen. Ich meine, die Leute sind ja auch in den 70ern schon nach Lignano oder Caorle gefahren, aber jetzt war es auch noch total schick und alle waren plötzlich italophil und haben mediterran gegessen. Die Leute sind von ihrem Italienurlaub zurückgekommen und haben geschwärmt: „Das ist echt lässig dort. Du gehst in ein Lokal und es gibt nicht einmal eine Speisekarte, sondern der Wirt erklärt dir, was es heute zu essen bzw. zu trinken gibt. Und natürlich alles regional und saisonal. Ein Traum." Das habe ich aufgenommen, weil ich geglaubt habe, dass da eine Sehnsucht in den Leuten ist. Wenn sie bei uns essen gingen, mussten sie teilweise in Speisekarten schauen, die sich seit Jahrzehnten nicht geändert hatten. Bei den Mehlspeisen dasselbe: Es hat überall das Gleiche gegeben. Das hat niemanden mehr interessiert, obwohl es alle gegessen haben – aus Gewohnheit. Aber wirklich gefreut haben sich die Leute über etwas, was sie von sich aus wahrscheinlich gar nicht bestellt hätten. Weil sie ja gar nicht gewusst haben, dass es so etwas überhaupt gibt. Aber das Problem ist: Wenn du ihnen das Gewohnte vor die Nase stellst, dann bemerken sie das Neue nicht einmal. Also musst du den Mut haben, ihnen nur mehr das Neue anzubieten. Und da bin ich jetzt wieder beim Markt: Den Markt darfst du nicht fragen, was er will. Wenn du nämlich den Markt fragst, was er will, dann sagt er: „Ich will Cremeschnitten."

Oder Punschkrapfen. Mmmmh, Punschkrapfen. Herrlich!
Ja, wenn du den Markt fragst, dann wird es immer nur Punschkrapfen und Cremeschnitten geben. Zugegeben: Man kann ja auch Cremeschnitten gut machen. Und Punschkrapfen. Aber warum soll ich mich mit denen auf eine Stufe stellen, die seit 100 Jahren Cremeschnitten und Punschkrapfen machen, dabei aber immer schlechter werden, weil sie für die Zutaten immer billigeres Klumpert einkaufen, damit sie im Preiskampf die Nase vorn haben?! Und wenn die Cremeschnitten aus den besten Zutaten bei mir drei Euro kosten, die anderen mit dem Klumpert drin aber nur zwei Euro, dann regen sich die Leute über meinen Preis auch noch auf: „Also, bei dir sind die Cremeschnitten schon ziemlich teuer." Dann ist es besser, du erzeugst gar keine, denn dieser Art von Wettbewerb brauchst du dich wirklich nicht zu stellen.

Aber mit deinen neuen Kreationen warst du dann eh schon sehr erfolgreich.
Ja, megaerfolgreich. Mein Lokal wurde immer mehr zum Treffpunkt der Schönen und Reichen. Unglaublich. Und damit hat die Sache ihren Lauf genommen. Eines Tages nämlich kommt ein bekannter Grazer Rechtsanwalt mit Gefolge bei der Tür herein und sagt: „Herr Zotter, ich hab am Kaiser-Josef-Platz zufällig gerade ein Haus gekauft, eine tolle Lage, dort baue ich mir meine Kanzlei hinein und es würde mir unglaublich taugen, wenn Sie in diesem Haus ein Lokal machen würden. Weil

„Den Markt darfst du
nicht fragen, was er will.
Wenn du nämlich den
Markt fragst, was er will,
dann sagt er:
‚Ich will Cremeschnitten.'"

Sie sind so super und so toll und überhaupt. Und Geld dürften Sie ja auch genug auf der Seite haben – bei Ihrem Erfolg." So hat er das natürlich nicht gesagt, wenigstens nicht explizit, aber das ist halt irgendwie mitgeschwungen, als er gesagt hat, dass ich so toll bin. Aber vielleicht wollte ich es ja nur heraushören. Wurscht. Auf jeden Fall habe ich mir gedacht: „Wahnsinn, der Dr. Sowieso, ein so renommierter Rechtsanwalt! Und der will, dass ich in seinem Haus ein Lokal eröffne. Und noch dazu in dieser Lage. Ich glaub, ich spinn." Allerdings war die neue Superlage gerade einmal vier- oder fünfhundert Meter von meinem ersten Lokal entfernt. „Aber was soll's?!", hab ich mir gedacht. Von den Schulden für das erste Lokal hatte ich schon ziemlich viel zurückgezahlt. Die Geschäfte liefen ja wirklich gut. Diese Chance konnte ich mir also unmöglich entgehen lassen und so habe ich ja gesagt: „Wir machen das. Wir expandieren." Und ehe ich mich's versah, hatte ich ein zweites Standbein. Es war ja nur ein ganz kleines Lokal und im hinteren Bereich gab es noch einen anderen Mieter. Doch eines Tages kam der Rechtsanwalt wieder bei der Tür herein und teilte mir mit, dass dieser Mieter ausziehen würde. Und dann hat er zu mir gesagt: „Zotter, Wahnsinn, also wirklich. Bei dir brummt es ja geradezu. Willst du nicht den Bereich da hinten dazunehmen und ein bisschen größer werden?"

Dynamisches Wachstum.
Ich schildere es jetzt möglicherweise ein bisschen überspitzt, aber genau so hat es mich hineingedreht. Natürlich hab ich den hinteren Teil dazugenommen und es hat auch sehr gut funktioniert. In diesem Fall habe ich auch nicht mehr alles selbst gemacht wie in der Glacisstraße, sondern ein Einrichtungsbüro engagiert. Die waren eh noch relativ günstig. Aber die Ansprüche steigen natürlich mit dem Erfolg. Das zweite Lokal hat auch von Anfang an relativ gut funktioniert, ja, eigentlich waren wir damit so richtig erfolgreich. Produziert habe ich weiterhin in der Glacisstraße. Der Vorteil war, dass ich nun effizienter arbeiten konnte. Statt zwei Torten habe ich zum Beispiel in einem Aufwaschen gleich fünf gemacht und so konnte ich auch günstiger produzieren. Außerdem hab ich noch einen Partner ins Unternehmen geholt. Keinen strategischen und auch keinen Finanzpartner, sondern einen zum Arbeiten. Weil wir waren meiner Ansicht nach jetzt schon so gut aufgestellt, dass ich schön langsam ein bisserl weniger arbeiten und stattdessen ein bisserl öfter auf Urlaub fahren wollte. Und da, meinte ich, wäre es gut, einen Partner zu haben, der Uli und mich in dieser Zeit vertreten konnte.

Es dauerte gar nicht lange, da tauchte schon wieder jemand bei mir auf: „Herr Zotter, Sie sind so super. Das, was Sie da machen, ist so gut – ein Wahnsinn." Ungefähr so. Und weiter: „Sie wissen ja, Herr Zotter, wir betreiben das größte Innenstadtkaufhaus, wir bauen gerade um und hätten Sie gerne dort drinnen – in der Passage. Sie wissen schon. Wollen Sie dort nicht ein weiteres Lokal eröffnen?"

Das war eine echte Toplage und nach diesem Angebot habe ich mich natürlich gleich noch viel „superer" gefühlt. „Schon ein Wahnsinn", hab ich mir gedacht, „jetzt rückst du Schritt für Schritt dem Zentrum näher bzw. bist eigentlich schon fast dort." Und je näher du dem Zentrum gekommen bist, desto teurer sind logischerweise die Mieten geworden. Für die 120 Quadratmeter habe ich dann, glaube ich, 55.000 Schilling geblecht. Für damalige Verhältnisse schon eine enorme Summe. Sicherheitshalber habe ich meinen Bankmenschen gefragt, wie das mit der Kohle funktionieren soll. Es sind dann ja auch alle möglichen Bankdirektoren um mich herumscharwenzelt. Ich muss damals eine wirklich große Nummer gewesen sein, wenigstens für Grazer Verhältnisse. Jedenfalls ist dieser spezielle Bankdirektor damals immer wieder zu mir gekommen und hat gesagt: „Herr Zotter, Sie sind so brüllend. So brüllend." Er hat immer diesen Ausdruck verwendet: „brüllend". Und ich war gerade auf der Suche nach einer Finanzierung. „Wer hat Lust? Wer macht die Finanzierung?" Wer hat noch nicht? Wer will noch mal?" Ich hab ja damals auch schon so geredet: „Finanzierung". Das Problem war, dass meine Hausbank schon leicht nervös geworden ist: „Herr Zotter, also ehrlich gesagt schauen Ihre Zahlen nicht so toll aus, das könnte knapp werden." – „Das wird schon", habe ich sie zu beruhigen versucht, „das mit den Zahlen kriegen wir schon hin. Sie werden sehen, die werden besser." Aber das hat sie anscheinend nicht besonders beeindruckt und sie haben keine Anstalten gemacht, mir den Kredit zu geben. Eigentlich wäre es ja besser gewesen, zwei Banken zu haben statt einer. Aber ich hatte ja noch ein Ass im Ärmel, nämlich den brüllenden Bankdirektor. Der hat die Sache nämlich ein bisschen anders gesehen und hat mich sofort beruhigt: „Machen Sie sich keine Sorgen, das finanzieren wir durch." Ich glaube, so hat er das gesagt: „Das finanzieren wir durch." Er schaut übrigens heute noch an mir vorbei, wenn wir uns irgendwo begegnen. Ich muss ihn jetzt einmal anrufen. Wir müssen uns das ausreden, es ist ja längst vorbei. Der hat sich damit ja auch selbst ein Ei gelegt. Heute kann ich über das Ganze lachen – wie Hinterholz 8 im Kreditbereich. Damals habe ich es dann bald nicht mehr sehr witzig gefunden. Es ist nämlich genau das passiert, was immer passiert, wenn man den Hals nicht voll genug bekommen kann. Und dasselbe passiert ja jetzt gerade wieder im Großen, nämlich in der internationalen Finanzwirtschaft: Es ist die Überheblichkeit. Eine Mischung aus Maßlosigkeit, Überheblichkeit und Dekadenz. Eine brandgefährliche Mischung, die jederzeit hochgehen kann. Andererseits musst du als Unternehmer ja auch Mut zeigen und ein bisschen etwas riskieren. Und vielleicht musst du dir manchmal sogar sagen: „Augen zu und durch." Wenn du dich nämlich nur fürchtest, funktioniert es auch nicht. Also haben wir es durchgezogen. Es ging jetzt nur mehr darum, einen tollen Architekten aufzutreiben.

„Heute kann ich über das Ganze lachen – wie Hinterholz 8 im Kreditbereich ...
Es ist nämlich genau das passiert, was immer passiert, wenn man den Hals nicht voll genug bekommen kann.
Und dasselbe passiert ja jetzt gerade wieder im Großen, nämlich in der internationalen Finanzwirtschaft:
Es ist die Überheblichkeit.
Eine Mischung aus Maßlosigkeit, Überheblichkeit und Dekadenz."

Du sagst so oft „wir". Hat deine Frau die Sache genauso gesehen wie du?
Uli war eher beunruhigt. Sie hat versucht, auf die Bremse zu steigen, und mich gefragt, wie wir das alles zurückzahlen sollen. Aber ich hab sie beruhigt: „Wird schon gehen, das schaffen wir schon." Der Erfolg war ja auch da – wenigstens hat es so ausgeschaut. Ich kann mich noch erinnern: Dreieinhalb Millionen Schilling hat das Lokal am Ende gekostet – allein die Einrichtung. „Viel ist das schon", hab ich mir gedacht. „Aber die Sackstraße ist doch eine Toplage, oder? Innenstadt! Das kann nur gut gehen." Wobei die dreieinhalb Millionen Schilling die vom Architekten veranschlagte Summe waren. Geworden sind es dann vier. Das war dann schon ziemlich spannend. Da habe ich damals angefangen, Tag und Nacht zu arbeiten. Der Partner, von dem ich euch erzählt habe, der war nämlich schon wieder weg. Anfangs hatten wir noch einen Ruhetag, aber den haben wir dann auch gestrichen. Das war einfach nicht mehr drin. Eigentlich haben wir durchgearbeitet. In der Nacht hatten wir natürlich nicht geöffnet, aber irgendetwas gab es immer zu tun.

Wir waren gerade dabei, die Sache halbwegs in den Griff zu bekommen, da tanzte der brüllende Bankdirektor schon wieder an. Eigentlich bin ich ihm ja dankbar dafür. „Herr Zotter", sagt er zu mir, „stellen Sie sich vor, wir haben ein Projekt, und zwar ein brüllendes Projekt. In Bruck. Das ist eine aufstrebende Region, die Leute sind top motiviert. Wir errichten dort eine Einkaufspassage und wir stellen Ihnen alles fix und fertig hin. Wir hätten nur gerne, dass Sie dabei sind und dort ein Lokal aufmachen." – „Herr Bankdirektor", gab ich ihm zu bedenken, „super, danke, aber wer soll dieses Lokal denn finanzieren, weil ich schaffe das nicht!? Ich hab so schon genug Schulden und die Umsätze sind auch bescheidener als erhofft. Verstehen Sie?"

Hast du uns nicht erzählt, dass die Leute deine Lokale regelrecht gestürmt haben?
Ja, schon. Das Geschäft ist eh recht gut gegangen. Aber das Lokal in der Sackstraße hat mir das Genick gebrochen, weil die Miete schon viel zu hoch war. Und dann noch das Personal und die übrigen Kosten. Dort habe ich wirklich den entscheidenden Fehler gemacht. Ich hätte das Lokal ja auch mit geringerem Aufwand einrichten oder mir eine günstigere Miete aushandeln können. „Sie, wenn Sie wollen, dass ich dort ein Lokal betreibe, dann müssen Sie mir bei der Miete entgegenkommen." Heute weiß ich das, aber damals war ich von diesen Dimensionen so geblendet, dass ich praktisch blind in mein Verderben gelaufen bin. Ein Wahnsinn. Aber der Bankdirektor hat sich von meinen Zweifeln nicht beirren lassen. „Na, wie sieht's aus, Herr Zotter? Sind Sie jetzt bei unserem Projekt dabei?" Darauf habe ich ihm geantwortet: „Herr Bankdirektor! Ich kann das unmöglich finanzieren. Das ist eine Nummer zu groß für mich – mindestens. Dagegen sind ja meine Grazer Lokale fast schon Liliput." Sagt der Bankdirektor: „Herr Zotter! Über die Finanzierung brau-

chen Sie sich keine Gedanken zu machen." Und schaut mir dabei treuherzig in die Augen. Wie Humphrey Bogart in Casablanca oder wo das war. „Kleines." Da habe ich mir gedacht: „Bist du deppert, also Geld spielt anscheinend überhaupt keine Rolle. Das ist einfach da." Also haben wir Bruck auch noch gemacht. Zack und schon hatten wir geöffnet.

Ein unternehmerischer Triumphzug.
Im Gegenteil: Das Lokal ist überhaupt nicht gelaufen. Das ganze Center ist nicht gelaufen. Da war der Wurm drin. Das war, glaube ich, überhaupt das erste Einkaufscenter in ganz Österreich, das nicht gelaufen ist. Wie verhext. Da habe ich wirklich Pech gehabt. Noch dazu war unser Lokal irgendwo im ersten Stock. Da hat sich kaum einer hinverirrt. Aber jetzt war es zu spät, wir konnten nicht zurück. Ab nun haben wir wirklich Tag und Nacht gearbeitet. Um zwei Uhr in der Früh bin ich aufgestanden und hinunter in die Bäckerei. Wir haben versucht, beim Personal zu sparen und so viel wie möglich selbst zu machen. Bis acht Uhr morgens habe ich in der Bäckerei gearbeitet, dann habe ich die Waren in die Grazer Läden gebracht und bin, sobald ich damit fertig war, nach Bruck gefahren. Was ich dabei allein an Zeit verloren habe – ein Horror. Ich war ja eine Stunde lang unterwegs – mit den Mehlspeisen hinten drin. Da ist die Schere brutal auseinandergegangen und ich bin mit meinen Sachen hinten und vorn nicht mehr zusammengekommen. Einen Fahrer habe ich mir nämlich nicht geleistet, damit ich mir auch die paar Schilling noch erspare. Einen Mitarbeiter zu bezahlen, war einfach nicht mehr drin. Bist du deppert, da habe ich gearbeitet, gearbeitet und gearbeitet. Wirklich! Normal war das nicht mehr. Meine Kinder haben mich gefragt: „Papa, wann kommst du wieder einmal nach Hause." Und meine Frau …

Eigentlich ein Wunder, dass eure Ehe das überstanden hat.
Meine Frau hat ja auch alles unternommen, damit es funktioniert. Wir haben in dieser Phase wirklich zusammengehalten. Nicht zuletzt deswegen ist unsere Ehe auch heute noch so stabil. Wir haben damals in der Glacisstraße gleich über der Konditorei in einer 40-Quadratmeter-Wohnung gelebt, die wir zugleich als Lager nutzten. Und die Buchhaltung haben wir auf dem Bett gemacht. So haben wir gelebt. Luxus war das keiner. Es gab dann einen Punkt, an dem mir schlagartig bewusst wurde, dass es so nicht mehr weitergehen konnte. Insgesamt waren das neun Jahre – zwischen 1987, als ich angefangen habe, und 1996, als ich in Konkurs gegangen bin. Am Ende ist es mir wirklich beschissen gegangen.

Und eines Tages hat mein Steuerberater zu mir gesagt: „Sepp, das ist ein Wahnsinn, das geht sich niemals aus." Und dann hat er auch noch gesagt: „Du kannst nicht wirtschaften." Darauf hab ich mir gedacht: „Na bravo, ich kann also nicht

„Wir haben damals in der Glacisstraße gleich über der Konditorei in einer 40-Quadratmeter-Wohnung gelebt, die wir zugleich als Lager nutzten. Und die Buchhaltung haben wir auf dem Bett gemacht."

wirtschaften." Dabei habe ich ja alles getan, um die Katastrophe aufzuhalten, indem ich immer mehr gearbeitet habe. Ich habe das meiste selbst gemacht, um mit möglichst wenigen Mitarbeitern auszukommen. Aber das hat auch nichts geholfen und am Schluss ist gar nichts mehr gegangen. Schließlich hat mein Steuerberater zu mir gesagt: „So kannst du nicht weitermachen, du bringst dich um. Und dann ist es ganz aus. Wir müssen eine Sanierung machen."

Ich habe mich natürlich gefragt, wie so etwas abläuft. Ich hatte ja keine Ahnung von diesen Dingen. Mein Steuerberater hat mir schließlich empfohlen, einen Anwalt zu nehmen. „Du hast eh einen bei der Hand", hat er gesagt und den renommierten Anwalt gemeint, der mir das Lokal am Kaiser-Josef-Platz vermietet hat. „Sag ihm, wie es um dich steht, der soll den Karren für dich aus dem Dreck ziehen." Ein sehr vernünftiger Rat, wie ich später bemerkt habe, obwohl es für mich natürlich grenzwertig war, ausgerechnet zu dem Anwalt zu gehen, dessen Mieter ich war. Aber ohne rechtliche Hilfe bist du in so einer Situation aufgeschmissen. Außerdem habe ich ihn ja gekannt und er mich. Also bin ich zu ihm gegangen. „Herr Anwalt, es schaut nicht gut aus", habe ich gesagt, „mir geht es beschissen." Darauf hat er ganz verwundert geschaut: „Aber Herr Zotter, was ist denn los? Sind Sie krank?" Sage ich: „Nein, ein bisschen schlimmer."

Und was ist dann passiert?
Ich muss sagen: Er hat sich mir gegenüber in dieser Situation wirklich toll verhalten. Das rechne ich ihm heute noch hoch an. Ein echter Profi. Nachdem er sich alles angeschaut hatte, blickte er zu mir auf. „O. K., Herr Zotter, das schaut nicht besonders gut aus, aber so ist es nun einmal. Und ich finde es toll, dass Sie zu mir kommen. Schauen wir, wie wir aus diesem Schlamassel wieder herausfinden." Ihm musste ja klar sein, dass ich auch aus dem Vertrag mit ihm herauswollte, was für ihn sicher nicht besonders erfreulich war. Aber ich habe ihm gesagt, dass ich alle Standorte loswerden wollte. Mir war klar geworden, dass es keinen Sinn mehr hatte, so weiterzumachen. Aber vielleicht ist das auch ein Tipp für Leute, die in Schwierigkeiten geraten: möglichst bald professionelle Hilfe in Anspruch zu nehmen. Das habe ich – auch auf Anraten meines Steuerberaters – instinktiv richtig gemacht.

Wie ist es dann weitergegangen?
Mit dem Anwalt habe ich ein Konzept erstellt, damit rechtlich alles in Ordnung ist, und mit dem Steuerberater danach die einzelnen Schritte festgelegt. Dabei habe ich auch zum ersten Mal in meinem Leben so etwas wie einen Businessplan gehabt. Schrecklich!

Was war denn das für ein Gefühl – gerade noch der Tortenguru und jetzt wirtschaftlich am Ende?

Das könnt ihr euch eh denken. Plötzlich waren alle weg, die mir gerade noch auf die Schulter geklopft hatten. Sie waren einfach nicht mehr da und meistens auch unerreichbar, wenn ich von ihnen etwas wollte. Zum Beispiel der brüllende Bankdirektor. Ich wollte ihn fragen, ob man da vielleicht etwas machen könne. Ich wollte ja auch aus dem Einkaufscenter in Bruck heraus. Aber leider war er wie vom Erdboden verschluckt. Irgendwann habe ich ihn dann doch einmal an der Gurgel gehabt. „Herr Bankdirektor", habe ich zu ihm gesagt, „Sie sehen ja: Das ganze Center läuft nicht – ein Fiasko. Ich hab nur Schulden, das schaffe ich nie. Ich kann das unmöglich weiterführen, ich muss da irgendwie raus." Er hat dann nur irgendetwas dahergemurmelt: Vertrag sei eben Vertrag und unsere Geschäftsbeziehung basiere auf gegenseitigem Vertrauen, da könne man leider nichts machen und so weiter. Tja. Und dann kam der Tag X, an dem …

… du Konkurs angemeldet hast.

Ja. Ich bin zum Konkursgericht und habe mir noch immer gedacht: „Ist halt so. Zwar nicht besonders klass, aber was soll man tun?! Wird schon nicht so dramatische Folgen haben." Das habe ich mir wirklich gedacht. Die Lokale waren ja nach wie vor geöffnet, alles ist weitergegangen fast wie zuvor.

Aber ganz so folgenlos wie erhofft war's dann doch nicht. Das ist mir bald schmerzlich vor Augen geführt worden. Am Montag habe ich den Antrag abgegeben, am Dienstag ist dann die Zeitung mit der Headline erschienen: „Nobelkonditor Zotter in Konkurs!" Na, bumsti. Mehr hab ich nicht gebraucht. Auf der Titelseite. Und drinnen ein großer Bericht. Bevor die Zeitung überhaupt erschienen ist, rief mich schon der Besitzer einer Bäckereikette an, ein Mitbewerber. So schnell konnte ich gar nicht schauen. „Herr Zotter, um Gottes willen, oje! Das habe ich gar nicht gewusst, dass es Ihnen so schlecht geht. Wie gibt's denn das, wie ist Ihnen denn das passiert?" Da habe ich ihm halt geantwortet: „Ja, was soll ich sagen, Herr Bäcker? Ich hab Fehler gemacht." Dann fragt er: „Kann ich Ihnen irgendwie helfen, Herr Zotter?" Darauf ich: „Danke, aber ich glaube, mir kann momentan keiner helfen." Der wollte mich natürlich übernehmen, logisch. „Sie machen ja so tolle Sachen", hat er zu mir gesagt, „so einen wie Sie brauche ich eh in meinem Unternehmen. Sie sind ja so kreativ." Dann hat er mich auch noch privat zu sich eingeladen, mir Honig ums Maul geschmiert. „Sie sind ja so toll, Sie sind ja so gut." Und wieder habe ich mich der Illusion hingegeben, dass das alles gar nicht so schlimm ist. „Anscheinend bin ich ja gar nicht so ein Trottel, wenn der so begeistert ist von mir und mich für seine Kette haben will", hab ich mir gedacht. Bis ich dann irgendwann doch endlich überzuckert habe, dass der ein gerissener und hinterfotziger Hund war. Der wollte mich nämlich in Wirklichkeit nur ausquetschen. Denn das, was wir an Schulden gehabt haben – ich glaube, es waren fast sieben Millionen Schilling –, das war für den ein Klacks. Übrigens: Die knapp 7 Millionen sind ziemlich exakt die Summe, die ich heute vierteljährlich an Steuern abliefere. Aber wurscht, damals war ich pleite und alle haben mit den Fingern auf mich gezeigt. Leider gibt es bei uns kaum eine Kultur des Scheiterns. Zu diesem Bäckereikettenbesitzer habe ich dann übrigens gesagt: „Nein, das mache ich nicht. Ich lasse mich nicht von Ihnen übernehmen, sondern ich saniere das Unternehmen."

War es dein Stolz, der dich daran gehindert hat, ihm die Reste deines Unternehmens zu verkaufen?

Weiß nicht. Ich hab mir einfach gedacht: „Der kann mich mal. Das interessiert mich nicht." Stur bin ich sowieso. Der Anwalt hat mir ja dabei geholfen, einen Plan zu erstellen, wie es weitergehen soll. Fürs Erste ist es einmal darum gegangen, irgendwie aus den Verträgen herauszukommen bzw. ein Lokal nach dem anderen so gut wie möglich zu verwerten. Verwerten – wie das klingt. Aber genau das haben wir dann gemacht. Zuerst Bruck. Und dann haben wir die Sackstraße eliminiert. Jetzt waren es nur mehr zwei Lokale. Eigentlich fast schon eine Ironie des Schicksals: So, wie wir alles aufgebaut haben, so haben wir es auch wieder abgebaut. Am Schluss ging es dann nur mehr um den Kaiser-Josef-Platz. Das war der Deal zwischen mir und meinem Anwalt: Dass auch ich ihn in dieser Situation nicht hängen lasse und das Lokal weiterbetreibe, bis sich jemand findet, der es übernimmt. Damit es nicht leer steht. Daran habe ich mich auch gehalten und es hat sich dann bald jemand gefunden. Der ist übrigens heute noch dort. Jetzt hatte ich nur noch das Lokal in der Glacisstraße. Das erste Lokal, das ich aufgemacht habe, war also auch das letzte, das mir geblieben war.

Das Konkursverfahren endete mit einem Zwangsausgleich. Warst du damit entschuldet?

Entschuldet? Das ist ein Irrtum. Das ist sogar ein großer Irrtum, dass die Leute glauben, nach einem Konkurs bzw. einem Ausgleich habe man keine Schulden mehr. So einfach funktioniert das leider nicht. Allein schon die Verfahrenskosten. Dann der Masseverwalter. Der kann das ja auch nicht umsonst machen. Teilweise musst du Deals eingehen und größere Quoten erfüllen, damit der Ausgleich überhaupt durchgeht. Aber immerhin: Statt der knapp sieben Millionen Schilling Schulden hatte ich dann halt nur mehr dreieinhalb. Eine Teilentschuldung. Mir ist ein riesiger Stein vom Herzen gefallen. Endlich habe ich am Ende des Tunnels wieder Licht gesehen. Außerdem konnten wir einen Zahlungsaufschub erreichen. Etwa

„Aber wurscht, damals war ich pleite und alle haben mit den Fingern auf mich gezeigt. Leider gibt es bei uns kaum eine Kultur des Scheiterns."

ein Jahr lang mussten wir so nur die Zinsen bedienen und erst danach wieder mit der Rückzahlung des restlichen Kapitals beginnen.

Hättest du nicht genauso gut irgendwohin verschwinden können oder einfach einen Vollcrash bauen unter der Devise: „Sorry, da ist nix mehr"?
Das ist nicht mein Stil. Schließlich hat mich ja niemand dazu gezwungen, Kredite aufzunehmen und Schulden zu machen. Das war meine Entscheidung und dafür hatte ich im Rahmen meiner Möglichkeiten geradezustehen. Ich habe die Ausgleichsvereinbarung unterschrieben, obwohl mir niemand die Pistole an die Schläfe gesetzt hat. Ich habe es aus freien Stücken gemacht. Allerdings habe ich mich auch in dieser Situation streng genommen nicht vollkommen regelkonform verhalten. Das muss ich ehrlich zugeben. Aber mir haben einfach meine Lieferanten leidgetan.

Das ist doch nicht verboten, oder?
Das nicht. Allerdings ist es verboten, seine Lieferanten an der Konkursmasse vorbei auszuzahlen. Und das habe ich getan. Sie haben mir, wie gesagt, leidgetan beziehungsweise hat es mir leidgetan, dass sie wegen mir in Schwierigkeiten kommen könnten, und ich wollte keinem von ihnen etwas schuldig bleiben. Aber das hätte ich natürlich nicht tun dürfen. Zwei Tage vor dem Konkursantrag habe ich meinen letzten Lieferanten bezahlt. Er ist nach wie vor mein Kartonlieferant. Ich denke noch oft daran: Am Montag wollte ich den Antrag abgeben, samstagabends bin ich zu ihm gefahren mit 14.000 Schilling in der Tasche. Er war ganz verwundert. „He, Zotter, was machst du denn da?", hat er mich gefragt. Ich habe ihm das Geld auf den Tisch gelegt und gesagt: „Da! Das habe ich bei dir offen. Da hast du es, weil ab Montag bin ich in Konkurs."

Und daraus hätte man dir einen Strick drehen können?
Ja. Außerdem war er nicht der Einzige. Ich habe sie ja alle bezahlt.

Was hast du aus dieser Situation gelernt?
Dass es weitergeht. Dafür ist ein geregeltes Konkursverfahren allerdings sehr wichtig. Und dann wurde mir noch stärker bewusst, dass das Leben ein Geben und Nehmen ist. Außerdem erfährst du in so einer extremen Situation sehr viel über die Dinge und die Abläufe. Vor allem aber erkennst du, wer deine wahren Freunde sind. Zum Beispiel der Willi Haider. Ihr kennt ihn ja.

Klar! Der bekannte Koch. Der hat ja auch einmal eine Kochschule gehabt – die erste in der Steiermark überhaupt.
Genau der. Ich habe ja das Problem gehabt, dass ich die Dienstgeberbeiträge bei der

Sozialversicherung nicht abgeliefert habe. Die behältst du als Arbeitgeber von den Löhnen ein und wenn du sie dann nicht ablieferst, dann stehst du mit mindestens einem Bein im Kriminal. Das ist dann schon etwas anderes, als wenn du – unter Anführungszeichen – bloß Pleite machst, weil du nicht wirtschaften kannst, wie mein Steuerberater gesagt hat. Natürlich hatte ich geplant, die Beiträge abzuliefern. Aber dann schob sich der Gedanke immer mehr in den Vordergrund, von dem Geld meine Schulden bei den Lieferanten zu bezahlen. Ich musste mich entscheiden. Mein Anwalt hat mich davor gewarnt, aber ich konnte einfach nicht anders. „Es hilft nichts", habe ich gesagt, „ich muss meine Lieferanten bezahlen. Das wird schon irgendwie gehen." Das war nicht so gut, denn da hätten sie mich beinahe drangekriegt. Aber gerade als es kritisch zu werden beginnt, kommt der Willi Haider bei mir vorbei und fragt mich: „Seppl, wie geht es dir? So angenehm ist die Situation ja jetzt nicht für dich, oder? Kann ich dir irgendwie helfen?" Er war der Einzige, der mich überhaupt gefragt hat, ob er mir helfen kann. Die anderen haben mich auf diese typische Weise bedauert, wo du nicht weißt, ob nicht auch ein Schuss Schadenfreude dabei ist: „Mein Gott, du bist eh ein armer Hund, aber wenn du mich fragst, war das eh klar. Eigentlich hab ich es immer schon gesagt." Bloß mir hat es niemand gesagt, aber wurscht.

Mit 100.000 Schilling stand ich bei den Dienstgeberbeiträgen in der Kreide. Die musste ich auftreiben, sonst hätte ich womöglich auch noch ins Gefängnis gehen müssen. Ungefähr 100.000 waren es. Vielleicht zwei oder drei Tausender weniger. Ich habe ja damals noch Schulden bei der Bank, beim Finanzamt und bei der Gebietskrankenkassa gehabt. Also sage ich zum Willi: „Ja, Willi, du kannst mir schon helfen. 100.000 würde ich brauchen, damit ich nicht in den Häf'n muss, weil sonst schaut es nicht so gut aus." Der Willi steht auf, geht zur Tür hinaus, steigt in sein Auto und fährt davon. Drei Stunden später klopft es an der Tür, der Willi kommt herein – mit einem Packerl in der Hand: „Da", sagt er, „Sepp, die Hunderttausend. Zahl damit den Dienstgeberbeitrag, damit du wenigstens nicht eingesperrt wirst." Ich kann kaum weiterreden. Das drückt mich heute noch und mir kommen fast die Tränen. Das ist echte Freundschaft. Ein Wahnsinn. Es sind nicht viele, die sich so verhalten, aber es gibt sie. Ich habe zum Willi gesagt: „Was verlangst du dafür? Du weißt ja: Mir geht es nicht gut und möglicherweise kann ich dir das Geld nie mehr ganz zurückzahlen." Da hat er gesagt: „Ja und? Mir geht's derzeit ganz gut, ich hab das Geld zufällig gerade übrig, du brauchst es und ich kann es entbehren. Da hast du's." So dankbar ich war, hatte ich doch auch Skrupel, einem Freund Geld abzunehmen, das ich vielleicht nie mehr zurückzahlen können würde. „Weißt du was", habe ich dann zu ihm gesagt, „wenn ich es dir nicht bar zurückgeben kann, dann halte ich bei dir in der Kochschule Kurse und arbeite es auf diese Weise ab." Er hat nur gesagt: „Mach dir darüber keine Gedanken." Wenn der Willi Haider irgendwann etwas von mir bräuchte – ich würde das Letzte geben. Inzwischen habe ich ihm das Geld natürlich zurückgezahlt. Oder genauer gesagt abgedient.

Wie haben die anderen auf deine Pleite reagiert?
Die meisten haben sich abgewendet. In dem Moment, in dem sie erfahren haben, dass ich in Konkurs war, waren sie weg – wie vom Erdboden verschluckt. Eh klar. Aber ich habe mich ja auch nicht mehr richtig auf die Straße getraut. Ich habe mich in mein Geschäft gestellt und habe nur noch fleißiger gearbeitet.

Hast du nie daran gedacht, einen Schlussstrich zu ziehen?
Meint ihr, ob ich mich umbringen wollte? Um Gottes willen, nein! Ich habe nie daran gedacht, mir etwas anzutun. Da bin ich nicht der Typ dafür. Solche Gedanken habe ich nie gehabt.

Hast du nicht mit deinem Schicksal gehadert?
Klar: Ich hätte alles anders machen können. Zuerst hätte ich schon einmal die Geschäfte viel billiger einrichten können. Vor allem die beiden in der Sackstraße und in Bruck. Dann hätte ich natürlich auch beim Wareneinkauf sparen können. Ich hätte halt einfach zwei oder drei Jahre lang statt Butter Margarine verwenden müssen. Damals hat die Butter ja noch dreimal so viel gekostet wie die Margarine. Und bei den Nüssen hätte ich statt der ersten Qualität dann halt weniger gute Ware verwenden müssen. Auf diese Weise hätte ich mich schon noch eine Zeit lang weiterwursteln können. Aber genau das wollte ich nicht. Ich hab mir bis zum Schluss geschworen: „Ich nehme trotzdem Butter und die besten Nüsse. Denn was können meine Kunden dafür, dass ich zu viel investiert habe und mit den Schulden nicht mehr zurechtkomme." Wisst ihr, was ich meine? Du kannst doch nicht den Druck, der auf dir lastet, an die Kunden weitergeben, indem du ihnen schlechtere Qualität verkaufst – auch wenn das oft genug gemacht wird. Aber letztendlich scheiterst du mit so einer Einstellung. Aber natürlich gab es Momente, in denen ich fix und fertig war. So fertig hat es mich dann aber auch wieder nicht gemacht, schließlich hatten wir ja einen Plan zur Schuldentilgung und diesen Plan haben wir erfüllt. Es war zwar eine schmerzliche Niederlage, aber es ging doch weiter. Und an dem Tiefpunkt, an dem ich nun angekommen war, bot sich mir die Aussicht, wieder etwas Neues zu beginnen.

Wie hat deine Familie auf dein Scheitern reagiert?
Die engere Familie hat natürlich zu mir gehalten, abgesehen von meinem Vater. Der hat nämlich gesagt: „Du Trottel!" Und dass er mich immer gewarnt habe: „Mach keine Schulden!" Womit er ja recht gehabt hat (lacht). Das ist jetzt überhaupt nicht

„Und an dem Tiefpunkt, an dem ich nun angekommen war, bot sich mir die Aussicht, wieder etwas Neues zu beginnen."

böse gemeint. Ich schätze meinen Vater sehr. Wie hätte mein Vater denn sonst reagieren sollen? Meine Eltern haben in ihrem ganzen Leben keine Schulden gehabt. Und ich? Ich verschulde mich bis über beide Ohren. Andererseits habe ich meine Eltern nie um finanzielle Unterstützung gebeten. Sie hätten mir damals sogar 20.000 Schilling gegeben, aber ich hätte sie nicht angenommen. Warum sollten meine Eltern das Risiko für meine Handlungen tragen? Aber in so einer Situation bist du natürlich extrem verwundbar und beziehst jede kleine Geste, jede Äußerung auf dich. Wisst ihr, auf der einen Seite gibt es Freunde wie den Willi Haider. Die fragen nicht einmal, die sagen nur: „Ich bin dein Freund und weil ich dein Freund bin, helfe ich dir." Und bei anderen, wo du geglaubt hast, sie seien mit dir verbunden, hast du womöglich die gegenteilige Situation.

PHÖNIX AUS DER TORTE

Dann fand quasi deine Auferstehung statt, Zotter.
Genau in der Zeit, in dieser schwierigen Zeit, eigentlich sogar schon davor, ist die **handgeschöpfte** Schokolade entstanden. Am tiefsten Punkt meiner bisherigen Laufbahn keimte der Samen des Neuen. Ich habe schon damals gewusst, dass ich da etwas ganz Spezielles in der Hand hatte, konnte mich aber noch nicht in diese Richtung entwickeln. Von der Idee her habe ich die Schokolade ja schon 1992 erfunden. Da ist das Geschäft in der Konditorei noch sehr gut gelaufen. Damals habe ich mir eigentlich schon gedacht, dass ich in die Schokoladenproduktion investieren sollte, hatte aber keine Mittel dafür. Das hat mich um fünf Jahre zurückgeworfen.

Wie kam dir diese Idee? Ein Zufall?
Zufall war es eigentlich keiner, sondern die Idee entstand bei einem konkreten Anlass. Ein Grazer Unternehmer wollte seinen Geburtstag feiern und er hat gleich eine ganze Halle gemietet und ein paar Hundert Leute eingeladen. Ein ziemlich Wichtiger also und er hat seine Sekretärin zu mir in die Glacisstraße geschickt. Ich kann mich noch gut erinnern, wo sie gesessen ist – gleich beim Eingang zur Toilette. Strohblond. „Ich bin die Sekretärin vom Herrn Soundso", hat sie angefangen, „der feiert seinen Geburtstag und es werden um die 400 Gäste erwartet. Mein Chef wünscht sich irgendetwas Besonderes – wenn möglich etwas Süßes." In diesem Zusammenhang muss ich euch noch etwas erklären: Zu mir sind nämlich damals immer wieder Leute, meistens Besitzer oder Mitarbeiter von Unternehmen, gekommen und haben gesagt: „Herr Zotter, wir würden von Ihnen gerne Punschwürfel mit unserem Firmenlogo haben." Oder irgendwelche anderen Mehlspeisen – jedenfalls mit dem Firmenlogo. Das Logo war wichtig, das wollten damals alle auf die Torte. Für Veranstaltungen, Jubiläen, Werbung oder was auch immer. Das ist wichtig, weil es nämlich schon wieder eine tiefere Einsicht vermittelt, nämlich die, wie Innovationsmanagement bei mir funktioniert und wahrscheinlich nicht nur bei mir. Aber es handelt sich dabei um ein Innovationsmanagement, das streng genommen gar kein Management ist.

Management ohne Management. Könnte man nicht Zufall dazu sagen?
Vielleicht nicht Zufall, aber so eine Art Zufall mit einer Logik dahinter. Also etwas,

„Am tiefsten Punkt
meiner bisherigen
Laufbahn keimte
der Samen des Neuen."

das irgendwie in der Luft liegt bzw. sich schon abzeichnet, aber dann erst durch ein bestimmtes Ereignis seinen Lauf nimmt. Ich habe damals ja bereits Schokolade gegossen. Ich hatte mir auch schon ein paar Formen angeschafft – wie es andere halt auch gemacht haben. In diese Formen habe ich die Schokolade hineingegossen, ein paar Nüsse draufgestreut, das Ganze in ein Zellophansackerl gesteckt und den Leuten gesagt: „Bitte sehr, das ist Schokolade." Streng genommen war das die erste z o t t e r Schokolade. Übrigens habe ich damals auch schon Pralinen erzeugt. Und dann kam eben diese Sekretärin, setzt sich neben den Toiletteneingang und sagt: „Herr Zotter, mein Chef hätte gerne etwas Süßes zu seinem Geburtstag und wenn die Gäste kommen, sollte das schon auf den Tischen stehen, quasi als Willkommensgruß oder vorgezogene Nachspeise. Und da hätte er gerne sein Logo drauf." Und ich denke mir: „Oh Gott, bitte nicht schon wieder Punschwürfel mit Logo drauf, nur das nicht!" Versteht ihr? Das haben wir ja in einem fort produziert, wenigstens ist es mir so vorgekommen. Punschwürfel mit Logo. Ich dürfte wohl mit einem ziemlich fertigen Gesichtsausdruck dagesessen sein, denn plötzlich sagt sie: „Herr Zotter, aber es muss etwas Besonderes sein." – „Etwas Besonderes", habe ich nachgedacht, „etwas Besonderes ..." Und zu ihr hab ich gesagt: „Ich lasse mir etwas einfallen, haben Sie bitte einen Moment Geduld, ich muss nachdenken."

Also denke ich und dabei fällt mir ein, dass es mir eigentlich immer schon zuwider war, wenn Menschen mit Lebensmitteln spielen. Das haben mir schon meine Eltern eingetrichtert: „Mit Lebensmitteln spielt man nicht!" Speziell im Konditorgeschäft mit diesen Lebensmittelfarben und dem ganzen Zeug – rosarote Marzipanrosen und was weiß ich – neigen viele dazu. Das habe ich immer gehasst. Und die Logos sowieso. Aber was blieb mir anderes übrig?! Und plötzlich – ganz spontan – fallen mir die gegossenen Schokoladen ein und ich habe eine Idee: „Wissen Sie, was: Ich mache Ihnen eine Schokolade mit Kürbiskernen." Und Sie antwortet wie aus der Pistole geschossen: „Was? Schokolade mit Kürbiskernen? Wow! Wahnsinn!" (Lacht.) Heute ist das alles gegessen – ein alter Hut. So etwas lockt niemanden mehr hinter dem Ofen hervor. Und dann habe ich ihr noch vorgeschlagen: „Und das Logo machen wir nicht mehr direkt auf die Schokolade, sondern wir verpacken die Schokolade und auf die Verpackung drucken wir Ihr Logo."

Es war für mich eine echte Genugtuung, dass ich das Logo aufs Papier und nicht auf die Schokolade setzen musste. Das war die Lösung. Endlich musste ich nicht mehr mit diesen schwachsinnigen rosaroten oder gelben Farben irgendetwas auf wertvolle Lebensmittel schreiben. Ihr könnt euch gar nicht vorstellen, wie froh ich über diese Eingebung war. In diesem Moment springt sie auf und sagt: „Ja, das ist eine gute Idee. Das machen wir."

Das Problem war allerdings, dass ich nur zwei oder drei Formen gehabt habe. Außerdem war damals in meinem Geschäft bereits ziemlich viel los, ich war also sowieso schon im Stress. Der Samstag, an dem ich die 400 Schokoladen fertig haben sollte, rückte immer näher. Am Donnerstag davor waren exakt 15 Schokoladetafeln fertig. Ihre Herstellung war ja auch ziemlich mühsam: Die flüssige Masse hineingießen, abkühlen lassen und die Formen dann in den Kühlschrank stellen und wieder herausnehmen. Eine einzige Tafel hat etwa 45 Minuten gedauert. Ihr könnt euch das ausrechnen. Das wäre sich nie und nimmer ausgegangen. Wenn ich ab diesem Zeitpunkt Tag und Nacht durchgearbeitet und mit meinen beiden Formen alle Dreiviertelstunden zwei Tafeln erzeugt hätte, dann wären es bis Samstag auch noch viel zu wenig gewesen. Meine Lage war also verzweifelt, wenn nicht hoffnungslos. Vielleicht hätte ich ja noch 400 Punschwürfeln geschafft. „Shit! Was tun?", schoss es mir durch den Kopf. Anrufen und der Sekretärin sagen, dass sie sich die Schokoladen leider abschminken kann? „Sorry, aber Sie müssen sich etwas anderes einfallen lassen, mehr als 15 Schokoladen habe ich nämlich noch nicht zusammengebracht und das geht sich sowieso nie mehr aus." Verdammt, das wäre peinlich gewesen! Oder ihr im letzten Moment doch noch irgendeine andere Idee verklickern? Die Punschwürfel zum Beispiel. Aber das habe ich mich dann doch nicht getraut, weil ich ja gewusst habe, dass die auch so schon nervös genug waren wegen der Veranstaltung. Also blieb mir nichts anderes übrig, als mir irgendetwas einfallen zu lassen.

Und da hatte ich plötzlich die rettende Erkenntnis: „Ich muss das alles ganz anders angehen als bisher." Das war jetzt sozusagen der Geistesblitz, der zur handgeschöpften Schokolade führte. Ich hab mich dann sofort ins Auto gesetzt, bin in ein Möbelhaus gefahren und habe zwei Vorhangschienen aus Plastik gekauft. Zurück in der Konditorei habe ich einen Tisch gereinigt und die Vorhangstangen parallel in einem größeren Abstand voneinander auf die Tischplatte gelegt. Dann habe ich die Schokomasse mit den Kürbiskernen abgerührt und abgeschmeckt, zwischen die beiden Vorhangstangen auf den Tisch geschüttet, gleich gestrichen und in Stücke geschnitten. Innerhalb von drei Stunden waren die Schokoladen fertig. Das war jetzt wirklich die Geburtsstunde der handgeschöpften Schokolade.

Und du warst gerettet?!

Teilweise. Das Problem war, dass ich ja nicht einmal eine Maschine hatte, um sie mit irgendetwas zu überziehen, und auch sonst nichts. Was ich hatte, war ein schokoladeähnliches Dingsbums, das ziemlich ungewöhnlich aussah. Immerhin hat es einer Schokolade relativ ähnlich geschaut.

Weil mir nichts anderes eingefallen ist, habe ich mit einer Gabel Muster in die Schokolade geritzt, damit sie nicht ganz so verloren aussieht. Und dann wollten wir sie einpacken. Und genau an diesem Punkt hatte die Uli, meine Frau, ihren großen Auftritt. Weil eigentlich wollten wir die Schokotafeln ja fein säuberlich einzeln verpacken, wie es bei Schokoladen eben üblich war. Aber leider mussten wir schnell einsehen, dass das zum Fiasko wird, wenn man so etwas händisch macht. Ihr könnt euch vorstellen, wie das ausgesehen hätte – total schlampig und verknittert. Eine Katastrophe. Aber so hatten wir sie ja präsentiert – hübsch in Alufolie gewickelt. Die Schoko, die wir ihnen zur Ansicht geschickt haben, hatten wir ja noch ziemlich schön hingekriegt. Aber bei 400 Schokoladen hätten wir das nie mehr geschafft. Also hat die Uli gesagt: „Das können wir vergessen. Wir haben es ja versucht, aber das funktioniert nicht." Und dann hat sie plötzlich die Schleifen abgeschnitten und stattdessen nur eine Banderole darübergepickt. So ist die Banderole entstanden, die es bis heute gibt. Damals hat das noch niemand gemacht oder – besser gesagt – niemand mehr.

Damit will ich nur sagen: „Anders zu sein, bringt es irgendwie." Aber damals war ich noch nicht so richtig davon überzeugt, sondern habe mir ganz etwas anderes gedacht, nämlich: „Oje! Wenn ich das jetzt beim Geburtstagsfest abliefere, dann ist das nicht die Schokolade, von der die Rede war." Die Sekretärin hat sich nämlich klassische Schokoladentafeln mit Rippen vorgestellt – wie eine Schokolade eben normalerweise aussieht. Diese Schokolade hat aber ganz anders ausgeschaut. Überhaupt nicht so, wie man sich eine Schokolade vorstellt. Schließlich bin ich dann am Samstagnachmittag mit meinen zwei Kisten im Kofferraum zur Veranstaltungshalle gefahren. Ich bin beim Hintereingang hinein, hab die Kisten hingestellt und gerufen: „Da, die Schokoladen!" Und im nächsten Moment war ich schon wieder draußen. Ich habe mir nämlich gedacht: „Wenn die mich jetzt gleich erwischt, dann habe ich noch heute den Scherben auf. Aber wenn ich mich jetzt verdrücke, bleibt mir wenigstens eine Galgenfrist bis Montag. Und so ist dann das Wochenende vorbeigegangen.

Am Sonntag sind wir sowieso im Geschäft gestanden und in der Nacht auf Montag habe ich schon nicht mehr so gut geschlafen. Kaum hatten wir am Montag aufgesperrt, kommt auch schon die hübsche Sekretärin bei der Tür herein. Ich denke mir: „Jetzt gibt es Beton. Das wird hundertprozentig eine Reklamation, die sich gewaschen hat." Und ich habe fix damit gerechnet, dass sie sich aufregt: „Das soll eine Schokolade gewesen sein? So eine Frechheit!" Aber da sagt sie schon: „Also, Herr Zotter, ich muss Ihnen sagen: Ihre Schokolade war ein Riesenerfolg." Ich denke mir: „Bin ich jetzt im falschen Film oder was ist passiert?" Ich war total baff. „Das gibt's ja nicht. Das kann nicht sein. Das war doch ein Mist, den ich denen hingestellt habe, das war doch keine Schokolade." Das hab ich mir natürlich nur gedacht. Aber da sagt sie: „Die Leute waren von Ihrer Schokolade total begeistert. So eine Schokolade haben wir ja überhaupt noch nie gesehen." Da ist mir ein Licht aufge-

zotter pedia

Handgeschöpft

Seit zwanzig Jahren prägt Josef Zotter den Begriff, der gleichsam zum Synonym für hochqualitative Schokolade in der Branche wurde – längst von vielen verwendet, obwohl oft nicht im ursprünglichen, im zotterschen Sinn. Mit der Bezeichnung „handgeschöpft" schaffte es Zotter, seine Vision von Schokoladeproduktion auf den Punkt zu bringen: eine Mischung aus Erfindungsgabe und Handarbeit, aus kreativem und manuellem Schaffen, gefüllt in Schichten und Lagen von Schokolade. Damit führte Zotter als erster Schokoladehersteller einen Begriff ein, der ein Unterscheidungsmerkmal zu den herkömmlich gegossenen Schokoladen darstellt. Worin liegt nun dieser Unterschied? Die Fertigung von handgeschöpften Schokoladen kommt gänzlich ohne Gussformen aus. Die Kuvertüre wird auf **15 m** langen Tischen aus Edelstahl per Hand mit Kelle und Rolle auf eine Papierschicht aufgetragen – millimeterdünn. Darauf kommt die erste Füllschicht, z. B. eine Himbeermasse, dann die nächste Schicht. Sie wird mit der Palette aufgestrichen und dann abgezogen. Einige Sorten haben bis zu sechs Schichten – pure Handarbeit, nur ein kleiner Kran leistet Hilfe bei den schweren Töpfen mit Füllungen. Als letzte Schicht kommt wieder die Kuvertüre ins Spiel. Eine Maschine, die per Hand bewegt wird, sorgt für die Einteilung der Tafeln und schneidet die Riesentafel quer und längs. Ein solcher Tisch ergibt rund 1.120 Tafeln.

Eingetunkt und eingehüllt werden die kleinen 70-g-Tafeln dann in flüssige Kuvertüre. Ihre typisch wellige Oberfläche erhalten sie durch einen kalten Luftstrom, mit dem die überflüssige Schokolade abgeblasen wird. Die abschließende Wanderung durch einen Kühltunnel lässt die Schokolade fest und glänzend werden.

gangen und plötzlich habe ich gewusst, was ich daraus alles machen kann. Das war ein Schlüsselerlebnis – wirklich ein Schlüsselerlebnis. Ich bin richtig euphorisch gewesen.

Ich habe sofort die beiden Formen weggeworfen. Von da an habe ich meine Schokolade nur mehr auf dem Tisch gemacht. Das war wesentlich effizienter, ist viel schneller gegangen und war auch geschmacklich viel besser – eine klassische Innovation. Und dann habe ich auch schon damit begonnen, verschiedene Schichten aufzutragen. Das ist bei den Leuten dann gleich noch besser angekommen. Und eines Tages – da hatte ich schon mehrere Sorten in der Vitrine – stand plötzlich ein Zeitungsredakteur im Geschäft und hat mich gefragt, ob er mit mir ein Interview machen darf – über die Schokolade. „Wahnsinn", habe ich mir gedacht, „super."

Woher ist eigentlich die Schokomasse gekommen?
Die Schokomasse habe ich in Belgien gekauft – so wie die, die ich für meine Pralinen verwendet habe. Wir haben die Masse damals ja noch nicht selbst produziert.

Wir wollten dich nicht unterbrechen. War nur eine kleine Zwischenfrage. Du warst gerade bei diesem Redakteur.
Ja, genau. Dann kommt also dieser Redakteur zum Interview und sagt: „Herr Zotter, ich weiß nicht, aber überall reden die Leute von Ihrer Schokolade und angeblich ist die ja total anders. Was machen Sie denn da? Wie machen Sie das denn?"

Hast du ihm dein Geheimnis verraten?
Was für ein Geheimnis? Ich habe ihm geantwortet: „Wie ich das mache, weiß ich auch nicht. Ich streiche das hier so zwischen die Vorhangstangen und so weiter." Ich rede also um den Brei herum, da schießt es mir plötzlich ein und ich sage: „Es funktioniert wie beim handgeschöpften Papier. Das streicht man auch auf." Für mich war dieser Gedanke längst wieder passé, als ich ein paar Tage später die Headline des Artikels lese, den der Redakteur geschrieben hat. Ich kann mich nicht mehr an den genauen Wortlaut erinnern, aber ungefähr so: „Sepp Zotter erfindet die handgeschöpfte Schokolade." In dem Moment, wo ich das sehe, denke ich mir auch schon: „Wahnsinn, das ist es: handgeschöpfte Schokolade!" Ich habe das dann auf die Schleifen geschrieben und so ist der Begriff „handgeschöpfte Schokolade" zu einer Trademark geworden, die mittlerweile nicht nur bei zotter Schokoladen, sondern im ganzen deutschsprachigen Raum für eine bestimmte Art von Schokolade verwendet wird. Unglaublich eigentlich, wie die Dinge manchmal ihren Lauf nehmen.

„Darum sage ich ja auch immer:
‚Ich bin so dankbar dafür,
dass alles so gekommen ist,
wie es gekommen ist.'"

Hast du diesen Begriff schützen lassen?

Nein, dafür habe ich damals nicht genug Geld gehabt. Aber an sich hätte ich es machen können. Klar.

Und dann bist du reich geworden …

Nein, natürlich nicht. Ihr müsst bedenken, dass ich mich damals in einer so schwierigen Situation befunden habe, dass ich diese Idee nicht entsprechend weiterentwickeln konnte. Das lief so nebenher. Wenn ich damals genug Geld und Zeit gehabt hätte … wer weiß?! Darum sage ich ja auch immer: „Ich bin so dankbar dafür, dass alles so gekommen ist, wie es gekommen ist."

Was? Du bist dankbar dafür, dass damals nichts weitergegangen ist bei deiner handgeschöpften Schokolade?

Ja, genau. Stellt euch vor, ich hätte damals genug Geld gehabt, um mich voll auf die handgeschöpfte Schokolade zu konzentrieren.

Was wäre denn daran so schlimm gewesen?

Zum Beispiel hätte ich mir sofort eine Maschine gekauft oder zwei …

Na und?

Ich war insgesamt noch nicht so weit. Ich habe die ganze Tragweite der Idee noch gar nicht erkannt. Womöglich hätte ich mich mit dieser Idee also gar nicht dorthin entwickelt, wo ich heute bin, sondern wäre irgendwo auf halbem Weg stecken geblieben. Umgekehrt bin ich natürlich auch nicht wirklich vom Fleck gekommen. Schwer zu sagen, was passiert wäre, wenn ich damals genug Geld und Kraft gehabt hätte. Andererseits haben wir vor meiner Insolvenz ja schon ziemlich viel Schokolade verkauft. Jedoch ausschließlich in meinen eigenen Geschäften. Ich habe ja zum Beispiel Hanfschokolade und Kürbismarzipan hergestellt. Das war für damalige Verhältnisse schon ziemlich schräg. Aber ehrlich gesagt war das kein Produkt, das der Markt damals in Massen gebraucht hätte.

Aber irgendwie hast du damals schon damit kokettiert, aus der Schokolade mehr zu machen, oder?

Ja, schon. Ich war mir aber nicht hundertprozentig sicher und neben meinen Konditoreien ist mir ja kaum Zeit geblieben. Aber aus dieser Phase könnte ich euch ein paar Schnurren erzählen. Zum Thema Agenturen zum Beispiel.

Du meinst Werbeagenturen?

Ja, Werbeagenturen. Die haben mich damals schon richtig umworben. Das geschah alles noch vor meiner Insolvenz. Die sind zu mir gekommen und haben gesagt: „Zotter, du bist so super und so schick. Könnten wir nicht ...?" Und so weiter. Ich hab mich dann auch mit ihnen darüber unterhalten, ob ich versuchen soll, die Schokolade groß herauszubringen oder ob es noch zu früh dafür war. Sie haben mir dann gleich jede Menge guter Ratschläge gegeben: „Zotter, du brauchst ein Corporate Design und ein Logo brauchst du auch. Dann brauchst du noch eine einheitliche Farbe und überhaupt einen einheitlichen Auftritt und du brauchst dies und das." Die haben mir genau das vorgeschlagen, was sowieso alle anderen auch gemacht haben. Und als ich darüber nachgedacht habe, was das Ganze kosten würde, ist mir ganz schwindlig geworden.

Logisch: Die wollten dich ausnehmen wie eine Weihnachtsgans.
Damals eher wie eine verhungerte Taube. Besonders viel wäre für sie nicht drin gewesen. Aber da betrat dann eh schon **Andreas h. Gratze** die Bühne. Wobei ich ihn eigentlich schon von früher gekannt habe. Wir haben ja gemeinsam unseren Militärdienst abgeleistet. Der Andreas war auch gerade ziemlich pleite und hat samstags und sonntags bei mir im Geschäft das Geschirr abgewaschen, um sich ein bisschen etwas dazuzuverdienen. Unter der Woche hat er gezeichnet. Er war damals schon freischaffender Künstler.

Ich kann mich noch gut erinnern: Es war irgendwann vor dem Nikolausfest und ich habe zwei Schokoladen dafür produziert: eine Nikolausschoko und eine Krampusschoko. Damals war gerade das Photoshop-Programm für den Computer aufgekommen und das hat mich fasziniert. Heute erscheint es total lächerlich, was man damit machen konnte, aber damals war es eine Sensation. Entsprechend selbstbewusst habe ich mir gedacht: „Das schaffe ich locker, dass ich für die Schleifen von der Krampus- und der Nikolausschokolade eine lässige Grafik zustande bringe." Ich habe es dann auch geschafft, aber die Grafik war schlimm. Nicht anzuschauen. Mir war auch nicht wohl dabei, aber was sollte ich tun?! Am nächsten Morgen kommt der Andreas zu seinem Dienst und ich zeige ihm die Grafiken. Er schüttelt nur den Kopf und fragt: „Was soll das denn bitte sein?" Darauf ich: „Na ja, Krampus und Nikolaus." Sagt er: „So etwas Grausliches habe ich überhaupt noch nie gesehen." Sag ich: „Ja eh, das weiß ich selber. Aber was soll ich machen?" Das war ja damals alles noch nicht so einfach und ich hatte überhaupt nicht die grafischen und künstlerischen Fähigkeiten, um eine halbwegs zurechnungsfähige Druckvorlage herzustellen. Und so hat das dann auch ausgesehen.

Plötzlich sagt der Andreas: „Für so einen Scheiß brauche ich exakt zwei Minuten." Dann schnappt er sich ein Blatt Papier, kritzelt mit einem Stift ein bisschen darauf herum, springt nach einer knappen Minute auf und sagt: „Sepp, so würde ich es machen." Ich schau mir das an und antworte: „Ja, gar nicht so schlecht." Und dann

>>> zotter pedia

zotter pedia

Andreas H. Gratze

Geboren am 7. August 1962 in Graz, Ausbildung als Koch-Kellner, Bühnenbild-Studium an der Grazer Kunst-Universität. Lebt und arbeitet als freischaffender Künstler und „Pack-Artist" in Graz. Der Vater dreier Kinder ist kongenialer Partner Josef Zotters, er hat die z o t t e r Linie erdacht und zeichnet für die Gestaltung sämtlicher Produkte der Manufaktur verantwortlich.

Bereits seit den frühen 90er-Jahren tüfteln und brüten die beiden Freunde Gratze und Zotter, deren Wege sich in Jugendjahren kreuzten, gemeinsam an ihren Kreationen. Gratzes Hauptverdienst: Er erhob die Verpackung zur Kunst – und gemeinsam schufen die beiden die virtuose Verbindung aus Kunst und Schokolade. Initialzündung dafür waren Zotters Nikolo- und Krampus-Schokoladen in der Frühphase. Entsetzt ob der biederen Verpackungsentwürfe der beauftragten Agentur, legte Gratze selbst seinen ersten spontanen Entwurf vor. „Für Schlingel" und „Für Brave" bestachen durch Schlichtheit und Humor. Mit dieser neuen Verpackung gelang der Durchbruch, die Schokoladen waren im Nu ausverkauft. Trotz des Erfolges musste Gratze noch viel Überzeugungsarbeit leisten und viele Widerstände durchbrechen, um seine Gestaltungslinie durchzusetzen. Und den Glauben zu festigen, dass sich ein Sortiment, das auf gestalterische Vielfalt setzte, am Markt behaupten kann.

Denn das Revolutionäre an der z o t t e r Linie ist, dass hier eine ungeheure Fülle an unterschiedlichen Stilen und Stilmitteln zum Ausdruck kommt. Oft stehen Käufer ungläubig vor dem Sortiment und fragen, ob wirklich alles von ein und demselben Künstler stammt. Jede Bildidee wird neu geschöpft. Von Zotters Seite gibt es keine Vorgaben.

Gratze wählt die Stilmittel, die Ausdrucksweise, die Farb- und Formgebung, die am ehesten für ihn mit dem Geschmacksbild der Schokolade korrespondieren. Wobei diese Korrespondenz nicht die Abbildung der Inhaltsstoffe meint, sondern die bildliche Erfassung des Geschmacksspektrums, das auf einer komplexen Aromenstruktur beruht. Als gelernter Koch-Kellner weiß Gratze um alle kulinarischen Kniffe und kennt die exotischsten Rohstoffe. Sein gestalterischer Anspruch zielt darauf, jeder Sorte ihren ureigenen Charakter zu verleihen oder das Porträt ihres Geschmacks zu schaffen. Diese Bildwerdung des Geschmacks rettet die Schokoladen gewissermaßen aus ihrer Vergänglichkeit oder Essbarkeit und leitet sie über die Zeit hinaus.

Die Grundkonzeption für die Gestaltung der z o t t e r Linie war ebenso schlicht wie smart. Gratze setzte einen prägnanten schwarzen Rahmen mit Logo-Schriftzug als Wiedererkennungsmerkmal. Darin platzierte er ein Bildfeld, das ständig neu bespielt werden konnte und somit die Wahrnehmung auf sich zog. Das freie Motivfeld bietet grenzenlose Gestaltungsfreiheit. Dadurch war auch dem Wachstum des Sortiments, das mittlerweile Hunderte Produkte umfasst, keine gestalterische Grenze gesetzt.

Andreas H. Gratze erhielt in Düsseldorf den begehrten iF – packaging award 2008 in der Kategorie Verpackungsgrafik. Die Jury wählte ihn aus für seine kreative und witzige grafische Umsetzung der zotterschen Schokoladenkompositionen. Außerdem wurde er für den Designpreis der Bundesrepublik Deutschland 2009 nominiert.

ist mir eingefallen, dass neue Namen für die beiden Schokos auch nicht schlecht wären, weil „Krampus" und „Nikolaus" waren ja nicht extrem originell. Also hab ich den Andreas gleich gefragt, wie er die Schokoladen nennen würde. Und er hat gesagt: „Na ja, logisch oder? Die eine heißt Für Schlingel und die andere Für Brave." Als ob sie gar nicht anders heißen könnten. Da ist mir nichts mehr übrig geblieben, als zuzustimmen: „Ja, du hast recht, so nennen wir sie."

Das war der Beginn einer Zusammenarbeit, die ja bis heute andauert.
Ja. Wir haben die Schleifen dann im Lithografie-Verfahren hergestellt, was gar nicht so einfach war. Aber schlussendlich war das unser erstes Erfolgsprodukt. Und aus dieser Episode haben wir auch etwas gelernt, was unser Unternehmen bis heute auszeichnet: nämlich, dass man sich manchmal auch auf einem ziemlich schmalen Grat bewegen muss, um Erfolg zu haben. Dass man sich so weit auf unsicheres Terrain vorwagen muss, bis man fast den Halt verliert und abzustürzen droht. Versteht ihr?

Klar: Risiko.
Und noch was: Normalerweise würde man glauben, dass sich die brave Schoko viel besser verkauft als die Schlingelschokolade.

Weil die Eltern ihren Kindern ja lieber die brave Schokolade ins Nikolaussackerl stecken.
Ja, aber das glaubt man nur. In Wirklichkeit hat sich nämlich die Schlingelschoko besser verkauft als die brave Schoko. Wir haben damals 90 Prozent für Schlingel verkauft und zehn Prozent für Brave. Das war für mich auch wieder so ein Aha-Erlebnis, wo ich mir gedacht habe: „Die Leute sind nicht so eindimensional und bieder, wie alle glauben bzw. wie einen gewisse Leute glauben machen wollen." Daraufhin hat der Andreas Gratze diesen immer noch oft zitierten Satz gesagt: „Werbung darf nicht dauernd nur unterfordern." Und das stimmt auch.

Warum hast du jetzt nicht Vollgas gegeben mit der Schokolade?
Ich habe euch ja schon erzählt, wie sich das mit den Konditoreien entwickelt hat. Da war ich Tag und Nacht angehängt und zwischendrin habe ich eben versucht, bei der Schokolade etwas weiterzubringen. Und je schwieriger die Situation wurde, desto öfter habe ich mir insgeheim gedacht: „Die Schokolade, die wär's unter Umständen. Damit könnte ich wirklich etwas erreichen." Aber wenn ich das meiner Frau erzählte, hat sie den Kopf geschüttelt und gesagt: „Ich versteh dich nicht, Sepp. Zuerst verschulden wir uns, damit wir unsere Konditoreien aufbauen. Jetzt

haben wir vier Lokale und plötzlich erzählst du mir, dass du dich für Schokolade interessierst."

Verständlich, oder?
Ja, klar. Aber ich war im Kopf halt schon woanders. Die Schokolade hat mich total fasziniert, aber ich steckte fest und konnte nicht weiter. Das war kein sehr erhebendes Gefühl und ich bin mir in dieser Phase immer unsicherer geworden. Aber im Nachhinein hat auch das genau gepasst. Hätte ich nämlich schon damals Vollgas gegeben, hätte ich mit der Schokolade Schiffbruch erlitten. Da bin ich mir ziemlich sicher. Denn eines stimmt auch hundertprozentig – wieder so eine Erkenntnis: Du musst mit einem Produkt zur richtigen Zeit am richtigen Ort sein, sonst kannst du dich brausen gehen. Und bei mir hat sich dann ja wirklich scheinbar mit einer gewissen Logik das eine aus dem anderen ergeben. Das hat eine Eigendynamik bekommen. Da sind dann hintereinander ein paar Dinge passiert, die sich als richtig erwiesen haben. Aber der größte Witz ist eigentlich der, dass sich auch das, was uns damals gebremst hat, im Nachhinein als goldrichtig erwiesen hat. Sonst wäre ich mit meiner Schokolade nämlich zu früh dran gewesen. Und wer zu früh dran ist, den verschmäht die Geschichte.

Hätte, wäre – die blanke Spekulation.
Ja, eh. Aber man darf schon gelegentlich darüber nachdenken, warum es so gekommen ist und was geschehen wäre, wenn sich die Dinge anders entwickelt hätten. Manchmal denke ich halt darüber nach, wie es gekommen wäre, wenn ich mich schon damals voll auf die Schokolade konzentriert hätte. Klar: Wahrscheinlich hätte ich sie irgendwo in Belgien gekauft und sie hier mit mehr oder weniger Maschineneinsatz aufgepeppt. Ob ich damit wirklich erfolgreich geworden und es auf lange Sicht auch geblieben wäre, ist eine andere Frage. Denn so etwas hätte der Markt ja eigentlich gar nicht gebraucht, weil es das ohnehin schon gegeben hat. Der Markt sucht ja nach etwas, was so noch nicht da ist. Und die Art, wie wir schließlich unsere Schokolade gemacht haben, die war dann wirklich neu.

Schon die Schokoladentafel selbst hat total anders ausgeschaut. Genauso wie die Verpackung. Außerdem hatte unsere Schokolade ein anderes Gewicht als die anderen, die auf dem Markt waren. Eigentlich war alles anders. Aber das war ja teilweise auch ein langwieriger Prozess, bis wir dorthin gekommen sind. Beim Gewicht zum Beispiel – da war ich mir die längste Zeit nicht sicher. Wir haben ja größere Tafeln gemacht, weil wir gefürchtet haben, sonst nicht konkurrenzfähig zu sein. Und ich bin dann immer davor gestanden und habe mir gedacht: „Nein, also das ist es irgendwie auch nicht." Ich bin mir total unsicher gewesen. Nicht nur wegen des Gewichts, sondern weil mir die Größe der Tafel einfach nicht gefallen

„Hätte ich nämlich schon
damals Vollgas gegeben,
hätte ich mit der Schokolade
Schiffbruch erlitten ...

Du musst mit einem Produkt
zur richtigen Zeit am
richtigen Ort sein,
sonst kannst du dich
brausen gehen."

hat – optisch. Das hat irgendwie plump ausgesehen. Da gab es einige Geburtswehen.

Aber zurück zu unserer Sanierung: Irgendwann war dann alles auf Schiene. Der Ausgleich war durch und wir konnten unsere Schulden zahlen. Produziert haben wir in der Backstube in der Glacisstraße. Meine Frau, eine Mitarbeiterin und ich. Das war's. Wir haben unsere Öffnungszeiten reduziert, hatten nur mehr an fünf Tagen offen, damit wir nicht durcharbeiten müssen. Zwei Tage frei zu haben und quasi ein normales Leben zu führen, das war nach diesen Jahren für uns total ungewohnt und ein echter Luxus. Die Schokolade ist immer noch nebenbei mitgelaufen. Zirka 5.000 Tafeln haben wir damals pro Jahr verkauft. Das war eh schon ziemlich viel. Und wie das Leben so spielt, ist dann hinter meiner Backstube eine Wohnung frei geworden. Man hat mich gefragt, ob ich die Räume mieten will, um meine Produktionsfläche zu erweitern.

Schon wieder auf Expansionskurs – na bravo.
Vorsichtig, sehr vorsichtig, würde ich sagen. Ich hab dann sogar eine Maschine für die Produktion gekauft – zum Überziehen der Schokolade. Damit wir nicht immer alles händisch machen müssen. Das war dann schon sehr toll – eine große Maschine nur zum Überziehen. Übrigens: Die steht noch immer dort unten in der **Manufaktur**. Die Schokolade wird hochgepumpt und rinnt dann von oben runter. So funktioniert das.

Du hast die Räume also gemietet.
Ja, ich hab sie gemietet und hergerichtet. Sonst hätte ich für die Maschine gar keinen Platz gehabt.

Hast du dann gleich wieder Tag und Nacht gearbeitet?
Nein, hab ich nicht. Tagsüber habe ich mich um die Mehlspeisen gekümmert, am Nachmittag oder am Abend habe ich ein bisschen Schokolade gemacht. Zwei Tage hatten wir frei. Wir sind auch hin und wieder auf Urlaub gefahren – nach Italien zum Beispiel. Eine Woche Bibione oder so. „Wahnsinn", haben wir uns gedacht, „das ist ja lässig – wie normale Menschen." Wir haben ja gar nicht mehr gewusst, was Urlaub ist. Das ist zwei Jahre lang so gegangen – von 1997 bis 1999.

Was geschah dann?
Ich bekam wieder so ein Gefühl – ein Kribbeln oder wie auch immer man es nennt. Meine Frau hat eh schon vermutet: „Irgendetwas ist da schon wieder am Köcheln, ich traue dem Frieden nicht."

zotter pedia

zotter Schokoladen Manufaktur

Die **zotter Schokoladen Manufaktur** wurde im Jahre 1999 in Zotters Heimat Bergl, Riegersburg, gegründet. Das Familienunternehmen produziert mit mehr als 150 Mitarbeiterinnen und Mitarbeitern aus der Region handgeschöpfte Schokoladen und betreibt den Essbaren Tiergarten mit 72 Hektar landwirtschaftlicher Fläche im biologischen Landbau. Viele **Hundert** unterschiedliche Sorten werden im eigenen Schokoladewerk erzeugt: Josef Zotter ist damit europaweit der Einzige, der Schokolade von der Bohne weg (**"Bean-to-Bar"**) – ausschließlich in Bio- und Fair-Trade-Qualität produziert. Der Umsatz des Unternehmens verteilt sich zu ca. 55 % auf Österreich, rund 45 % gehen ins Ausland, der überwiegende Teil davon nach Deutschland.

Sie hat sich nicht getäuscht, oder?

Nein. Ich bin langsam ein bisschen unrund geworden. „Irgendwie", habe ich mir gedacht, „muss mit der Schokolade jetzt schön langsam etwas weitergehen." Die Konditorei war eh nett und wir konnten ja auch die Schulden zurückzahlen. Eigentlich lief es ja ganz gut. Trotzdem habe ich gespürt, dass jetzt der richtige Zeitpunkt gekommen war, um mit der Schokolade größere Kreise zu ziehen. Damals hat es die z o t t e r Schokolade ja nur in Graz gegeben.

zotter pedia

Produktion

Jährlich werden über 400 Tonnen Kakao aus drei Kontinenten verarbeitet, zudem 220 Tonnen Zucker aus Paraguay und Brasilien, mehr als **1,2 Millionen** Liter Milch aus Tirol, 1.600 kg echte Vanille, 15 kg Langpfeffer und vieles mehr.
Allein die Milchmenge würde den Bedarf einer vierköpfigen Familie für rund 3.000 Jahre decken.

BACK TO BERGL, AUF NACH WIEN!

Zotter, dein Kribbeln! Was ist daraus geworden?
Wartet, gleich. Davor hat es da auch eine lustige Episode mit dem Karl Lamprecht gegeben.

Wir lieben diese Episoden. Sie sind nicht nur lustig, sondern auch sehr lehrreich. Aber wer zum Teufel ist Karl Lamprecht?
Karl Lamprecht, Besitzer der Vinothek bei der Oper in Graz, ein Vinothekenpionier und mein erster Wiederverkäufer überhaupt. Indirekt ist er an unseren heutigen Preisen schuld. Aber diese Episode ist mir fast schon peinlich. Wenn ich euch das erzähle, seht ihr, wie wenig Ahnung ich vom Business eigentlich gehabt habe. Unglaublich. Also, das war so: Bis dorthin habe ich meine Schokolade nur selbst verkauft – bei mir im Geschäft. Aber eines Tages ist der Karl Lamprecht bei der Tür hereingekommen. „Du", hat er zu mir gesagt, „man hört die Leute ziemlich oft von deiner Schokolade reden – dass sie so gut sei und etwas Besonderes." Und dann fragt er mich plötzlich: „Könnte ich die nicht auch in meinem Geschäft verkaufen? Das wär doch was, oder?" – „Also, auf diese Idee bin ich noch gar nicht gekommen", gebe ich zurück, „aber das wäre natürlich schon sehr klass, wenn das ginge, weil dann kann man meine Schokoladen immerhin schon bei mir und bei dir kaufen, also zweimal in Graz." – „O. K.", setzt er nach, „freut mich, dann nehme ich also gleich ein paar Tafeln mit, oder? Die kann ich heute noch ins Regal stellen." Darauf antworte ich: „Das finde ich super. Welche Sorten willst du denn?" Damals habe ich vielleicht 15 oder 16 Sorten gehabt. Sagt er: „Die und die und von der nehme ich auch noch was und die." Dann hat er also schon ein paar zusammen und plötzlich fragt er: „Du, Sepp, wie viel verlangst du dafür?" – „Da", zeige ich mit dem Finger auf die Preisliste, „da siehst du es eh. 22 Schilling verlange ich für eine Tafel." Da fragt er zu meiner Verwunderung noch einmal: „Und um wie viel soll ich sie dann verkaufen, Sepp, wenn du 22 von mir willst?" Antworte ich ihm: „Bei mir kosten sie 22. Was du für sie verlangst, ist deine Entscheidung. Schlag halt was drauf."

Da merke ich, wie er mich mit großen Augen anstarrt. „Was ist?", frage ich ihn. Da schießt es mir blitzartig durch den Kopf: „Verdammt! Mein ganzes Konzept ist im Eimer. Ich habe für den Wiederverkauf keine Handelsspanne einkalkuliert."

Das kann jedem passieren. Wahrscheinlich kommt das gar nicht so selten vor.
Ja, aber besonders hell im Kopf war das nicht von mir. Überlegt einmal: Bei mir kostet die Schoko 22 Schilling. Er kauft sie, schlägt 4 Schilling drauf und verkauft sie um 26. Sein Geschäft ist aber zufällig nur ein paar Schritte von meinem entfernt. Kann mir jemand erklären, wer eine Schoko um 26 kauft, wenn sie um die Ecke nur 22 kostet?

Niemand.
Genau. Das war also die Geschichte von der fehlenden Handelsspanne.

Sehr amüsant.
Damals habe ich sie überhaupt nicht witzig gefunden. Irgendwie hatte ich nämlich das Gefühl, dass mir jemand den Boden unter den Füßen weggezogen hat. Am Abend habe ich dann zur Uli gesagt: „Ich glaube, das mit der Schokolade können wir vergessen. Wir produzieren einfach zu teuer. Wenn wir dann auch noch eine Handelsspanne hineinrechnen, müssen wir für eine Tafel mindestens 25 oder 26 Schilling verlangen. Das bezahlt uns niemand. Und bei den Zutaten sparen will ich auch nicht." Ihr dürft ja nicht vergessen: Eine normale Schokolade hat damals im Geschäft ungefähr 7 Schilling gekostet. Und für meine hätte ich viermal so viel verlangen sollen?!

Bei mir hat sich schon alles zu drehen begonnen, weil ich keinen Ausweg mehr gesehen habe, plötzlich sagt die Uli: „Dann werden wir eben teurer." Darauf antworte ich: „Aber das hilft uns ja auch nichts, wenn wir um zwei oder drei Schilling teurer werden. Da geht sich ja immer noch keine Spanne aus." Da sagt sie: „Was heißt hier 2 oder 3 Schilling? Verlangen wir doch gleich 28 für die Tafel. Dann haben wir einen lässigen Preis und die Handelsspanne geht sich auch aus." Sie war total kaltschnäuzig in dieser Situation. An so etwas hätte ich nicht im Traum gedacht – von 22 auf 28 Schilling. Und vorher habe ich mich schon mit den Leuten abgekämpft, die gesagt haben: „22 Schilling? Herr Zotter, übertreiben Sie da nicht ein bisschen?" Aber es hat natürlich auch Fans gegeben, die kein Wort darüber verloren haben, sondern die Schokolade einfach gekauft haben. Aber eigentlich ist das immer das Gleiche: Ein paar Leuten ist es zu teuer, ein paar Leuten passt es. Aber das habe ich damals noch nicht so locker gesehen. „Mist", habe ich zur Uli sinngemäß gesagt, „wenn wir 28 Schilling verlangen, dann ist es aus. Dann machen wir halt die Konditorei weiter und vergessen die Schokolade." Ich war total frustriert, aber die Uli ließ einfach nicht locker: „Lass es uns doch probieren." Bis ich dann gesagt habe: „O. K., dann probieren wir es halt."

Und? Was war?

Quasi über Nacht stellten wir den Preis auf 28 Schilling um. Ein Wahnsinn. Ich kann mich noch genau erinnern. Vorne im Geschäftslokal das Regal mit der Schokolade. Wir hatten damals eine Stammkundin, eine ältere Dame – eine ehemalige Klavierlehrerin –, die kam jeden Tag, um einen Kaffee zu trinken und ein Liptauerbrötchen zu essen. Und jeden Tag hat sie geschimpft: „Der Kaffee ist zu teuer, das Brötchen ist zu teuer, überhaupt ist alles zu teuer." Und dann hat sie gesagt: „Aber gut ist es schon." Die kam an diesem Morgen wie gerufen. Als ich sie gesehen habe, bin ich sofort in Deckung gegangen. Wobei sie sich ja eigentlich für die Schokolade noch nie interessiert hatte. Nach einer halben Stunde wage ich mich dann aus meinem Versteck. „Was hat sie denn zum neuen Preis gesagt?", frage ich meine Mitarbeiterin. Und die sagt: „Na ja, sie hat sechs Tafeln davon gekauft." Sag ich: „Das gibt es nicht. Die hat noch nie eine Schokolade bei uns gekauft."

Und dann schildert mir die Mitarbeiterin, was passiert ist: „Die hat eine Zeit lang geschaut, dann hat sie mich nach dem Preis gefragt. Ich hab ihr also den neuen Preis gesagt. Und dann hat sie gerufen: ‚Was? 28 Schilling!? So teuer!? Das muss etwas Besonderes sein.'" Das war für mich der Punkt, an dem mir klar war, dass manche Dinge eben auch einen Preis haben müssen, damit man ihnen eine entsprechende Wertigkeit zuschreibt. Und das war auch unser Durchbruch, denn ab diesem Moment haben wir auch das nötige Selbstvertrauen gehabt, um das durchzuziehen. „O. K.", haben wir uns gesagt, „so lassen wir das jetzt." Und gleichzeitig haben wir damit auch eine Handelsspanne gehabt. Das war zwar noch vor der Insolvenz, aber später konnten wir darauf aufbauen.

Hast du damals eigentlich schon eine Vorstellung davon gehabt, wohin dich das einmal bringen wird?

Nein. Wie sollst du so etwas wissen? Vielleicht hatte ich eine Ahnung davon, was man damit erreichen kann. Manchmal war ich frustriert, wenn ich das Gefühl hatte, dass nichts weitergeht. Und im nächsten Moment war ich dann doch wieder zuversichtlich. „Ich verkaufe halt nebenbei ein bisschen Schokolade", habe ich mir gedacht, „und das Geschäft in der Glacisstraße halte ich an fünf Tagen offen." So habe ich meine Zukunft gesehen. Eigentlich so, wie es ein paar Jahre früher schon war – bloß ein bisschen ruhiger und entspannter.

Du wirkst aber nicht so, als wüsstest du die Segnungen eines ruhigen und entspannten Lebens zu schätzen.

Ich sag's einmal so: Was meine Frau da mitmachen musste, ist ja wirklich ziemlich arg. Anscheinend bin ich für ein völlig normales Leben einfach nicht geschaffen. Auf alle Fälle habe ich dann 1999 meine Frau immer öfter mit dem Zwiespalt kon-

„Was meine Frau da mitmachen musste, ist ja wirklich ziemlich arg. Anscheinend bin ich für ein völlig normales Leben einfach nicht geschaffen."

frontiert, in dem ich mich befand. „Du", habe ich gesagt, „ich glaube, dass wir uns entscheiden müssen. Entweder ich lasse das mit der Schokolade oder ich setze alles darauf und wir verzichten auf die Konditorei." Es war nämlich immer mehr zu tun und bald wäre es wieder so weit gewesen, dass ich auch an meinen freien Tagen wieder gearbeitet hätte. Es ging uns ja nicht schlecht und wir konnten unsere Schulden ziemlich problemlos zurückzahlen. Also habe ich gesagt: „Entweder die Schokolade oder die Konditorei." Da hat die Uli gesagt: „Ja, dann machen wir die Konditorei, weil bei der Schokolade bin ich mir nicht so sicher, ob die wirklich funktioniert." Wisst ihr: Meine Frau ist nicht so fantasievoll wie ich. Aber egal. „O. K.", habe ich zu ihr gesagt, „dann machen wir die Schokolade." (Lacht.)

Einfach so?
Wenn ich von etwas hundertprozentig überzeugt bin, dann drücke ich das letztendlich auch irgendwie durch. Aber in Wirklichkeit war es natürlich schon ein längerer Entscheidungsprozess und wir haben immer wieder darüber gesprochen. Eigentlich haben wir uns sehr bewusst damit auseinandergesetzt. Das war nicht nur eine Bauchentscheidung. Ich kann mich noch genau erinnern: Wir hatten schon alles durchdiskutiert, da fragt die Uli plötzlich: „Und wo sollen wir die Schokolade bitte produzieren? Und wie soll das mit der Logistik funktionieren? Und überhaupt." Und investieren hätten wir natürlich auch schon wieder müssen.

Hat dich das alles nicht geschreckt?
Nicht sehr. Ich bin grundsätzlich ein sehr veränderungsbereiter Mensch. Ich kann eine Wohnung jederzeit ausräumen und statt rot zum Beispiel grün ausmalen. Damit habe ich kein Problem. Im Gegenteil: Ich freue mich sogar darüber. Uli eben weniger. Aber eine Ehe ist ja schließlich auch dafür da, dass man sich gegenseitig unterstützt und gewisse Dinge mitträgt, auch wenn man selbst nicht restlos davon überzeugt ist. Umgekehrt brauche ich es ja auch, dass die Uli mich immer wieder bremst, damit ich nicht abhebe. Und das tut sie ja auch – nach wie vor. Ich hätte andauernd Visionen und Fantasien. Das kann man sich gar nicht vorstellen.

Wie seid ihr damals auf gleich gekommen?
Uli hat dann noch darauf hingewiesen, dass eine Schokoladeproduktion größeren Ausmaßes an unserem Standort in der Glacisstraße sowieso nicht infrage käme. Und dann hat sie gesagt: „Sepp, wenn wir uns jetzt wieder in Schulden stürzen, dann bin ich sicher nicht mehr dabei." Das war ziemlich deutlich und ich habe ihr zugestimmt. Und wisst ihr, was? Jetzt schließt sich der Kreis mit Bergl. Ich bin ja als Junger von hier weg, weil ich gesagt habe: „Ich will nie wieder hierher." Das müsst ihr euch vorstellen: Das war eine fürchterliche Gegend. Also, das war hier wirklich

traurig und verlassen. Die Leute waren alle so komisch. Alles hat einen irgendwie depressiv gemacht und es hat so gut wie keine Entwicklung gegeben – nur Stillstand. Und dann sage ich zur Uli: „Na ja, eigentlich können wir nach Bergl gehen – in den Kuhstall meiner Eltern." Damals hat es den Begriff „steirisches Vulkanland", der heute für eine blühende Landschaft steht, noch nicht gegeben.

Hattest du Sehnsucht nach der Gegend, in der du aufgewachsen bist?

Nein, das war Pragmatismus – reiner Pragmatismus. Mein Vater war ja schon in Pension. Der hatte uns natürlich längst abgeschrieben. Schließlich war ich ja aus Bergl fortgegangen. Aber der Kuhstall stand leer. Dort, wo jetzt unser Shop steht, war der Kuhstall. Und dort habe ich dann auch zur Uli gesagt: „O. K., hier fangen wir an. Hier haben wir 200 Quadratmeter, auf denen wir genial produzieren können. Da hinten machen wir das Lager, da drüben die Verpackung und hier produzieren wir." Darauf hat die Uli geantwortet: „Von mir aus, dann machen wir halt ab jetzt nur mehr Schokolade. Dann verlässt uns halt auch noch die letzte Mitarbeiterin." Und so war es dann auch. Das war uns von Anfang an klar: „Wenn wir aus Graz weggehen würden, dann ohne Mitarbeiterin – nur wir beide." Das war unsere Vision. Und irgendwie haben wir uns das total lässig vorgestellt: „Manchmal haben wir mehr zu tun, dann wieder eine Woche weniger oder gar nichts, aber insgesamt geht es sich aus und wir haben dabei eine echte Lebensqualität und können tun, was wir wollen." Und nebenbei ein bisserl Landwirtschaft. So haben wir uns das ausgemalt.

Und das Risiko? Hat euch das nicht beunruhigt?

Na ja, das Risiko war eher ein indirektes. Nämlich das, dass unser Betrieb ja eigentlich schon so gut wie saniert und wieder auf Schiene war. 2004 oder 2005 wären wir schuldenfrei gewesen – das war der Plan. Und das haben wir damit natürlich aufs Spiel gesetzt.

Wie wolltet ihr den Umbau finanzieren?

Ich habe alles selbst gemacht. Ich habe den Boden hineinbetoniert, die Fliesen gelegt, das Licht installiert. Gleichzeitig habe ich mich auf die Suche nach einem Nachmieter für die Glacisstraße gemacht. Ein bisschen Kapital – wenigstens für die maschinelle Grundausstattung – hätte ich nämlich ganz gut brauchen können. Und da habe ich wirklich Glück gehabt, weil mein Vermieter das Haus gerade verkaufen wollte. Am Schluss habe ich sogar noch 200.000 Schilling dafür bekommen, dass ich gegangen bin, und dieses Geld habe ich hier in Bergl investiert.

„Jetzt schließt sich der Kreis mit Bergl. Ich bin ja als Junger von hier weg, weil ich gesagt habe: ‚Ich will nie wieder hierher ...'

Dort, wo jetzt unser Shop steht, war der Kuhstall."

Hast du hier angefangen, ohne neue Schulden zu machen?
Ja, ich habe hier schuldenfrei angefangen. Ich habe auch nachher keine Schulden mehr gemacht. Außerdem hätte ich von den Banken vermutlich sowieso kein Geld bekommen. In Bankenkreisen war ich ja nun bekannt.

Keine Schulden zu machen – ist das seit deiner Insolvenz ein ehernes Gesetz für dich?
Ja, ich mache prinzipiell keine Schulden mehr. Und wenn ich aus strategischen Gründen – zum Beispiel, um gewisse Förderungen in Anspruch nehmen zu können – Schulden aufnehmen muss, dann ist das immer tausendfach abgesichert. Aber sonst kann ich gerne darauf verzichten. Schulden brauche ich keine mehr, davon habe ich schon genug gehabt. Diese lachenden Bankergesichter – die vergisst du nie wieder (lacht).

Trägst du dein Geld heute eigentlich auf die Bank?
So eine Bankenphobie habe ich auch wieder nicht. Aber ich investiere sowieso das meiste gleich wieder in mein Unternehmen oder in die Landwirtschaft. Das ist meine Sparbüchse. Jetzt zum Beispiel plane ich einen Schlachthof und eine Eisfabrik. Den werden wir machen, wenn das Geld dafür da ist. Ich habe diese vorsichtige Wirtschaftsweise ja eigentlich gezwungenermaßen gewählt. Aber jetzt macht sie uns als **Familienunternehmen** extrem stark und gesund. Das bereitet mir schon eine gewisse Genugtuung – ehrlich gesagt.

Waren die Leute eigentlich traurig darüber, dass du deine Konditorei zugesperrt und dich aus Graz verabschiedet hast?
Wenn alle, die mir angeblich nachgetrauert haben, bei mir eingekauft hätten, dann hätten wir sicher keine finanziellen Probleme gehabt. Zumindest fühlt es sich so an.

Wenn man sich heute dein Unternehmen anschaut, dann erscheint es als das Normalste der Welt, dass du hierhergegangen bist.
Ja, wenn man sich das jetzt anschaut, schon. Damals aber war es ein gewagter Schritt, nach Bergl zu gehen. Da war ja nichts. Produzieren konnten wir. Das war alles. Aber das war für uns in diesem Moment das Wichtigste. Und dass wir keine Miete zahlen mussten, war natürlich auch ein Vorteil. Mein Vater hat klipp und klar gesagt: „Die Wirtschaft bekommst du nicht." Aber das wollte ich sowieso nicht. Und dann haben wir zu produzieren begonnen.

Familienunternehmen

Die zotter Schokoladen Manufaktur wird als Familienunternehmen von Josef und Ulrike Zotter geführt. Die beiden Ältesten, Julia (Jg. 1987) und Michael (Jg. 1988), arbeiten schon im Betrieb mit. Julia studierte Lebensmittel- und Biotechnologie an der BOKU in Wien und ist Absolventin der Cordon-Bleu-Akademie in Paris. In Brasilien hat sie auf einer Kakaoplantage gearbeitet. Seit September 2013 lebt sie in Shanghai, wo sie den Aufbau des Schoko-Laden-Theaters „Zhen de" managte und es seit der Eröffnung leitet. Michael studierte ebenfalls Lebensmittel- und Biotechnologie und schloss danach mit „Informatik und Medien" ein zweites Studium an. Er ist unter anderem verantwortlich für die IT-Abläufe, Warenrückverfolgungs-programme sowie die Mi-Xing-bar-Programmierung. Und Töchterchen Valerie (Jg. 2005), die die Waldorfschule besucht? „Sie träumt von ‚Charlie und die Schokoladenfabrik', weil ihre Freundinnen sie immer darauf ansprechen, glaubt sie selber schon, dass sie eine Prinzessin ist", erklärt Zotter. „Was sie aus meiner Sicht aber eh ist."

Für wen?

Ehrlich gesagt: Wo ich die Schokolade verkaufen würde, darüber habe ich mir damals gar keine Gedanken gemacht – also jedenfalls nicht besonders viele. Ich habe mir gedacht: „Ich mache eine so gute Schokolade, dass die Leute früher oder später zu mir kommen müssen, das lässt sich gar nicht vermeiden. Einen Shop hatte ich ursprünglich nicht geplant und es hat auch keinen gegeben. Damit habe ich nicht einmal kokettiert, dass es so etwas jemals geben würde. Ich wollte nur den Handel beliefern. Und auf welche Weise der Shop bzw. anfangs so etwas Ähnliches wie ein Shop dann doch entstanden ist, das ist ja auch wieder eine ziemlich verrückte Geschichte: Begonnen hat es nämlich im Windfang bzw. im Vorzimmer meiner Mutter.

Die Leute, die mich als Konditor gekannt haben, wussten ja teilweise, dass ich irgendwo in der Oststeiermark Schokolade erzeuge. Und manche kamen vielleicht auch nur zufällig vorbei. Es gab ja nicht einmal ein Schild, das darauf hingewiesen hätte, es muss also Mundpropaganda gewesen sein. Jedenfalls haben immer öfter irgendwelche Leute bei meiner Mutter geklopft und gefragt, ob sie Schokolade kaufen können. Damit hatten wir ja überhaupt nicht gerechnet. Allerdings haben wir auf diese Entwicklung dann insofern reagiert, als wir einen Ständer gekauft, ihn bei meiner Mutter im Vorzimmer aufgestellt und mit Schokoladen bestückt haben. Dem trauern heute noch viele nach, die das gekannt haben. Oben im Vorhaus, wo absolut nichts war außer diesem Ständer und wo es nach irgendeinem Reinigungsmittel wie zu Ostern gemieft hat. Ich habe den Geruch heute noch in der Nase, wenn ich daran denke. Meine Mutter hat eine Brieftasche gehabt und am Schluss waren da manchmal ganz schöne Tagesumsätze drinnen – 200 Euro oder so. Das ist mit heute natürlich nicht zu vergleichen, aber damals war es fast schon eine Sensation. Auf alle Fälle oft mehr, als wir vorher in der Glacisstraße an einem Tag umgesetzt hatten.

Das war deine ganze Vertriebsstruktur?

Nein, natürlich nicht. Es hat auch schon ein paar Händler gegeben, die meine Schokoladen im Sortiment hatten. Und ich habe natürlich darüber nachgedacht, wie ich den Verkauf steigern kann. Allerdings wollte ich dafür keinen Handelsvertreter beschäftigen, den hätte ich ja auch wieder bezahlen müssen. Und so viel war ja nicht da. Also habe ich mich entschlossen, es selbst zu machen. Nebenbei natürlich. „Wir produzieren halt ein bisschen", habe ich mir gedacht, „und daneben erledige ich den Verkauf." Zu diesem Zweck habe ich mir dann gleich einen schönen Anzug und eine Ledertasche gekauft. „So, jetzt mache ich auf Vertreter", war die Devise. Das hat, glaube ich, ziemlich komisch ausgeschaut, aber was hätte ich sonst tun sollen? Ich hab mir das eben eingebildet. Und dann habe ich mir auch noch eingebildet, dass es nicht blöd wäre, wenn wir mit unserer Schokolade Wien erobern würden. Dort haben wir nämlich noch kein einziges Geschäft beliefert. Wien war für uns ein weißer Fleck.

Also bist du nach Wien geritten.
Ich habe ja ziemlich lange in Wien gelebt und gearbeitet und aus dieser Zeit auch noch einige Leute gekannt. Also habe ich ein paar Termine vereinbart – beim Meinl am Graben zum Beispiel – und bin nach Wien gefahren. Im neuen Anzug natürlich. Die Schokoladen hab ich in einer Schachtel gehabt und in der Ledertasche war eh nicht wirklich etwas drinnen. Hauptsache, wichtig.

Schade, dass es davon kein Foto gibt.
Ich erzähle es euch deswegen, weil das ein Versuch war, der hundertprozentig danebengehen musste. Weil ich dort vermutlich aufgetreten bin wie ein Kasperl. Die erste Station war gleich der Meinl am Graben. Ihr wisst ja, was das ist, oder?

Ja. Ein renommiertes Wiener Kaufhaus. Der Gourmet- bzw. Genusstempel schlechthin.
Ja, wenn du mit deinen Waren dort drinnen bist, ist das schon etwas. „Wenn ich dort hineinkomme", habe ich gehofft, „dann müsste es funktionieren, dann kann ich es schaffen." Die haben ja die exklusivsten Produkte geführt. Und der Leiter bzw. Geschäftsführer, das war eine echte Institution – eine Legende in dieser Branche. Und eine Autorität – ziemlich streng und auch ein bisschen gefürchtet. Also stehe ich dort und warte. Irgendwann kommt er heraus, schaut ein bisschen über die Brillenränder drüber und fragt ziemlich forsch: „Was haben Sie denn da?" Sage ich: „Schokolade." Ich war ziemlich aufgeregt und meine Stimme dürfte ein bisschen zittrig gewesen sein. Sagt er darauf: „Ach so, Schokolade. Haben wir schon genug davon." Sage ich: „Ja, schon, glaube ich Ihnen eh, aber ich komme aus der Steiermark und die Schokolade ist mit Kürbiskernen und so." Sagt er: „Was? Kürbiskerne in der Schokolade – wieso?" Sag ich: „Ja, sogar mit Marzipan, also sozusagen Kürbis-Marzipan." Sagt er: „Was? Marzipan auch noch?! Marzipan mit Kürbiskernen drin?" Antworte ich: „Nein, Kürbismarzipan. Haben wir selbst gemacht." Sagt er: „Aha." Ich hab schon gehofft, jetzt beißt er an. Da fragt er: „Wer sind Sie überhaupt." Antworte ich: „Zotter." Sagt er: „Zotter? Was? Noch nie gehört. Muss man Sie kennen?" Scheiße! Versteht ihr? Der hat mich total demoralisiert. Kein Funke Hoffnung, eine absolute Nullnummer. Einfach abserviert. Dann hat er noch gesagt: „Lassen Sie von mir aus was da von Ihrer Schokolade. Geben Sie es meiner Sekretärin, ich melde mich dann." Also blieb mir nichts anderes übrig, als mein Köfferchen zu nehmen und zu verschwinden. Gefühlt hab ich mich wie ein geprü-

gelter Hund. Denn vor meinem inneren Auge habe ich unsere Schokoladen schon in diesem Geschäft gesehen. Und dann das: eine gnadenlose Abfuhr. Und so ist es mir in Wien dann insgesamt fünfmal ergangen. Jedes Mal ein bisschen anders, aber immer mit dem gleichen Ergebnis: null.

Am Abend bin ich dann nach Hause gekommen. Am Tisch saß die Uli mit den Kindern und wartete auf mich. „Und? Wie ist es dir gegangen?", fragte sie voller Hoffnung. „Haben wir jetzt einen Kunden in Wien?" Ihr könnt euch vorstellen, wie mir zumute war. „Nein, ich glaube nicht", hab ich ihr ganz leise geantwortet. Ich war total entmutigt und niedergeschlagen. An diesem Tag ist ein Kartenhaus in sich zusammengefallen und ich habe mir gedacht: „Ein Wahnsinn, sich so prostituieren zu müssen. Wie ein Kasperl durch Wien zu laufen und sich eine Abfuhr nach der anderen zu holen. Erniedrigend." Da habe ich zum ersten Mal am eigenen Leib verspürt, wie der Handel funktioniert.

Das hättest du dir schon vorher denken können.
Weiß ich nicht. Vielleicht bin ich da ja zu naiv bzw. gutgläubig. Aber ich hatte sowieso keine Lust, da mitzuspielen.

Was wolltest du dagegen tun?
Ich habe mir gedacht: „Ich laufe den Kunden sicher nicht nach, sondern produziere so gute Produkte, dass sie zu mir kommen." Am Anfang hat sich das zwar sehr zäh angelassen, aber nach und nach ist es immer besser gelaufen und wir haben schon ein bisschen etwas produziert, darunter auch ein paar speziellere Sorten. Damit sind wir dann in die Medien gekommen, sogar ins Radio. Bald gab es so etwas Ähnliches wie einen Hype um uns und unsere Schokolade.

War das schon Marketing?
Nein, Marketing war das keines, weil wir nämlich keine Ahnung gehabt haben, was Marketing überhaupt ist.

Aber mit deinen Kreationen bist du wenigstens aufgefallen und manchmal hast du vielleicht sogar provoziert.
Ja, das liegt mir ja auch. Ich könnte allerdings nicht behaupten, dass ich das bewusst inszeniert hätte. Wir haben immer schon recht lässige Kreationen gemacht. Das habe ich dann durchgezogen und einfach immer noch ein bisschen mehr aufgelegt. Das funktioniert ja heute noch immer. Und das zieht sich auch wie ein roter Faden durch unsere Geschichte. Von der Blutschokolade über Fischschokolade und Himbeer-Tittis bis zu den Fußpilzen – jedes Jahr präsentieren wir etwas, womit wir ein bisschen anecken.

„Ein Wahnsinn, sich so prostituieren zu müssen. Wie ein Kasperl durch Wien zu laufen und sich eine Abfuhr nach der anderen zu holen. Erniedrigend."

Aber zurück zu den Anfängen. Wir hatten dann schon einige Kunden im Handel – vielleicht waren es 50, vielleicht 70. So genau weiß ich das nicht mehr. Auch in Wien haben ein paar Geschäfte unsere Schokolade geführt, aber keines von denen, die ich mit meinem Lederkoffer besucht hatte. Aber eines Tages läutet bei uns zu Hause plötzlich das Telefon. Kaum hat die Uli abgehoben, verdeckt sie mit der einen Hand die Muschel und flüstert: „Du, der Herr vom Meinl ist am Apparat." Ich lasse mir ein bisschen Zeit, dann nehme ich den Hörer und melde mich ziemlich energisch: „Zotter." Darauf sagt er: „Ja, Herr Zotter, Sie wissen eh, oder? Sie waren ja einmal bei mir wegen Ihrer Schokolade." Sag ich: „Ja, weiß ich noch, aber das ist jetzt schon wieder eine ganze Weile her, wenn ich mich nicht irre." Sagt er: „Ich muss Ihnen etwas sagen, Herr Zotter. Ich habe Ihre Schokolade jetzt gekostet und ehrlich gesagt: nicht schlecht." Ich gebe mich total cool: „Aha, hat Sie Ihnen also geschmeckt?" Sagt er: „Ja, ich muss Ihnen gratulieren. Das ist wirklich etwas Besonderes. Kommen Sie doch einfach einmal bei mir vorbei." Sag ich: „Das tut mir leid, aber ich kann nicht vorbeikommen, das geht sich unmöglich aus. Ich habe einfach keine Zeit." Sagt er: „Was heißt, Sie haben keine Zeit? Sie wissen eh, oder? Meinl am Graben." Sag ich: „Ja, das weiß ich schon, aber momentan haben wir wirklich extrem viel zu tun." Neben mir hat die Uli schon wie die Böse herumgefuchtelt und sich gedacht: „Was ist das doch für ein Trottel, verarscht die legendäre Gourmet-Institution und vermasselt sich so am Ende auch noch diese Superchance." Aber ich hab das ganz bewusst gemacht. „Den lasse ich jetzt auflaufen", habe ich mir gedacht, „der kann mich mal." Ich hätte in Wirklichkeit genug Zeit gehabt, aber ich hab mir gedacht: „Jetzt mache ich einmal so richtig auf wichtig." Also weiter: „Nein, tut mir leid, lieber Herr, aber momentan ist es extrem schwierig. Sie wissen eh: die Zeit." Da hat man am Tonfall gemerkt, wie er schön langsam ungeduldig geworden ist: „Was heißt, es ist schwierig? So viel Zeit werden Sie wohl noch haben." Und dann sagt er plötzlich: „Ach was, dann komme ich eben zu Ihnen." Hab ich ihm geantwortet: „Von mir aus, kommen Sie."

Und? Ist er gekommen?

Ja, er ist. Ein paar Tage später stand er plötzlich da. „Wie ist das nun, Herr Zotter? Wollen Sie mich beliefern?" Und ich antworte – wieder betont cool: „Ich würde Sie ja gerne beliefern, aber im Moment geht es sich einfach nicht aus. Unmöglich! Ich habe so viele Bestellungen, dass ich mit der Produktion nicht nachkomme. Die muss ich erst einmal abarbeiten. Aber wenn Sie wollen, dann kann ich Sie auf die Warteliste setzen. Und wenn ich etwas für Sie habe, dann rufe ich Sie an." Da habe ich gemerkt, dass er langsam die Nerven wegwirft. „Was heißt, wenn Sie etwas für mich haben?", hat er kopfschüttelnd gesagt, „ich nehme die Schokolade natürlich gleich mit." Insgesamt war das alles für mich auch sehr lehrreich: Wie die Leute reagieren, wenn sie etwas nicht bekommen bzw. wenn ihre Autorität infrage gestellt wird. Und damals habe ich noch etwas erkannt: Du darfst nie mehr produzieren, als verlangt wird, sondern musst der Nachfrage sogar immer ein bisschen hinterherhinken, wenn es sich nur irgendwie einrichten lässt. Das ist einfach so.

Und was hat der Meinl-Typ dann gemacht?
Er hat kapituliert – wenigstens vorläufig. „Rufen Sie mich eben an, wenn Sie mich beliefern können", hat er gesagt und ist davongerauscht.

Das war's?
Nein. 14 Tage danach hat er wieder angerufen: „Zotter, was ist jetzt? Willst du mich jetzt beliefern oder nicht?" Der war jetzt schon per Du mit mir. So nach der Devise: „Wir sind eh die besten Freunde." Hab ich gesagt: „Also, es ist wie verhext. Es wird immer schwieriger. Ich hab so viele Bestellungen."

Mittlerweile kennen wir uns ja schon ziemlich gut. Im Grunde genommen mag ich ihn. Meine Blockade habe ich dann natürlich beendet. Ich muss auch sagen, dass der Meinl am Graben für uns der Durchbruch war. Dort waren wir top platziert und haben sensationell verkauft. Es sind ja auch alle zum Meinl gerannt, die in Wien irgendetwas mit Feinkost am Hut hatten, um unsere Schokolade zu kaufen.

Hast du es überhaupt glauben können, als es plötzlich funktioniert hat?
So ein Idiot war ich dann auch nicht mehr. Ich habe schon gewusst, dass wir da etwas Besonderes machen. Ich habe mir ja auch sehr genau angesehen, was sich rundherum tut. Irgendwann hat dann sogar der „Feinschmecker" über uns geschrieben.

Welcher Feinschmecker?
Das renommierte Gourmet-Magazin. Wenn du da größer drin bist, hast du endgültig den Durchbruch geschafft.

„Tut mir leid, aber die Zeit
ist reif dafür,
auf Werbung zu verzichten.
Werbung braucht
heute keiner mehr."

NICHT GANZ DICHT!
Oder das verkehrte Hirn

Und dann hast du immer mehr Sorten auf den Markt gebracht, Zotter.
Das bekam dann eine Eigendynamik, entwickelte sich eigentlich zum Selbstläufer.

Werbung hast du nach wie vor keine gemacht, oder?
Womit hätte ich denn werben sollen? Glaubt ihr, ich hätte dafür ein Budget gehabt? Aber in dieser Zeit habe ich auch gelernt, dass man eigentlich gar keine Werbung braucht. Tut mir leid, aber die Zeit ist reif dafür, auf Werbung zu verzichten. Werbung braucht heute keiner mehr. Wer konsumiert die denn? Werbung ist mittlerweile Müll. In gewissen Bereichen ist es eher schon kontraproduktiv, überhaupt noch Werbung zu machen. Das hat ja mittlerweile ein Ausmaß angenommen, das inflationär geworden ist.

Aber da gibt es doch Beispiele von Unternehmen, die Millionen in Werbung investieren und damit erfolgreich sind. Red Bull zum Beispiel. Du willst doch nicht behaupten, dass das für die Fische ist.
Das ist eine andere Dimension. Wenn du so einen Werbedruck erzeugen kannst, dann ist das etwas anderes. Ich spreche von Unternehmen in meiner Dimension. Wenn ich heute unbedingt eine Million Euro für Werbung ausgeben wollte, dann könnte ich das mittlerweile ja Gott sei Dank tun. Aber warum sollte ich? Ihr wisst, wie viel Werbung man letztlich für eine Million Euro machen kann. Das ist ein Lercherlschas. Da schaltest du ein paar Inserate, lässt ein paar Spots senden – und das war's dann auch schon.

Du machst anscheinend sowieso alles anders bzw. verkehrt.
Ich weiß auch nicht, warum. Aber mir fallen sogar Sätze verkehrt herum ein.

Sätze verkehrt? Bist du nicht ganz dicht?
Keine Ahnung. Schon möglich. Ich glaub, ich hab ein verkehrtes Hirn. Das merke ich gerade wieder beim Spanischlernen. Ich lerne zurzeit ziemlich intensiv, damit ich mich in Süd- und Mittelamerika besser mit meinen Kakaoproduzenten unterhalten kann. Aber ich schaffe es einfach nicht, die Lektionen im Buch von vorne nach hinten durchzunehmen, sondern muss hinten anfangen. Wisst ihr: Wir sind

doch noch extrem in Normen aufgewachsen – im Elternhaus, in der Schule, in der Lehre, überall. Und das hat mich insofern geprägt, als ich heute praktisch automatisch das Gegenteil mache oder eben einfach etwas anderes, als man erwarten würde. Könnt ihr euch vorstellen, wie ich meine Schulzeit erlebt habe?

Ja, ungefähr.
In der Schule gab es einen Lehrplan und der wurde abgearbeitet – mechanisch und stur. Dann hat es Schularbeiten gegeben und am Ende hast du in den einzelnen Gegenständen Noten bekommen. Und dann warst du eben in irgendeinem Bereich gut, in einem anderen schlecht und im Durchschnitt warst du mehr oder weniger mittelschlecht. Und keiner hat dich dafür gelobt, dass du irgendwo gut warst. Dieses ganze System hat mich angeödet und schließlich habe ich mich dagegen aufgelehnt. Deswegen habe ich mich dann zum Beispiel auch gegen das Atomkraftwerk Zwentendorf engagiert. Keine Ahnung, wie alt ich damals war. Aber das kann man sich eh ausrechnen. Das hat mich extrem berührt und ich war schon so politisch in meinem Denken, dass ich gar nicht anders konnte, als dagegen zu sein. Aber das Problem war, dass man scheinbar nichts dagegen machen konnte, und das hat mich dann nur noch stärker dagegen aufgebracht. Ich habe damals jeden Artikel gelesen, in dem es um Atomkraft und Zwentendorf gegangen ist. Ich wollte wissen, wie so ein Atomkraftwerk funktioniert und wie gefährlich es ist. Es hat mir einfach getaugt, etwas bewegen zu können, und es ist die Volksabstimmung ja dann auch verkehrt ausgegangen – wenigstens aus der Sicht derer, die das AKW in Betrieb nehmen wollten. Gebaut war es ja bereits. Und ich hab mir gedacht: „Wahnsinn, unglaublich, das hat sich ausgezahlt, dass wir uns dagegen gewehrt haben."

Dann müsstest du ja 1984 auch gegen das geplante Donau-Kraftwerk in der Hainburger Au gewesen sein? Das war ja auch eine Sternstunde des ökologischen Widerstands.
Ja, in der Au war ich selber mit dabei. Da bin ich hingefahren und habe beim Widerstand mitgemacht. Ehrlich gesagt war mir ja nicht unbedingt bewusst, dass es sich da um ein historisches Ereignis handeln würde – nachträglich betrachtet. Es war halt in meiner Umgebung irgendwie schick, dass man sich dem Protest anschließt, also ist man hingefahren. Ich habe nicht gewusst, dass dort die Ökobewegung entsteht. Wenn du heute die ganzen Leute in dieser Szene anschaust – die sind alle von den damaligen Ereignissen geprägt worden. Die, die damals dabei waren, sind genau dieselben, die heute etwas auf die Beine stellen. Es war einfach lässig, dort dabei zu sein. Das war eine fundamentale Erfahrung – mit ein paar Hundert Leuten einen ganzen Staat aufhalten zu können. Die waren ja alle für das Kraftwerk und hätten die Au zerstört. Die Zeitungen waren voll von dieser Bewe-

gung. Das war praktisch Gratis-PR für die Ökobewegung. Und gleichzeitig war es auch das erste Mal, dass ich persönlich bemerkt habe: „Verdammt, das funktioniert ja wirklich: Wenn du dich voll für eine Sache engagierst, dann kannst du etwas bewegen." Heute fehlt mir dieses Bewusstsein bei den meisten Menschen. Schaut euch doch um: Die Wirtschaft knallt an die Wand. Besser gesagt: Sie rennt schon seit Jahren wieder und immer wieder mit dem Kopf gegen die Wand. Aber alle schauen wie gebannt zu und rühren keinen Finger. Wo sind die Leute, die etwas bewegen? Die, die etwas verändern wollen? Einzig die Gewerkschaften, die höhere Löhne fordern. Aber das kann es ja auch nicht gewesen sein. Na ja, immerhin ist dieses Buch – „Empört euch!" von Stéphane Hessel – ein Bestseller geworden.

Manchmal beschleicht einen das Gefühl, dass dein Anderssein schon wieder ein wenig schematisch ist – fast stur.

Nein, so ist es auch wieder nicht. Grundsätzlich wäre es ja verrückt, dort links zu fahren, wo alle anderen rechts fahren. Und so sind wir heute wahrscheinlich eines der nachhaltigsten Unternehmen Österreichs und darauf bin ich schon ein bisschen stolz. Aber auch wir haben unsere Fehler.

Wie ist das dann eigentlich weitergegangen mit dem Schokoladeständer im Vorzimmer deiner Mutter?

Meine Mutter hat nur mehr verkauft dort oben, das war ein Wahnsinn. Es sind immer mehr Leute gekommen. Viele aus Graz, denn dort war ich ja durch meine Vergangenheit kein Unbekannter. Manche haben mir richtig nachgetrauert und haben sich die Schokolade jetzt eben hier geholt. Oft haben sie auch gleich mehr mitgenommen und es dann in Graz an ihre Freunde und Bekannten verteilt. Aber es sind auch Leute zufällig vorbeigekommen. „Hier hat es so nach Schokolade gerochen", haben die uns manchmal erklärt, „dass wir stehen geblieben sind." Meine Mutter hat schon zu jammern begonnen: „Ich komme vor lauter Schokoladeverkaufen gar nicht mehr dazu, im Garten etwas zu machen." Da ist schon ein bisschen was gegangen. Ich habe dann auch den ersten Umbau in die Wege geleitet und eine Halle errichtet. Das war 2002. Für uns ein wirklich erfolgreiches Jahr. 2002 waren wir auch zum ersten Mal seit Langem schuldenfrei, obwohl wir es laut Plan eigentlich erst 2004 oder 2005 hätten sein sollen. Das war eine Sensation. Und außerdem ein total befreiendes Gefühl. Teilweise war es wirklich unglaublich: Die Leute haben ihre Gesichter an die Scheibe gedrückt, damit sie sehen konnten, was wir hier machen, und ich hab mir auch Zeit für sie genommen, um ihnen alles zu erklären. Ich hatte auch schon so eine weiße Jacke an. Die ist dann zu meinem Markenzeichen geworden. Und plötzlich habe ich dann die nächste Idee gehabt.

„Wenn du dich voll für eine Sache engagierst, dann kannst du etwas bewegen ... Schaut euch doch um: Die Wirtschaft knallt an die Wand. Besser gesagt: Sie rennt schon seit Jahren wieder und immer wieder mit dem Kopf gegen die Wand."

Das kommt bei dir anscheinend öfter vor.
Ja, aber manchmal kommt es anders als gedacht. Das war so: Wir haben die neue Halle gehabt – auf 700 Quadratmetern. Dort haben wir die Schokolade produziert und auch sonst alles gemacht. Und immer mehr Leute sind gekommen, um sich das anzuschauen. Also hab ich zu meiner Frau gesagt: „Wir bauen eine Seilbahn und damit können die Leute dann durch die Produktion schweben. Und dort, wo sie aussteigen, richten wir einen Shop ein, in dem sie die Schokoladen kosten und kaufen können. Und dann schweben sie wieder zurück." Wieder so eine komische Idee, wo meine Frau sich gedacht hat: „Oje, oje, jetzt dreht er bald durch."

Hat sie's auch gesagt?
Nein. Aber im Hintergrund hat sie immer alles durchkalkuliert. Insofern ist sie ja auch meine Retterin, die verhindert hat, dass ich mich wieder mit irgendetwas so übernehme wie damals mit den Konditoreien. Das wäre ja auch nicht der Sinn der Sache gewesen. Ich selbst habe in Wirklichkeit ja nie die Kalkulation gemacht. Das hat immer die Uli gemacht. Auch beim Preis. Ich krieg bei einem etwas höheren Preis ja sofort ein schlechtes Gewissen. Da tue ich mich ganz schwer. Schließlich muss ich das ja dann auch gegenüber den Leuten verantworten.

Sorry, wir haben dich schon wieder unterbrochen. Du warst bei der Seilbahn.
Genau. Ich habe überlegt: „So. Wie komme ich jetzt zu so einer Seilbahn?" Und dann ist mir auch schon der Name dieser bekannten Vorarlberger Firma eingefallen, die Seilbahnen in die ganze Welt verkauft. Und ich hab mir gedacht: „Warum also nicht auch nach Bergl?" Also habe ich dort angerufen.

Das war auch wieder so ein einschneidendes Erlebnis. Wie das Leben halt so spielt … Kaum habe ich die Nummer gewählt, hebt auch schon jemand ab – vermutlich die Sekretärin oder die Telefonistin. Also sage ich: „Grüß Gott, Zotter hier. Folgendes: Ich suche jemanden, der mir eine Seilbahn baut – durch eine Produktionshalle. Ich habe nämlich eine Schokoladenmanufaktur." So ungefähr. Ich hab genau gehört, wie sie zu jemandem anderen geflüstert hat: „Du, da ist einer am Apparat, der hat eine Schokoladenfabrik und braucht eine Seilbahn." Wahrscheinlich hat sie die Muschel nicht gescheit abgedeckt, weil ich alles mitgekriegt habe. Plötzlich sagt sie zu mir: „Ich verbinde Sie in die technische Abteilung." Es macht ein paar Mal klick, dann meldet sich eine männliche Stimme und fragt mich in Vorarlberger Dialekt, was ich will. „Grüß Gott, ich bin ein Schokolademacher aus der Steiermark und suche jemanden, der mir eine Seilbahn baut – durch die Produktionshalle zur Verkostung. Verstehen Sie?" Fragt er: „Wo kommen Sie her?" Sag ich: „Aus **Bergl** – in der Steiermark." Irgendwie hat der nicht richtig zugehört oder vielleicht habe

zotter pedia

think green

Der ökologische Fußabdruck pro Europäer kommt auf 4,7 ha, während die global verfügbaren Flächen nur 1,8 ha pro Kopf erlauben würden. „Wir tragen Verantwortung und sollten nicht auf Kosten der Ärmsten leben", lautet das Credo Josef Zotters. Neben der Entscheidung für Bio und Fair Trade bringt dies eine Reihe nachhaltiger Maßnahmen in seinem Unternehmen mit sich: Die Verpackung der Schokoladen wird auf umweltfreundlichem Papier mit umweltfreundlichen Farben bedruckt. Auf Glanz-Beschichtung wird verzichtet. Die gesamte Produktion wird mit Ökostrom versorgt. Der Essbare Tiergarten ist energieautark und wird durch eine Fotovoltaikanlage versorgt, die pro Jahr rund 200.000 kWh Strom erzeugt. Das gesamte Unternehmen ist nach dem betrieblichen Umweltmanagement-System EMAS zertifiziert. zotter war bereits 2014 zu knapp zwei Dritteln energieautark. Ziel ist es, bald mehr Energie zu produzieren, als verbraucht wird. Es gibt eine eigene Trinkwasserquelle und ein kostenloses Biomenü für alle Mitarbeiter. Selbst die Kakaoschalen landen nicht auf dem Müll, sondern werden im eigenen Dampfkraftwerk in Wärme umgewandelt oder zum Düngen der Beete im Essbaren Tiergarten verwendet. Schließlich ist auch der Firmenchef ökologisch mobil und setzt in seinem Betrieb stark auf Elektromobilität mit E-Autos und E-Bikes. Und bald auch auf Wasserstoff als das Speichermedium der Zukunft, damit der Strom, der am Tag produziert wird, in der Nacht genutzt werden kann. Privat ist Zotter völlig energieautark und produziert sogar mehr Energie, als er verbrauchen kann. Mit dem Essbaren Tiergarten, der auch die Mitarbeiter-Kantine versorgt, und seinem Biobauernhof daheim ist Zotter Selbstversorger.

ich mich ja auch undeutlich ausgedrückt. Auf jeden Fall fragt der weiter: „Haben Sie einen Berg?" Sag ich: „Nein, das habe ich Ihnen ja schon gesagt. Ich habe keinen Berg, sondern einen Raum – ein paar Hundert Quadratmeter groß. Und dort hätte ich gerne eine Seilbahn." Sagt er: „Haben Sie Schnee dort oder was?" Sag ich: „Nein, Schokolade." Dem ist das wahrscheinlich vollkommen spanisch vorgekommen und vermutlich hat er sich auch überhaupt nicht mehr ausgekannt. Logisch eigentlich, denn so etwas hat es ja auch noch nicht gegeben. Nach ein paar Minuten hat er mich dann abgewimmelt: „So etwas machen wir nicht, das geht leider nicht." Da hab ich mir gedacht: „Oje, das kann ich vergessen. Jetzt haben wir keine Seilbahn."

Aber dann ist mir gleich etwas anderes eingefallen: „O. K., wenn das mit der Seilbahn nicht funktioniert, dann manchen wir eben Running Chocolate." Das habe ich von den japanischen Restaurants gekannt und das hat es auch gegeben. Und ob ich damit Sushi befördere oder Schokolade, ist eigentlich völlig wurscht. Ich hab mir gleich eine Firma rausgesucht, die das herstellt, und dann haben wir es gemacht.

Tja, das war dann ja wirklich eine Erfolgsgeschichte und es ist noch immer eine. Es sind gleich noch mehr Leute zu uns gekommen und wir haben begonnen, Führungen zu machen. Ich bin mit dem Mikrofon herumgelaufen, hinter mir die Besucher. Unten wurde gearbeitet und alles hat sich dann irgendwie durchmischt. Manchmal war so viel los, dass wir gar nicht mehr alle Leute untergebracht haben, das war dann schon fast chaotisch. Schließlich habe ich damit begonnen, auch am Samstag Führungen anzubieten. Dafür habe ich aber auch etwas verlangt, denn verschenken wollte ich diese Leistung nicht. Aber das war den Leuten egal und sie haben am Schluss sogar noch Schokolade gekauft. Eigentlich ist das wirklich sehr gut gelaufen.

Und du bist dir wieder super vorgekommen – wie damals, als dir alle auf die Schulter geklopft haben.

Sicher habe ich mich gefreut, ist ja logisch. Nach all dem, was ich erlebt habe. Aber vom Supersein kannst du dir nichts abbeißen. Also habe ich mir überlegt, wie ich es noch besser machen kann. Und dann ist der Gedanke herangereift, schön langsam auf **biologische Produktion** umzustellen. Das geht ja nicht von einem Tag auf den anderen. Außerdem war es bei der Schokolade gar nicht so einfach, weil ich ja relativ viele Zutaten von ganz unterschiedlicher Herkunft dafür benötige. Und teilweise waren die biologischen Zutaten, die du bekommen hast, damals auch noch von einer extrem schlechten Qualität – die Nüsse zum Beispiel sehr oft schimmlig. Und was willst du mit schimmligen Nüssen anfangen? Aber ewig wollte ich für die Umstellung auch nicht brauchen.

Entsprang der Wunsch, biologisch zu produzieren, deiner persönlichen Einstellung?

Ich habe die Chance gesehen, es zu machen. Und wenn du das bemerkst, dann versuchst du es eben auch umzusetzen. Das ist mir ja jüngst beim Essbaren Tiergarten wieder so gegangen. Das war ja auch so ein Kindheitstraum bzw. eigentlich ein Trauma.

Was? Ein Trauma? Du bist traumatisiert? Oje!

Schaut: Mein Vater war auf seine Weise auch ein Visionär, nur unterschied sich seine Vision ein bisschen von der, die ich dann rund 20 Jahre später hatte. Mein Vater hat nämlich in seiner Landwirtschaft praktisch einen Baum auf den anderen gesetzt und, um einen ordentlichen Ertrag zu haben, dann reichlich Spritzmittel und Dünger eingesetzt. Je mehr Dünger er aber verwendet hat, desto mehr Brennnesseln haben gewuchert. Und gegen die hat er dann eben wieder zum Unkrautvertilgungsmittel gegriffen. Ein richtiger Teufelskreis.

Oh Gott, ein Giftmischer, wie er im Buche steht.

Ja, das war damals normal. Aber schon als Kind ist mir das total gegen den Strich gegangen. Ich habe das abgelehnt. Mein Vater wollte ja, dass ich die Landwirtschaft übernehme. Und deswegen habe ich ursprünglich auch Landwirtschaft gelernt – nämlich zu Hause bei meinem Vater. Aber dann bin ich draufgekommen, dass ich dort in Wirklichkeit gar nichts gelernt habe, was auch nicht so gut war. Wir hatten auch noch ein Gasthaus dabei und daran hat mich wiederum gestört, dass bei uns alle möglichen fremden Leute in der Küche gesessen sind, weil das Gasthaus praktisch die Küche war bzw. die Küche das Gasthaus. Als Kind hätte ich meine Aufgaben machen sollen, aber im selben Raum haben sie Karten gespielt und gesoffen und bei jeder Gelegenheit auf den Tisch gehaut. Und ich mittendrin. Das war sehr anstrengend. Ich hatte also keine besonders leichte Kindheit. Zu guter Letzt befand sich auch noch mein Zimmer gleich hinter der Küche, wo sie oft bis zwei oder drei Uhr früh Lärm gemacht haben, sodass ich kaum schlafen konnte. Mein Vater war

zotter pedia

BIO

Biologische Landwirtschaft (auch „ökologische Landwirtschaft" oder „Ökolandbau") bezeichnet die Herstellung von Nahrungsmitteln bzw. landwirtschaftlichen Erzeugnissen, die auf der Grundlage möglichst naturschonender Produktionsmethoden unter Berücksichtigung von Erkenntnissen der Ökologie und des Umweltschutzes basieren. Die Bioproduktion verzichtet auf den Einsatz bestimmter Pflanzenschutzmittel und Mineraldünger sowie auf Wachstumsförderer und Gentechnik, wie sie zum Teil in der konventionellen Landwirtschaft zum Einsatz kommen. Den Erzeugnissen der biologischen Landwirtschaft dürfen vor dem Verkauf als Biolebensmittel keine Geschmacksverstärker, künstliche Aromen oder Farb- und Konservierungsstoffe zugefügt werden. Mit knapp **20** Prozent an der Gesamtfläche hat Österreich nach Liechtenstein den weltweit höchsten Anteil an ökologisch bewirtschafteter Anbaufläche.
16,3 Prozent aller landwirtschaftlichen Betriebe, mehr als 22.000, arbeiten in der Alpenrepublik biologisch*, in Deutschland beträgt dieser Anteil 6,3 %, das entspricht 23.100 Bio-Betrieben**.

* Bio Austria 2012
** BÖLW 2012

ein Typ, der immer aufgeblieben ist, wenn es ihm getaugt hat. Und mitgetschechert hat er auch nicht ungern. Wie es damals halt so war. Aber ihr könnt mir glauben: Das prägt einen. In so einer Umgebung baust du dir dann Gegenwelten auf. Und auf diese Weise haben mich die Erlebnisse meiner Kindheit geprägt und beeinflussen teilweise noch heute mein Handeln. Letztlich haben diese Erfahrungen mein Unternehmen zu dem gemacht, was es heute ist.

Der Schritt zur biologischen Produktion folgte also nicht bloß wirtschaftlichen Überlegungen?

Nein. Es ging mir darum, den Weg, den ich ohnehin schon eingeschlagen hatte, noch konsequenter zu gehen. Die biologische Produktion war der logische nächste Schritt. Wenn du so eine Geschichte hinter dir hast wie ich, wo du dir Gegenwelten aufbaust und dann prompt scheiterst, dann hast du zwei Möglichkeiten: Entweder du kapitulierst und wirst brav oder die Dinge entwickeln sich so, wie es in meinem Fall geschehen ist. Und dafür, dass es so gekommen ist, regt sich auch eine gewisse Dankbarkeit in mir.

Dankbarkeit? Wofür?

Erstens hätte es auch anders kommen können. Und zweitens dafür, dass ich hier alles umsetzen kann, was ich mir vorstelle und wünsche. Das macht mich glücklich. Ich habe ja kein Bedürfnis, reich zu sein. Das interessiert mich nicht. Ich habe das

zotter pedia

Seit 2006 wird das gesamte **zotter Sortiment** in Bio hergestellt. Alle Rohstoffe kommen aus kontrolliert biologischem Anbau, inklusive Raritäten wie dem „Bird's Eye Chili" und „Marc de Champagne" (Tresterbrand von Familie Fleury aus der Champagne). Für Josef Zotter war es wichtig, kein Spartenprodukt mit Biolabel herzustellen, sondern ganzheitlich, sprich das gesamte Sortiment, umzustellen. „Da wir von Beginn an auf Qualität und Regionalität gesetzt und auf Konservierungsmittel, künstliche Aromen und dergleichen Glanzstoffe der Chemie-Industrie verzichtet haben, war Bio für uns ein konsequenter Weg", erklärt Zotter.

Bedürfnis, dass alles rund um mich herum klass läuft. Für meine Aktivitäten habe ich dann ja bald ein richtiges Publikum gehabt, teilweise echte Fans, was mich wieder zusätzlich angespornt hat, es noch besser zu machen. Dann kamen die ersten größeren Erfolge in Deutschland. Und an diesem Punkt habe ich mir gedacht: „Jetzt muss ich umso mehr dem Vertrauen gerecht werden, das diese Leute in mich setzen." Es sind ja immer mehr geworden.

Was für ein Vertrauen?
Dass ich ein ehrliches und gesundes Produkt erzeuge. Davon habe ich ja auch immer gesprochen. Umso wichtiger war es, diesem Anspruch gerecht zu werden, und zwar hundertprozentig. Versteht ihr? Wenn du dich rhetorisch mit deinen Zielen so weit hinauslehnst, dann musst du sie in der Praxis auch einlösen, dann kannst du nicht auf halbem Wege stehen bleiben. Und deswegen war der nächste Schritt die biologische Produktion und gleichzeitig der faire Handel. Mir war an diesem Punkt vollkommen klar, dass ich nicht von einem biologischen und nachhaltigen Produkt reden kann, wenn der Kakao, aus dem ich die Schokolade erzeuge, nicht fair gehandelt ist. Aus dieser Logik ergab sich dann ja auch folgerichtig das Projekt einer eigenständigen Schokoladeproduktion. Ich wollte die Schokomasse also nicht mehr irgendwo in Belgien kaufen und hier nur weiterverarbeiten, sondern gleich hier in Bergl herstellen. Das war dann der nächste Schritt: Schokolade aus Bergl.

Eine ziemlich intensive Phase, oder?
Ja, durchaus. 2002 war der erste Umbau – die Halle. 2003 ist dann wieder super gelaufen. Auch 2004 ist toll gelaufen. 2004 habe ich mit der Planung einer eigenen Schokoladeproduktion begonnen. Gleichzeitig habe ich die Umstellung unserer gesamten Produktion auf biologischen Standard in die Wege geleitet. Wir haben ja davor auch schon Bioprodukte im Sortiment gehabt, aber mit der kompletten Umstellung bis hin zur Zertifizierung haben wir erst damals begonnen. Und schließlich ist auch noch der Gedanke dazugekommen, direkt bei den Kakaoproduzenten eigene Projekte zu starten.

Ich bin ja auch vorher schon viel herumgereist. In dieser Zeit allerdings zog es mich immer öfter nach Lateinamerika, also an die Quellen des Kakaos. Dort habe ich mir die Bedingungen, unter denen Kakao produziert wird, genauer angeschaut und dabei schön langsam auch die globalen Zusammenhänge zu verstehen gelernt. Bis dorthin habe ich ja nicht wirklich kapiert, was da abgeht und was Weltwirtschaft teilweise für die Produzenten bedeutet. Welche Auswirkungen zum Beispiel Börsenkurse auf die Kakaobauern haben. Was das für die Rohstoffproduzenten heißt, wenn Lebensmittel an der Börse gehandelt werden, das habe ich damals zu verstehen begonnen. Ein multinationaler Konzern, dessen Aktien an der Börse ge-

„Aber der Kakaobauer –
der ist ein armes Schwein.
Der muss nämlich etwas
produzieren, das ein anderer
dann zum billigsten Preis
abstaubt, um damit auf den
Rohstoffmärkten mit allen nur
möglichen Spekulationstricks
Profit zu machen –
den maximalen Profit ..."

„Der Geschmack wächst beim
Kakaobauern."

handelt werden, muss einem ja nicht unbedingt leidtun, wenn der Kurs einmal ein bisschen sinkt. Die haben ihre Anlagen, die fahren Tag und Nacht. Aber der Kakaobauer – der ist ein armes Schwein. Der muss nämlich etwas produzieren, das ein anderer dann zum billigsten Preis abstaubt, um damit auf den Rohstoffmärkten mit allen nur möglichen Spekulationstricks Profit zu machen – den maximalen Profit. Profitmaximierung nennt man das. In diesem Spiel ist der Kakaobauer immer der Verlierer. Er hat keine Chance. Und der Spekulant hat immer die Nase vorn.

Dass du dieses System nicht im Alleingang kippen würdest, das war dir aber schon bewusst, oder?

Logisch. Aber das bedeutet ja nicht, dass man keinen Finger rührt und darauf wartet, dass sich am St. Nimmerleinstag vielleicht alles von selbst einrenkt. Das war jedenfalls nicht mein Zugang. Zu verdanken habe ich das meinem Vater, der immer gesagt hat: „Die Wurstsemmeln wachsen nicht in der Supermarktvitrine. Irgendwer muss sie auch produzieren – das Mehl, die Butter, die Wurst usw." Und bei der Schokolade genauso. Wenn mir eine Schokolade schmeckt, dann ist ja auch jemand verantwortlich dafür. Und zwar nicht nur der, der sie herstellt, sondern auch der, der die Rohstoffe dafür produziert. Und in meinem Fall sind das eben die Kakaobauern. Ich möchte das sogar noch ein bisschen zugespitzter formulieren: Der Geschmack wächst beim **Kakaobauern**. Der muss die Pflanzen und die Früchte pflegen, der muss die richtige Sorte an der richtigen Stelle pflanzen, denn nur dann entwickelt der Kakao sein volles Aroma. Das war mein Zugang. Und mir war extrem wichtig, dass sich diese Einsicht in meinen Schokoladen widerspiegelt. Aus diesem Grund habe ich mich für den fairen Handel entschieden. Und aus diesem Grund arbeite ich auch direkt mit Erzeugerkooperativen zusammen. Das Konzept ist aufgegangen. Wenn man nämlich den Kakaobauern auf gleicher Augenhöhe begegnet und mit ihnen spricht und sich die Arbeit für sie auch noch auszahlt, weil der Preis stimmt, dann bekommt man auch gute Qualität. Und das wiederum macht sich für mich bezahlt, weil ich mit dieser Qualität am Markt einzigartig bin – konkurrenzlos. So funktioniert das.

Hat dir das keiner nachgemacht?

Eines hat mich diese Erfahrung auch gelehrt – noch so eine Erkenntnis: Wenn du etwas Neues auf den Markt bringst, etwas wirklich Neues, dann hast du alle Freiheiten. Vermutlich ist das sogar eines der Erfolgsgeheimnisse von jungen Produkten: Es gibt ja noch keinen Vergleich. Allein dadurch bist du schon einzigartig. Zehn Jahre lang hat mich keiner kopiert. Zum Glück nicht. Aber das habe ich eigentlich – wenigstens indirekt – meiner Insolvenz zu verdanken. Wäre ich damals, als ich nebenbei mit der Schokolade angefangen habe, ein erfolgreicher Konditor gewesen,

Seit 2001 reist Josef Zotter regelmäßig in die Kakaoanbaugebiete. Seinen Kakao bezieht er hauptsächlich aus Süd- und Mittelamerika: aus Ecuador, Peru, der Dominikanischen Republik, Panama, Costa Rica, Nicaragua, Brasilien und Bolivien, aber zuletzt auch aus Indien, dem Kongo sowie Papua-Neuguinea. Für die Rohstoffe seiner Bauern zahlt er – gemäß den **FAIRTRADE-Bestimmungen** – Preise zum Teil weit über dem Weltmarktniveau. Darüber hinaus sucht Zotter die Zusammenarbeit mit den Kakaobauern und fördert soziale Projekte, um die Qualität der Ernten zu verbessern, Edelkakaobestände weiter auszubauen und damit die Lebenssituation der Bauern zu verbessern. Die Kakaobauern sind auch regelmäßig zu Besuch bei Zotter in Bergl. Der Einblick in die Manufaktur – wenn sich gewissermaßen der Produktionskreislauf schließt – trägt viel zum gegenseitigen Verständnis bei. Zotter: „Qualität ist die einzige Chance für die Kleinbauern, um sich gegen die Massenproduktion am Markt behaupten zu können."

Seit 2008 bezieht Josef Zotter einen Teil seiner Kakaobohnen aus Brasiliens Amazonasbecken. Im Osten Amazoniens siedelten sich entlang der „Transamazonica", einer in den 70er-Jahren gebauten Bundesstraße, Hunderttausende Brasilianer aus anderen Regionen an. Seit dieser Zeit leidet die Region unter der rasch voranschreitenden Waldzerstörung durch Rodungen und den dadurch verursachten ökologischen Schäden. Biologisch erzeugter Kakao wirkt hier gleich in mehrerer Hinsicht positiv. Er trägt als Agroforstkultur zum Schutz der natürlichen Ressourcen bei, verbessert Klima und Boden und ist in diesem Gebiet zu einem ganz wichtigen Wirtschaftsfaktor geworden.

zotter pedia

Zotters Bauern

„Qualität ist die einzige Chance für die Kleinbauern, um sich gegen die Massenproduktion am Markt behaupten zu können."

dann hätten wahrscheinlich alle gesagt: „Wahnsinn, was für eine super Idee." Und ein paar hätten sie sofort kopiert: „Das mache ich auch." So war ich jedoch geschäftlich ziemlich angeschlagen bzw. fast schon k. o., sodass sich alle gesagt haben: „Dem Zotter geht es so schlecht. Der hat zwar komische Ideen, aber besonders gut scheinen die nicht zu sein, sonst würde er ein Geschäft damit machen." Versteht ihr? Wenn das einer rechtzeitig nachgemacht hätte, der vielleicht auch noch ein bisschen mehr Kapital gehabt hätte, hätte er mich möglicherweise überrannt. So aber habe ich volle zehn Jahre Zeit gehabt, mein Unternehmen und meine Schokolade zu entwickeln. Das muss ich jetzt im Nachhinein wirklich sagen. Ich habe ja in dieser Zeit nicht geschlafen, im Gegenteil. Das war auch extrem wichtig, denn in dem Moment, als es dann wirklich um die Verteidigung unserer Marktposition gegangen ist, waren wir schon so stark, dass uns bis heute noch immer keiner geputzt hat.

Aber wenn man das nötige Kleingeld hat, könnte man sich auch so eine Manufaktur in die Botanik bauen, Schoko produzieren und ordentlich Gas geben, oder?

Ja, logisch kann man das. Ihr könnt zum Beispiel meinen besten Mitarbeiter abwerben. Dem unterbreitet ihr ein unmoralisches Angebot und dann sagt ihr ihm: „Bring am besten auch gleich die Rezepte mit." Und dann macht ihr das Gleiche wie ich. Denn wenn es sich bei mir verkauft, warum nicht auch bei euch, oder? Natürlich wünsche ich mir nicht, dass das passiert, logisch. Allerdings glaube ich auch nicht, dass es auf diese Weise funktionieren würde.

Warum nicht?

Weil eine Kopie immer eine Kopie bleibt und sicher nicht annähernd so gut funktioniert wie das Original. Wenn es jemand anders macht, besser, wie auch immer – kugelrund, sechseckig, höher, weiter, schöner oder was weiß ich; Möglichkeiten gäbe es ja genug –, dann funktioniert es vielleicht. Aber daran, dass sie etwas einfach nur imitiert haben, sind schon viele gescheitert. Natürlich sind auch wir das eine oder andere Mal kopiert worden. Mein größter Kopierer in Deutschland – übrigens auch einer der Ersten, die mich kopiert haben – steht jetzt kurz vor dem Aufhören. Aber damals hätten wir beinahe nicht schnell genug darauf reagiert. Da wären wir um ein Haar zu langsam gewesen. Das war 2002, als unser Erfolgsrun begonnen hat. Aber das Problem dieses Konkurrenten war, dass er immer damit leben musste, dass die Leute gesagt haben: „Das ist doch bloß eine Kopie der z o t t e r Schokolade." Aber Marktanteile hat es uns natürlich schon gekostet.

Lebst du da in ständiger Angst, dass es wieder jemand versucht?

Ihr meint, ob mir die Knie schlottern? Nein, das nicht. Natürlich musst du auf-

Die brasilianische **Kooperative COPOAM Medicilândia** ist eine von sechs Genossenschaften, die sich dem Biokakao verschrieben haben. Sechs Bauernfamilien haben sich darin zusammengeschlossen. Eine davon ist die **Familie Darcírio und Rosalia Vronski**, 12 km nördlich von Medicilândia ansässig. Als Darcírio Vronski 1977 in Medicilândia ankam, tauschte er seinen einzigen Besitz, einen alten VW-Bus, gegen ein Stück Land. Ein nachhaltig guter Tausch. Später konnte er die Eltern sowie zehn Geschwister aus Paraná und Santa Catarina nachholen, die bis heute alle in der Region leben. Vronski ist Gründer und Präsident der Kooperative COPOAM und engagiert sich nebenher seit vielen Jahren für die den Aufbau von Landwirtschaftsschulen in der Region. Mit seiner Frau, dem Sohn Marildo und den Töchtern Magda und Marilis sowie zwei Pächterfamilien und zwei Arbeitern bewirtschaftet die Familie heute rund 100 ha Land. 38 ha davon sind unberührter Urwald, 6 ha Schutzwald für die Quellen. Auf 15 ha Weiden hält die Familie 21 Rinder. 16 verschiedene Mangosorten gedeihen im Obstgarten. Wichtigste Kulturpflanze ist aber der Kakao, die größere Anlage (22 ha) ist bereits über 30 Jahre alt. 8 ha Junganlagen stehen im 5. Jahr. **Rund 600 g trockene Bohnen erntet Senhor Darcírio pro Baum.** Von Beginn an investierte er in die Fermentationstechnik und perfekte Trocknung. 2009 wurde in Eigenregie ein großes Folienhaus zur Sonnentrocknung gebaut. Das Holz dafür stammte von einem einzigen umgestürzten Baum aus dem eigenen Wald. Der Verzicht auf Brandrodung, der Erhalt der organischen Substanz und der Einsatz von pflanzenstärkenden Komposten sind nach Ansicht Vronskis wichtige Stärken des biologischen Anbaus – für die eigene Gesundheit und eine bessere Lebensqualität von Pflanze, Tier und Mensch.

passen. Aber ihr dürft auch nicht vergessen, wie viel ich in den letzten Jahren in mein Unternehmen investiert habe, damit es sich weiterentwickelt. Dass wir heute unsere Schokolade selbst erzeugen und die ganze Technologie dafür besitzen, das habe ich euch ja schon geschildert. Damit sind wir unabhängig und können genau das machen, was wir uns vorstellen. Bei der Qualität müssen wir jedenfalls keine Kompromisse eingehen. Aber dafür habe ich 2005 und 2006 auch 18 Millionen Euro investiert.

Was? 18 Millionen Euro?

Na ja. Von nichts kommt nichts. Aber an der Qualität, die ich mit dieser Anlage erzeugen kann, erkennt man letztlich die z o t t e r Schokolade. Das macht sie einmalig. Aber falls es euch tröstet: Auch mein Steuerberater hat mich damals sogar schon angesichts der ursprünglich budgetierten zwölf Millionen Euro gefragt, ob ich einen Schuss habe. Und dann hat er mir erklärt, dass man diesen Bereich normalerweise auslagert, statt sich eine Kakaorösterei auf die grüne Wiese zu stellen. Wenn du das von jemandem anderen machen lässt, läuft das dort 24 Stunden nonstop nach deiner Rezeptur – vorne rein und hinten raus und du hast keine Schererein. So machen es ja alle. Aber ich habe das Geld für die Anlage damals fast schon auf der Seite gehabt.

Da musst du ziemlich erfolgreich gewesen sein.

Ja, sehr erfolgreich. Da hat mir natürlich mein Beharren auf einen höheren Preis sehr geholfen. Denn ursprünglich war dieser Preis für eine wesentlich geringere Stückzahl kalkuliert und ich habe dann ja viel mehr Tafeln verkauft. Mein Steuerberater hat mir damals jedoch von der Performance der Aktien und Papiere vorgeschwärmt, die ich in meinem Portfolio hatte. Ich bin mir ja wie in einem falschen Film vorgekommen, aber es war Realität. Plötzlich hatte ich ein Aktienportfolio mit allen möglichen mehr oder weniger schwindligen Papieren. Eigentlich war mir das völlig suspekt, aber ich wollte ja für das Unternehmen sparen. Und so habe ich mich, weil ich ja selbst keinen Tau davon hatte, einem Vermögensberater anvertraut und der kaufte für mich Papiere von allen möglichen Finanzdienstleistern. Ich kann euch gar nicht mehr alle aufzählen, so viele waren es. Ich hatte diese ganzen Papiere, wo mir immer alle eingeredet haben: „Sepp, die sind so super, die performen – das glaubst du nicht." Ich will gar nicht daran denken, was da passieren hätte können. Aber damals haben meine Werte geboomt. Eigentlich habe ich in dieser Zeit mit meinem Portfolio fast mehr verdient als mit meiner Hände Arbeit. Da bekommst du eine Vorstellung davon, was es bedeutet, wenn jemand sagt: „Das Geld arbeitet." Mein Geld hat so fleißig gearbeitet, dass mein Steuerberater gesagt hat: „Sepp, überleg's dir gut, ob du das Geld wirklich in eine Anlage investieren willst. Denn wenn du es liegen lässt, dann ..." Ich meine, wir haben damals sieben oder acht Prozent Performance gehabt. Das musst du nach einer Investition erst einmal verdienen. „Glaubst du wirklich, dass du mit dieser Geschichte, wenn du also Insourcing statt Outsourcing betreibst, sieben oder acht Prozent verdienen wirst?", hat er mich gefragt.

Und die Moral der Geschichte?
Nicht so ungeduldig! Überlegt einmal: 2006 löste ich das Portfolio auf und investierte das Geld. Dass ich mich bewusst gegen den Börsenboom entschieden habe, war wieder so eine verkehrte Aktion. 2007 dann ...

Um Gottes willen: die Krise!
Genau. 2007 begann die Krise. Und keine Ahnung, was passiert wäre, wenn ich das Geld nicht investiert hätte, sondern es noch in meinen Aktien gesteckt wäre. Es hat zwar immer geheißen, da kann wegen der breiten Streuung sowieso nichts passieren, aber das hat man dann ja gesehen. Also, mein Portfolio wäre vermutlich ganz schön durchgebeutelt worden.

Schwein gehabt.
Ja. Aber damals vor der Krise haben sich wahrscheinlich viele gedacht: „Der spinnt, dass er sein Portfolio mutwillig auflöst. So ein Schwitzer. Hat wohl Skrupel, reich zu werden." Weil diese sieben oder acht Prozent Rendite ja eigentlich auch noch als konservativ galten. Damals haben sich viele eingebildet, 20 Prozent wären normal und es würde so weitergehen. Wir aber haben gesagt: „Wir investieren." Meine Frau hat sogar gemeint: „Besser, wir haben etwas Greifbares. Kaufen wir das Beste." Und wir haben dann ja wirklich die beste Anlage gekauft, die es auf diesem Planeten gibt. Weil ich auch in diesem Fall davon überzeugt war, dass ich keine Kompromisse eingehen darf. Es wäre auch billiger gegangen, klar. Es hätte auch andere Anbieter gegeben. Die waren alle billiger. Aber heute bin ich froh, dass ich diese Anlage gekauft habe. Sie funktioniert klaglos, liefert die beste Qualität. Wir können reibungslos arbeiten, haben null Sorgen. Ein Traum. Geld kann in Wirklichkeit nicht arbeiten, aber meine Anlage – die arbeitet. Und heute arbeiten wir damit viel effizienter als erwartet und verdienen dadurch auch noch Geld. Und wahrscheinlich verdienen wir sogar mehr als die sieben oder acht Prozent. Aber es kann ja sowieso nicht dauernd nur ums Geld gehen, in Wirklichkeit geht es doch um die Qualität, letztlich um Lebensqualität – um unsere und um die unserer Kunden. Das muss ich jetzt schon auch einmal sagen. Man kann ja nicht immer nur die Kohle im Kopf haben.

„Du musst es selber machen,
dann hast du eine Chance."

Apropos Kohle. Keine Schulden zu machen, ist das ein Erfolgsrezept?

Das klingt jetzt ziemlich schulmeisterlich, wenn einer, der selbst Schulden gehabt hat wie ein Stabsoffizier und letztlich daran gescheitert ist, den Leuten erzählt, dass sie nur ja keine Schulden machen sollen. Ich bin sicher nicht der Guru, der den Leuten sagt, was sie tun oder lassen sollen. Wenn ein junger Unternehmer heute eine geniale Idee hat, aber keine Kohle, dann bleibt ihm ja gar nichts anderes übrig, als zur Bank zu gehen. Und genau das sollte er auch tun: „Scheiß dir nix, geh zur Bank!" Mit meinen Erfahrungen mag das jetzt kein besonders guter Tipp sein. Trotzdem bin ich der Meinung, dass es richtig ist. Geht er nämlich nicht zur Bank, versumpert die Idee irgendwo in der Schublade. Und dann ist eine gute Idee gestorben. Schaut euch die ganzen Entwicklungen in der IT-Branche an. Wir sind alle davon überzeugt, dass das geniale Erfindungen sind. Aber vielleicht hätte es andere gegeben, die noch viel genialer gewesen sind. Hätten sie sich durchgesetzt – wer weiß? –, dann würde man heute einen Steve Jobs womöglich nicht einmal kennen.

Was machst du eigentlich, wenn einer eine tolle Idee für eine Schokolade hat und damit zu dir kommt?

Dem sage ich, dass er nicht zu mir kommen, sondern es gefälligst selbst machen soll. Ihr könnt euch kaum vorstellen, wie viele Anfragen ich bekomme. „Herr Zotter, ich habe so eine tolle Idee, können wir uns einmal zusammensetzen?" Früher habe ich es öfter gemacht, ich möchte ja nicht unhöflich sein, aber heute sage ich: „Sie! Ich sage es Ihnen ganz ehrlich: Wir setzen nur unsere eigenen Ideen um. Wenn Sie eine Idee haben, setzen Sie sie doch um. Aber dann dürfen Sie nicht vorher mich fragen. Sie müssen von Ihrer Idee überzeugt sein, nicht ich." Meistens bekomme ich dann zur Antwort: „Ja eh, Herr Zotter, aber Sie haben doch das ganze Know-how und das fehlt mir. Und einen Vertrieb haben Sie auch schon." – „Ja, sicher habe ich einen Vertrieb, das weiß ich auch", sage ich dann, „aber das heißt noch lange nicht, dass damit ein fremdes Produkt, das nicht von mir stammt, automatisch erfolgreich wird. Da müssen Sie sich schon auf Ihre eigenen Beine stellen." Vor ein paar Jahren habe ich zum Beispiel versucht, einem Unternehmen zu helfen, damit die sich beim Vertrieb leichter tun. Die haben auch kulinarische Produkte erzeugt, aber keine Schokolade. „Da", habe ich gesagt, „habt ihr 6.000 Adressen, schreibt sie einfach an." Rein theoretisch ist das natürlich eine tolle Sache, denn das waren ja alles Adressen, bei denen wir mit unserer Schokolade schon erfolgreich waren. Und warum hätte dort nicht auch ein ähnliches Produkt Anklang finden sollen? Aber so einfach ist das nicht, weil es eben doch nicht das Gleiche war. Für mich ist der Anknüpfungspunkt ein anderer: dass man es selber macht. „Du musst es selber machen, dann hast du eine Chance."

ALLE SORTEN ALLER ORTEN?

Zotter! Dein Unternehmen und deine Schokolade tragen deinen Namen. Da fragt man sich unweigerlich, was passiert, wenn du einmal nicht mehr hier bist. Sondern zum Beispiel auf den Malediven. Oder im Himmel.

Das sind jetzt schon so Fragen, wie sie normalerweise die Harvard-Studenten stellen, wenn sie sich mein Unternehmen anschauen. Aber eigentlich stellen mir diese Frage sowieso sehr viele. Auch, weil ich ja doch ein ziemlich starkes Ich-Marketing betreibe. Also, die Malediven lassen wir einmal beiseite. Mir ist dieses Problem natürlich völlig bewusst, aber ich sehe es entspannt. Das Wichtigste ist, dass das Unternehmen auf gesunden Beinen steht und das tut es. Und wenn es auf gesunden Beinen steht, dann wird es im Extremfall auch ein bisschen etwas aushalten. Wenn meine Kinder sagen, dass sie das überhaupt nicht interessiert, dann wird es auch irgendwie weitergehen.

Und wenn doch?
Super. Dann müssen sie eben schauen, was sie daraus machen. Aber eines ist auch klar: Nur weil es Zotter heißt, wird es nicht erfolgreich sein.

Also wirst du hier – so Gott will – noch mit 90 Jahren die Zügel in der Hand halten?
Eine sehr schwierige Frage. Das muss ich euch ehrlich sagen. Als junger Kerl habe ich mir immer gedacht: „Um Gottes willen, diese schwachsinnigen alten Knacker, die haben nicht mehr die geringste Ahnung von dem, was los ist, aber aufhören können sie nicht." Damit habe ich auch nicht gerechnet, dass es so kommen würde. Aber es ist nun einmal so gekommen. Was ist die Lösung? Ich sage euch: Mit dem Zotter ist es nicht einfach. Auch meine Kinder werden es mit mir nicht leicht haben, das ist mir bewusst. Aber ich glaube, dass es allein schon durch dieses Bewusstsein möglicherweise gar nicht so schlecht funktionieren wird. Momentan schaut es noch so aus. Ich kann mir jedenfalls nicht vorstellen, dass ich gar keine meiner Erfahrungen mehr einbringe. Also, das möchte ich, auch wenn ich nicht mehr ganz vorne stehen sollte, schon so haben, wie ich es für richtig halte. Wenigstens in zentralen Fragen. Zum Beispiel wenn es darum geht, keine Schulden zu machen. Das möchte

ich meinen Kindern mitgeben. Das sollen sie wirklich einhalten. Und nicht so deppert sein wie ich. Weil ich ja den Rat meiner Eltern weggewischt habe. Diesen Fehler habe ich gemacht. Jetzt im Nachhinein weiß ich allerdings noch immer nicht, wie ich es damals anders hätte machen können. Deswegen wäre mein Ansatz ja auch, die Förderungsvergabe anders zu gestalten. Man kann ja jetzt zum Beispiel nicht dem Zotter, dem es eh gut geht, noch zusätzlich die Förderungen hinten hineinschieben. Eigentlich braucht der nicht mehr unbedingt eine Förderung, der steht auf seinen eigenen Beinen. Dem muss man ja nicht noch irgendeine Förderung in den Hintern schieben, nur weil er sich eine Maschine anschafft, die noch schneller rennt und auf diese Weise fünf Arbeitsplätze überflüssig macht. Aber das sagt der Zotter natürlich nicht, sondern er sagt, dass er an dieser Maschine zum Beispiel zwei neue Arbeitsplätze schafft. Und dafür bekommt er die Förderung. So funktioniert das. Kein Wort über die fünf Arbeitsplätze, die er damit ruiniert hat. Übrigens zahlen Maschinen auch keine Steuern. Wenn ich heute aber für eine Maschine, die zum Beispiel zwei Millionen Euro kostet, um Förderung ansuche, dann schmeißen sie mir das Geld hinterher. Wenn ein Junger eine Idee hat, aber noch nicht genau weiß, wie es funktionieren soll, dann kommen sie ihm von oben herab: „Machen Sie erst einmal einen Businessplan, dann werden wir weitersehen." So ein Topfen. Darüber kann ich mich echt aufregen. Die sollen den Jungen doch einmal eine Chance geben. Das hätte mir damals auch gut getan. Hätte es mir gut getan? Ich weiß es nicht. Vielleicht. Wenn man mir 500.000 Schilling gegeben hätte, das wäre schon etwas gewesen. Aber ob ich damit besser geworden wäre – keine Ahnung. Es hängt immer vom Menschen ab. Ein anderer, dem das alles passiert wäre, hätte vielleicht gesagt: „Na, Gott sei Dank, dass ich noch einmal davongekommen bin, aber jetzt passe ich mich an und mache schön brav und bieder mein Geschäft." Aber so ein Typ bin ich nicht.

Wenn wir uns nicht täuschen, hast du vorher das Wort Selbstmarketing verwendet.

Hab ich das gesagt? Kann schon sein. Klar, irgendwie logisch. Ich sag euch nur eines: „Das billigste Marketing ist, wenn man sich selbst vorne hinstellt und sich zur Zielscheibe macht, indem man verkündet: Sagt mir, was ich falsch mache. Sagt mir, wo ich einen Fehler gemacht habe. Ihr könnt mich ruhig beschießen oder anspucken. Und ich sage euch, was ich kann und wofür ich stehe. Aber ich mag's auch, wenn ich gestreichelt werde. Sagt mir also bitte auch, was ihr gut findet. Sagt es mir, wenn euch meine Schokolade taugt. Denn das freut mich." Die meisten machen allerdings den Fehler, dass sie sagen: „Positives Feedback finde ich super, danke, sehr lieb." Aber wenn sich jemand negativ äußert, dann hören sie weg. „Interessiert mich nicht, rein subjektiv, wird sich schon wieder beruhigen, der hat keine Ah-

„Unser Unternehmen
ist wirklich unglaublich
produktiv."

nung, soll sich halt eine andere Schoko kaufen, Querulant." Und so weiter. Und das ist, glaube ich, ein Riesenproblem, wenn ein Unternehmen so agiert. Umgekehrt macht uns das so erfolgreich, dass wir so etwas nicht ignorieren, sondern – im Gegenteil – aus Prinzip alle Reklamationen, die kommen, selbst behandeln – die Uli oder ich. Und mögen sie uns noch so unangebracht oder bedeutungslos erscheinen. Das ist sicher nicht immer lustig. Denn natürlich kommt bei solchen Dimensionen auch einiges zusammen. Weil eben Fehler gemacht werden – auch bei uns. Oder es läuft einmal irgendetwas schief, wo man vielleicht gar nicht wirklich etwas dafür kann. Und dann hast du bei einer Charge von 1.000 Schokoladen durch so einen Fehler womöglich 1.000 Reklamationen. Das macht es ja auf der anderen Seite auch wieder menschlich – dass eben nicht immer alles perfekt läuft. Trotzdem muss ich mich dann aber hinstellen und es auf meine Kappe nehmen.

Und damit kommen wir auch schon zu einer weiteren, ganz entscheidenden Frage: „Wer führt ein Unternehmen?" Ist es ein Unternehmenslenker, der irgendwo sitzt – für niemanden wirklich greifbar? Einer, der sagt: „So, morgen hole ich mir die Abteilungsleiter wieder einmal zu einem Meeting, diese Flaschen. Und dann gib ich ihnen richtig Stoff, damit sie ordentlich anschwitzen und nach unten Druck machen. Weil wir ja an der Produktivitätsschraube drehen müssen." Meine Meinung dazu: Das darf doch nicht wahr sein. Das wäre nichts für mich. Ich bin eher ein erdiger Typ. Also, wenn es bei mir irgendwo ein Problem gibt, dann schaue ich, dass ich selbst sofort dort bin. Auch wenn es nicht immer angenehm ist. Aber dann versuchen wir das eben zu lösen. Auf alle Fälle bin ich dabei und schaue es mir nicht bloß aus sicherer Entfernung an. Und ich glaube, das spüren die Leute. Nicht nur unsere Kunden, sondern vor allem auch meine Mitarbeiter. Deswegen haben wir auch so einen Output. Das kommt ja nicht von ungefähr. Ihr könnt euch gar nicht vorstellen, wie produktiv wir sind. Unser Unternehmen ist wirklich unglaublich produktiv. Eigentlich könnte ich über die ganzen Riesenkonzerne nur lachen. Die sind nicht annähernd so produktiv wie wir. Aber jetzt frage ich mich: Warum?

Ja, warum denn?
Weil ich glaube, dass meine Mitarbeiter Unglaubliches leisten.

Jetzt willst du uns womöglich auch noch weismachen, dass es deinen Mitarbeitern besser geht als denen von irgendeinem Riesenschokokonzern.
Doch, das kann ich mir schon vorstellen. Ja, eigentlich schon – auf alle Fälle. Sonst wäre es ja nicht so. Ich habe zum Beispiel definitiv weniger Krankenstände. Ich habe Stückkosten – die suchen ihresgleichen. Warum? Weil meine Mitarbeiter nicht gegen mich arbeiten, sondern im Großen und Ganzen gerne hier arbeiten.

Ein richtiges Paradies. Alle arbeiten immer gerne.

Blödsinn! Alle immer – das kann's nicht geben. Arbeiten müssen sie natürlich und schon möglich, dass sie es lustiger finden würden, in Bibione am Strand zu liegen. Ich selbst arbeite auch nicht immer gleich gerne. Manchmal hat man einen Durchhänger und es gibt auch Dinge, die man nicht so gerne macht. Klar gibt es auch bei uns manchmal Probleme. Andererseits haben wir zum Beispiel kaum eine Fluktuation. Das sagt schon etwas. Wir haben jetzt eine Saison hingelegt – die war so reibungslos wie noch nie. Natürlich haben wir – meine Mitarbeiter und ich – in den letzten Jahren auch einiges mitgemacht: das rasante Wachstum, die baulichen Erweiterungen zum Beispiel. Das war ja nicht immer ein Honiglecken. Aber bei uns geht es menschlich zu. Ich will es auf den Punkt bringen: beim gemeinsamen Essen zum Beispiel. Da bin ich als Chef sicher nicht der, der immer am Kopfende des Tisches sitzen muss oder der immer einen bestimmten Platz für sich beansprucht. Ich lasse mich auch nicht bedienen, sondern stelle mich wie jeder andere an und hole mein Essen. Und dann setze ich mich dort hin, wo noch ein Platz frei ist. Ganz einfach. Aber natürlich könnte ich mir mein Essen auch ins Büro kommen lassen. Oder ich könnte sagen: „Ich bin der wichtige Boss und wenn ich komme, müssen alle anderen aufstehen oder einen Platz weiterrücken, weil hier nämlich mein Platz ist." Viele machen es ja auch so. Aber das ist ja eigentlich unfassbar, oder?

Man muss sich als Unternehmer oder Manager, finde ich, schon die Frage stellen, wer man ist. Und auch die Frage, was das Unternehmen überhaupt produziert, für das man die Verantwortung trägt. Die nächste Geschichte – ich weiß nicht, ob ich sie euch schon erzählt habe. Sie handelt von einem bekannten Manager, der ein Edelstahlunternehmen leitete und auch immer wieder öffentlich in Erscheinung getreten ist, zum Beispiel als Berater von Politikern und in Diskussionssendungen und so weiter.

Nein, die hast du uns noch nicht erzählt.

Jedenfalls war ich bei einem Business-Talk eingeladen, wo dieser Manager aufgetreten ist. Normalerweise lasse ich mich bei so etwas ja nicht unbedingt blicken, aber manchmal interessiert es mich doch und zufällig habe ich gerade Zeit gehabt. Na ja, wie auch immer. Also sitzt dieser Manager da vorne mit noch ein paar gesetzten Herren auf dem Podium. Das Ganze ist jetzt schon ein paar Jahre her. Es muss kurz vor der Krise gewesen sein oder als es gerade kritisch wurde. Ich muss noch dazu sagen, dass dieser Manager ja eigentlich als blitzgescheiter Mensch gilt und als einer, der etwas zu sagen hat und auf den man hört. Und auch ich habe ihn für einen ziemlich gescheiten Menschen gehalten. Aber ab diesem Tag war dieses Kapitel für mich erledigt. Es hat nur eines Satzes bedurft, aber der hat mir gereicht. Da habe ich gewusst, was für ein Mensch er ist.

Es wurde damals über Firmenakquisitionen gesprochen. Ja, das war das Thema. „Wir haben", erklärte dieser Manager also da oben auf der Bühne, „zuletzt in Deutschland ein Unternehmen gekauft." Oder „zugekauft". Wahrscheinlich hat er „zugekauft" gesagt. Und dann hat er sich zu irgendeinem Kovorstand – keine Ahnung, welche Funktion der genau hatte – gewandt und ihn gefragt: „Kollege, wie war das eigentlich genau? Dieses Werk, das wir da gekauft haben – was wird dort eigentlich erzeugt?" Da war dieser Mann für mich gestorben. Ihr wisst, was ich meine. Aber das geht ja noch weiter. Sagt nämlich dieser Kollege: „Herr Vorstandsvorsitzender, wir erzeugen dort Pressbleche." Herr Vorstandsvorsitzender. So lassen sich die anreden. Und der Herr Vorstandsvorsitzende sagt: „Ach so, Pressbleche." Und dann fragt er weiter: „Und wie viele Leute beschäftigen wir dort eigentlich?" Ich sage euch: Am liebsten wäre ich aufgestanden und demonstrativ aus dem Saal gegangen. Aber ich habe mir die Veranstaltung dann doch noch bis zum Schluss gegeben. Schon deshalb, weil ich wissen wollte, wie die über ihre Unternehmen und ihre Mitarbeiter reden. Das war für mich wieder eines dieser einschneidenden Erlebnisse, die man nicht so schnell vergisst und die einen auch prägen.

Ich habe dann versucht, mich in die Situation dieses Menschen zu versetzen: Wie hätte ich an seiner Stelle gehandelt? Und ich bin mir sicher: Wenn ich so eine Firma gekauft hätte, dann wäre ich der Erste gewesen, der dort hingefahren wäre, um sich anzuschauen, wie die Leute dort arbeiten, und um mit ihnen zu sprechen. Das war ja eine Firma, die in Konkurs gegangen ist und aus der Konkursmasse gekauft wurde. Also hätte ich die Leute an der Werkbank – und nicht nur die Manager – halt einmal gefragt: „Warum hat es, glaubt ihr, nicht funktioniert? Was hätte man eurer Ansicht nach tun können, damit es funktioniert?" Es wird ja einen Grund haben, dass es nicht funktioniert hat. Denn die Leute dort unten an der Werkbank mögen ja vielleicht nicht den totalen Überblick haben, aber sie sind die, die das Produkt erzeugen. Das Produkt wird ja nicht vom Manager gemacht. Und wenn du den Leuten zeigst, dass du auf ihre Arbeit und ihre Meinung Wert legst, dann ist ja auch ihr Engagement wesentlich größer, als wenn du sie wie Luft behandelst. So denken sie sich höchstens: „Was will denn der schon wieder? Der kann uns mal. Der interessiert sich sowieso nicht für das, was wir hier tun. Für den sind wir ja nur Kostenstellen." Oder so ähnlich. Versteht ihr?

Trauen sich deine Mitarbeiter eigentlich, dich einfach so anzusprechen, wenn ihnen etwas auf dem Herzen liegt?
Klar. Ständig. Wobei es schon so ist, dass sie öfter zu meiner Frau gehen als zu mir.

Woran liegt das?
Vermutlich daran, dass ich manchmal ein bisschen unberechenbar wirke (lacht).

Zuckst du etwa aus, wenn man dich etwas fragt?

Nein, auszucken tu ich nicht. Obwohl: Wenn es besonders deppert hergeht, dann kann es schon auch einmal passieren, dass mir der Deckel hochgeht. Aber wenn, dann entschuldige ich mich nachher dafür. Vor allem, wenn das Ganze möglicherweise die Aufregung gar nicht wert war. Das kann schon passieren, dass ich gelegentlich ein bisschen übertreibe. Wenn zum Beispiel jemand nicht kapiert, was eine Arbeitsstunde wirklich kostet, und dann sagt: „Wenn ich schwarzarbeite, verdiene ich mehr." Über so etwas kann ich mich wirklich ärgern – diese Ignoranz. Aber wenn du immer total involviert bist, dann reagierst du halt manchmal ziemlich emotional, wenn dir etwas gegen den Strich geht. Wenn es um echte Hard Facts geht, dann kann ich schon ziemlich unwirsch werden. Das muss ich zugeben. Wenn es wirklich ans Eingemachte geht. Versteht ihr? An die Substanz. Zum Beispiel zufällig gerade eben beim Running Chocolate. Dort, wo meine Mitarbeiter das Band bestücken, entdecke ich einen Eimer mit lauter Schokolade drinnen – wirklich schöner Schokolade, voll genießbar. Ungefähr so wie das, was bei Waffeln zum Beispiel als Bruch verkauft wird. Das haben die einfach zum Abfall geworfen, damit es entsorgt wird. Jetzt weiß aber jeder: So ein Stück Schokolade kostet bei mir schon fast einen Euro. Das ist ja nicht nichts – um Gottes willen. Und die schmeißen es einfach weg, ohne sich Gedanken zu machen. Als ich das gesehen habe, bin ich sofort hin: „Sie! Waren Sie das? Haben Sie die Schokolade da in den Kübel geworfen?" Sagt sie: „Ja." Da bin ich dann schon ziemlich grantig geworden. Das tut mir später dann meistens eh schon wieder ein bisschen leid und ich versuche dann, die Situation auch zu entschärfen, aber in diesem Moment bin ich richtig heiß, weil ich es einfach nicht akzeptieren will, dass man mit wertvollen Ressourcen so gedankenlos umgeht. Dann habe ich sie gefragt: „Sie! Würden Sie bei sich zu Hause einen Euro in den Mistkübel werfen?" Antwortet sie: „Nein." Sage ich: „Aber meine Schokolade, die werfen Sie weg. So ein Stück kostet aber auch einen Euro. Und der Mistkübel ist voll davon. Rechnen Sie sich das einmal aus." Da kann ich echt wütend werden. Es ist ja das Gleiche. Es sieht bloß anders aus. Beim einen steht 1 Euro drauf, beim anderen nicht, weil es nämlich ein Stück Schokolade ist. Übrigens hochwertige, biologische Schokolade. Das kapier ich nicht, da werde ich wirklich unrund. Das muss ich den Leuten dann auch begreiflich machen.

Willst du deine Mitarbeiter erziehen?

Nein, nicht erziehen. Wie käme ich dazu?! Ich möchte ihnen bloß etwas bewusst machen. Für mich sind das Basics. Man wirft keine Lebensmittel weg. Wisst ihr, wie viel bei uns täglich im Müll landet? Ich meine nicht hier bei mir, sondern in Österreich, in Europa. O. K., wenn etwas verdorben ist, schimmlig oder faul – da kann man eh nichts machen. Kein Thema, natürlich werfe ich das weg. Bei uns fressen das ja dann wenigstens die Schweine. Jetzt kann man sich natürlich darauf ausreden, dass die Abfälle bei uns alle verwertet werden. Aber mir geht es um die Sache – nicht einmal ums Prinzip. Auch nicht um ein paar Euro. Ich möchte nur das Bewusstsein der Menschen – auch meiner Mitarbeiter – dafür schärfen, dass alles einen Wert hat. Und wenn sie sich dessen bewusst sind, könnte es sein, dass die Welt ein bisschen besser wird. Da werden überall großartige Strategien entwickelt, aber manchmal wäre es vielleicht besser, sich auf ein paar einfache Grundwahrheiten zu besinnen. Oft geht der ganze Aufwand ins Leere, weil er den Kern nicht trifft.

Manchmal denke ich mir zum Beispiel: „Soll ich in meinem Unternehmen Wohlfühloasen für meine Mitarbeiter errichten und sie durch Motivationsprogramme schleusen?" Das wird ja gemacht und es ist dagegen auch nichts einzuwenden. Ich könnte ja auch sagen: „Meine Mitarbeiter machen alle zwei Stunden eine Pause und dann kommt irgendein Trainer und macht Bewegungen mit ihnen. Oder vor der Arbeit einen Morgenappell – wie in Japan zum Beispiel. Aber wir sind in Bergl und nicht in Japan. Ich denke, dass das den Leuten bei uns halt nicht so hilft. Aber wenn jemand zu mir kommt, dann versuche ich auf meine Weise zu helfen. Zum Beispiel einer Mitarbeiterin, die sagt: „Herr Zotter, ich bin in einer schwierigen Situation. Finanziell hab ich derzeit wirklich Probleme. Ich weiß nicht, wie ich da drüberkommen soll." Ich meine, so etwas bekommst du ja auch irgendwie mit. Also frage ich sie: „Wie viel brauchen Sie?" – „2.000 Euro würden mir helfen", sagt sie zu mir. Da greife ich in die Lade und sage: „Da, bitte! Ich leihe Ihnen das Geld. Ich schreib mir das natürlich auf. Aber wenn Sie es mir nicht zurückgeben können, wird die Welt auch nicht untergehen." So versuche ich zu helfen, wenn ich das Gefühl habe, dass jemand meine Hilfe braucht. Ich möchte das jetzt nicht an die große Glocke hängen. Aber das macht ein Familienunternehmen eben auch aus. Meine Mitarbeiter bedeuten mir sehr viel. Ich bin ihnen dankbar. Wenn sie sich nicht für mein Unternehmen eingesetzt hätten, dann würde es uns heute nicht so gut gehen.

Jetzt drückst du aber ganz schön auf die Tränendrüse. Wir glauben dir ja, aber das wird jetzt fast schon ein bissel kitschig. Sorry für den Themenwechsel, aber was sagst du eigentlich dazu, wenn die Leute behaupten, dass es deine Schokolade heute praktisch schon an jeder Tankstelle gibt?
Erstens stimmt das nicht. Das ist Gerede. Aber ich weiß natürlich, dass manche Leute das glauben.

Und was machst du dagegen? Oder ist dir das Blunz'n?
Wurscht ist es mir auch wieder nicht, aber was soll man machen?! Wenn die Leute es unbedingt glauben wollen. Aber natürlich setze ich mich damit auseinander. Vielleicht ist die Antwort die: Mein Erfolgsgeheimnis ist natürliches Wachstum.

Und dieses Wachstum kannst du ja nicht aufhalten. Möglicherweise könntest du es ja sogar aufhalten, aber warum solltest du? Du wirst ja nicht so deppert sein und einem, der bei dir anruft und dir für deine Schokolade den Preis zahlt, den du verlangst, erklären, dass du keine Lust hast, ihm eine zu verkaufen, weil es sie angeblich schon überall gibt. Und bei den paar Prozent Marktanteil, die ich letztlich habe, ist überall auch sehr relativ. Meine Schokoladen fallen halt anscheinend auf und die Leute merken sich, wenn sie sie irgendwo gesehen haben. Das ist ja eigentlich lässig, oder? Und wenn sie ihnen geschmeckt hat, dann merken sie sich das auch.

Aber in Wirklichkeit gibt es meine Schokoladen ja nicht überall und schon gar nicht an jeder Tankstelle. Davon kann gar keine Rede sein. Ich könnte ja mittlerweile locker das Doppelte von dem produzieren, was wir derzeit erzeugen. Aber ich weiß auch ganz genau: Würde ich es tun, könnte ich den Preis nicht mehr halten. Und dann begänne diese Abwärtsspirale, unter der schlussendlich auch die Qualität leiden würde. Und darum mache ich es nicht. Aber natürliches Wachstum künstlich zu verhindern – auf so eine Idee würde ich dann auch wieder nicht kommen. Dafür hätte ich nämlich nicht Unternehmer werden müssen, dass ich absichtlich kein Geschäft mache. Wenn man ein Produkt ohne Kompromisse und ohne Abstriche bei der Qualität erzeugt und sich dabei ständig weiterentwickelt, dann ist es doch ziemlich normal, dass die Nachfrage danach steigt.

So hätte auch unsere Wirtschaft wachsen sollen: natürlich. So hätte ich mir Wirtschaft vorgestellt. Schon möglich, dass irgendwann auch der Tag kommt, an dem das Wachstum zum Stillstand kommt, der Prozess abbricht. Ist es nicht überall so? Für alles kommt irgendwann der Tag, an dem es aufhört, verschwindet, stirbt. Wie im Leben. Das ist der Zyklus. Wir werden geboren, aufgezogen, dann sind wir erwachsen, bringen eine Zeit lang unsere Topleistung, dann lassen unsere Kräfte nach. Und in der Zwischenzeit wächst wieder eine neue Generation heran. Das ist der Kreislauf der Natur. Natürliches Wachstum – das ist die Antwort.

Auf welche Frage?

Die Frage ist: Wie erzeuge ich Wachstum? Erzeuge ich Wachstum, indem ich zum Beispiel sage: „So! Ich mache jetzt zuerst einmal eine gigantische Werbekampagne, da pulvere ich soundso viel hinein. Zum Beispiel lasse ich einen Typen vom höchsten Gebäude der Welt hinunterspringen und er kommt eh lebend an, weil Gott sei Dank der Fallschirm im letzten Moment aufgegangen ist. Und die Leute sagen: „Super, der lebt noch. Wie geil!" Aber möglicherweise stirbt er auch dabei oder er verletzt sich so schwer, dass er danach im Rollstuhl sitzt. Aber am besten wäre es überhaupt, ich kaufe mir ein Formel-1-Team und werde Weltmeister. Dieses Beispiel wähle ich natürlich ganz bewusst. Ist ja nichts Schlechtes, Weltmeister zu werden. Das muss man erst einmal schaffen. Aber was hat das mit meiner Schokolade zu tun? Und das ist ein ganz entscheidender Punkt: Meine Vision ist eine andere. Sie hat mit Formel 1 nicht das Geringste zu tun. Müsste ich auf diese Weise Wachstum generieren, würde ich darauf verzichten. Das könnte ich nicht. So etwas interessiert mich nicht. Aber es zuzulassen, wenn einer sich bei mir meldet und sagt, er möchte meine Schokolade in seinem Geschäft verkaufen – was soll daran so schlimm sein? Und sogar wenn die eine oder andere Tankstelle dabei ist … Warum auch nicht?!

Stört dich das überhaupt nicht, wenn die Leute so etwas behaupten? Das ist ja deinem Image auch nicht gerade zuträglich, oder?

Das sind die zwei Seiten der Medaille. Wenn du auf der einen Seite mit deinen Produkten begeisterst, bringt das auf der anderen auch gewisse Begleiterscheinungen mit sich. Wenn du beliebt bist und sich sehr viele Menschen mit dem identifizieren, was du tust, was oft so weit geht, dass sie zu deinen Fans werden, provoziert das bei manchen Leuten auch Ablehnung. Es ist gar nicht so einfach, damit umzugehen. Aber das sind dann eben die Leute, die sagen: „Den Zotter gibt es jetzt schon überall. Was soll daran noch so besonders sein?" Das ist halt so. Dagegen kannst du nicht wirklich etwas machen. Eine Kundenschicht, die solche Sachen sagt, gibt es praktisch bei jeder Marke und bei jedem Produkt – mag es noch so erfolgreich sein. Man muss sich halt auch in die Leute hineinversetzen: Die haben unsere Schokoladen schon x-mal gegessen, kennen jeden Geschmack, haben alles probiert. Die sind, was unser Produkt betrifft, logischerweise einfach ermüdet. Für die ist das nichts Besonderes mehr. Die können nicht fünfmal bei der gleichen Schokolade vor Begeisterung in Ohnmacht fallen. Nach dem dritten Mal sagen die: „Schön langsam wissen wir, wie es schmeckt." Aber es gibt einen Punkt – wenn du über den drüber bist, dann spielst du in der Champions League.

Was für ein Punkt?

Ich versuch's euch zu erklären: Ich habe ja mittlerweile einen Kundenstock von Leuten, die meine Schokolade nicht mehr deswegen kaufen, weil sie zum Beispiel die Blutschokolade so sensationell finden. Im Gegenteil, die sagen: „Zotter! Mit deiner Blutschokolade kannst du dich brausen gehen, weil was willst du mit der?! Aber deine Nugatschokolade, die ist so gut, dass sie mir beim hundertsten Mal auch noch schmeckt, eigentlich sogar von Mal zu Mal besser. Die kauf ich mir. Aber deine Blutschokolade kannst du dir sonst wo … Und deine Kirschschokolade – um Gottes willen. Was willst du denn mit der? Soll ich die womöglich essen? Ich bin bei deinen komischen Schokoladen schon so oft eingefahren, dass ich sowieso nur mehr die Nugatschoko und vielleicht zwei oder drei andere Sorten kaufe, weil da ist man auf der sicheren Seite." Versteht ihr? Und das ist es, was uns trägt, was uns die finanzielle Basis schafft. Das sind dann aber auch ganz besondere Kunden: Die überlegen sich nicht mehr, ob es jetzt schick ist, meine Schokolade zu essen, oder lässig. Die sind auch nicht mehr dauernd auf der Suche nach dem allerletzten Schrei. Oder sie suchen ihn woanders. Aber bei mir suchen sie die Verlässlichkeit. Und dadurch werden sie für mich selbst zu verlässlichen Kunden. In Wirklichkeit geht das mit der Suche nach beständigen Werten einher. Werte, auf die man sich verlassen kann. Seht ihr das auch so?

Schmecken muss es!

Mindestens! Ich möchte ja nicht philosophisch werden – aber auf wie viele Werte kann man sich denn heute eigentlich noch verlassen? Die Religion ist abgeschafft, sonst zerbröselt auch alles Mögliche, und die Leute sind auf der Suche nach Werten. Und das hilft uns jetzt wieder ein bisschen. Nämlich nicht bloß, dass wir eine lässige Schoko machen, sondern dass wir unsere Werte und Themen im Unternehmen selbst leben und ernst nehmen. Es gibt viele Leute im fairen Handel oder in den Dritte-Welt-Läden, die kaufen uns einfach. Denen kommt nichts anderes als Zotter zwischen Zunge und Gaumen. Weil da wissen sie: Das ist biologisch und das ist FAIRTRADE-zertifiziert. Sie haben ihre Sorten gefunden und auf die können sie sich verlassen. Es gibt keine Schwankungen, sie schmecken ihnen und es passt. Von diesen Kunden leben wir auch zum Teil. Ich würde sagen, ein Drittel unseres Umsatzes machen wir mit solchen Kunden. Vielleicht sogar noch mehr. Also finanzieren sie uns.

Natürlich brauchst du aber auch immer wieder neue Kunden, sonst stirbt die Marke. Deswegen lehnen wir uns auch nicht zurück, sondern nutzen unser Potenzial, indem wir das, was wir erwirtschaften, wieder für Neues einsetzen. Das Geld, das wir früher mit noch viel einfacheren Mitteln verdient haben, haben wir immer schon in teilweise viel komplexere Projekte und Produkte investiert. So versuchen wir, uns zu erneuern und damit für unsere Kunden interessant zu bleiben. Nicht nur für neue Schokoladen – sondern auch für größere Projekte: den Essbaren Tiergarten zum Beispiel. Aber auch bei der Schokolade experimentieren wir laufend. Jedes Jahr bringen wir wieder um die 100 neuen Schokoladesorten heraus. Ein Wahnsinn. Aber davon werden wahrscheinlich eh nur vier oder fünf die nächsten zehn Jahre überleben.

Natürlich die, die sich am besten verkaufen, oder?

Nicht unbedingt. Manchmal nehme ich auch Produkte, die sich sehr gut verkaufen, aus dem Sortiment. Auch die landen dann auf dem Ideenfriedhof im Essbaren Tiergarten.

Warum das?

Wenn alle Leute immer zu den gleichen paar Schokoladen greifen, dann hindert das die anderen Schokoladen daran, sich zu entwickeln. Und die Kunden versäumen dadurch ja auch etwas. Wenn ich da nicht ein bisschen gegensteuere, wird mein Sortiment ja immer schmäler. Da hab ich dann auch bald nur mehr zehn oder zwanzig Sorten. Das ist nämlich auch so ein Fehler, den viele Unternehmen machen: Die orientieren sich nur an den Verkaufszahlen. Dabei sollten sie doch besser das verkaufen, von dem sie glauben, dass sie es wirklich können, und hinter dem sie stehen. Denn die Verkaufszahlen können einen ganz schön täuschen. Wenn man sich nur an den Verkaufszahlen orientiert, dann orientiert man sich ja eigentlich an der Vergangenheit. Und kaum etwas schaut älter aus als ein Trend von gestern. Das kann extrem schnell gehen. Der Markt verändert sich gnadenlos. Aber manchmal wird eine Schokolade, die bereits auf dem Ideenfriedhof liegt, auch exhumiert und wieder zum Leben erweckt.

Hast du Schokoladen, die sich immer verkaufen – echte Dauerbrenner?

Ich habe natürlich ein paar Bestseller. Die gehen einfach konstant. Die Kürbis-Marzipan zum Beispiel oder die Nugatvariationen oder die Orangenschoko. Und noch ein paar andere. Die sind echte Megaseller. Von denen leben wir ja auch.

Gibt's auch Schokoladen, die sich ganz schlecht verkauft haben?

Momentan gibt es so etwas eigentlich gar nicht. Natürlich gibt es Schokos, die man als Minderheitenprogramm bezeichnen kann. Für Leute, die halt einen bisschen schrägeren Geschmack haben. Echte Liebhaber. Einmal musste ich den Namen einer Schokolade ändern, weil sie sich so gar nicht verkauft hat. Sie hieß „Essig". Dann haben wir sie auf „Sauerstoff" umgetauft und plötzlich hat sie sich super verkauft. Aber das funktioniert halt auch nicht immer.

Was machst du mit einer Schokolade, die sich als hartnäckig erfolglos erweist? Zeigst du ihr die Rote Karte?

Nein. Darüber, sie aus dem Sortiment zu nehmen, denke ich zuletzt nach, wenn überhaupt. Wenn ich selbst von ihr überzeugt bin und sie für meine Begriffe gut ist, dann ändere ich zuerst einmal ihren Namen. Was ich sicher nicht mache, ist, die Rezeptur zu verändern. Das kommt gar nicht infrage. Bevor ich das mache, werfe ich sie lieber weg. Dann ist sie weg, dann habe ich sie vergessen und vielleicht setze ich sie irgendwann zufällig wieder neu zusammen, aber eben anders. Ich habe einfach das Gefühl, dass man sich auf seine Intuition verlassen muss.

„Die Produktentwicklung legt großen Wert darauf, dass alle Produkte, die sie entwickelt, hübsch auf den Markt ausgerichtet sind. Wenn man vorher auch noch intensive Marktforschung betrieben hat, dann ist man am Schluss wirklich schlecht dran, denn dann macht man genau das, was der Markt will. Aber damit ist man eh schon hintennach."

IDEEN-DIKTATUR
und der blöde Markt, der schuld ist!

Wo entwickelst du eigentlich deine Schokoladen?
Das mache ich hier. All das Zeug steht ja hier bei mir herum. Wenn ihr euch in diesem Büro umschaut, dann wisst ihr auch schon ziemlich genau, was ich nächstes Jahr auf den Markt bringen werde. Plötzlich fällt mir was ein.

Und dann rennst du hinunter in die Manufaktur.
Nein, ich muss nicht einmal hinunter. Haben wir das noch nicht besprochen – das ganze Thema der Produktentwicklung?

Nein, eigentlich nicht, oder? Aber vorher erzählst du uns noch einen Witz.
O. K. Sagt ein junges Mädchen dort unten im Essbaren Tiergarten so im Vorübergehen zu einem anderen Mädchen: „Schau, der Zotter." Sagt die andere: „Was, der lebt noch?!"

Haha, das gibt's ja nicht. Aber eigentlich wolltest du uns ja etwas über die Produktentwicklung erzählen.
Also die Produktentwicklung. Wie läuft die normalerweise bei diesen Unternehmen, bei den großen Marken-Holdern? Diese Schokomarken, wo der Superchef sagt: „Ich hol mir jetzt einmal eine Abteilung von Kreativen und die sollen gefälligst neue Geschmacksnoten erfinden." Und dann lässt er auch noch eine Agentur antanzen – und am Klo kannst du dann die Schneereste wegblasen, wenn ihr versteht, was ich meine. Normalerweise gibt es eine eigene Abteilung für die Produktentwicklung. Und dann gibt es natürlich eine, die das Marketing macht, und so weiter. Die Produktentwicklung entwickelt das Produkt. Wenn dann der Prototyp fertig ist, dann gibt man ihn ein paar Leuten zum Kosten und die sagen „super, sehr gut" oder „nein, nicht so gut". Insgesamt legt die Produktentwicklung großen Wert darauf, dass alle Produkte, die sie entwickelt, hübsch auf den Markt ausgerichtet sind. Wenn man vorher auch noch intensive Marktforschung betrieben hat, dann ist man am Schluss wirklich schlecht dran, denn dann macht man genau das, was der Markt will. Aber damit ist man eh schon hintennach.

Aber so blöd, wie du ihn darstellst, ist der Markt doch auch wieder nicht.
Das bezweifle ich eben, dass der Markt besonders intelligent ist und sich so gut auskennt. Schaut! Wenn ich euch zum Beispiel frage: „Welche Schokoladesorten hättet ihr gerne?" Dann würdet ihr hier bei mir vielleicht ziemlich witzig antworten, weil ihr ja wisst, dass ich der Zotter bin, aber im Prinzip, behaupte ich jetzt einmal, habt ihr davon keine Ahnung. Das sage ich jetzt ganz brutal. Es wäre also ganz schön verblödet, euch zu fragen, was ihr wollt.

Aber bei den großen Unternehmen funktioniert das doch. Denk nur an die vielen erfolgreichen Schokoriegel.
Funktioniert es?

Ja, sicher.
Nein, es funktioniert nicht. Ich meine, es funktioniert nicht in dem Ausmaß, wie wir glauben bzw. wie man uns gerne glauben lassen möchte. Das muss jetzt nämlich auch einmal gesagt werden: In der Süßwarenbranche verschwinden 90 Prozent der Produkte, die auf den Markt kommen, noch im selben Jahr. Jetzt frage ich euch: Ist das Erfolg? Bei mir verschwinden viel weniger – Gott sei Dank. Und deswegen habe ich auch so ein lässiges Leben. Schaut euch doch an, wie es in diesen Riesenkonzernen zugeht. Die sind in einem Segment, wo von jedem einzelnen Produkt Erfolg gefordert ist. Ihr dürft ja den ganzen Marketing- und Werbeaufwand nicht vergessen, der da betrieben wird. Und die Overheadkosten – die ganze Schokobürokratie und die Vorstandsgehälter. Und dort wird es dramatisch. Da werden die Menschen dann zu Hyänen, wenn der Erfolgsdruck so gewaltig ist, dass es heißt: „Wir müssen um jeden Preis verkaufen." Und wenn es dann nicht so funktioniert wie erwartet, dann kriegt die Marketingabteilung eins drüber. Aber die Marketingabteilung sagt: „Nein, wir können nichts dafür, schuld sind die Produktentwickler." Und die Produktentwickler sagen: „Wir doch nicht! Schuld ist die Wirtschaftsabteilung, weil die haben gesagt, dass es nicht mehr kosten darf." Und die Wirtschaftsabteilung wehrt sich natürlich auch und sagt: „Wir können nichts dafür. Der Markt ist die Sau." Und am Schluss ist dann witzigerweise genau der Markt schuld, auf den man vorher so genau gehört hat.

Natürlich fragen mich die Leute immer wieder, wer das bei uns alles macht. Und ich sage – und das stimmt auch –, dass das bei uns niemand macht und dass wir nichts ausprobieren und uns den Markt nicht anschauen und dass wir auch keine Studien machen. Wir machen nämlich Schokolade. Ich habe es in Wirklichkeit ja viel leichter. Bei mir funktioniert das so: Ich entscheide. Auf den Markt kommt genau das, was ich will. Wenn ich sage „Das ist super", dann kommt es auf den Markt. Wenn ich etwas nicht so klass finde, dann ist es weg.

„Und am Schluss ist dann witzigerweise genau der Markt schuld, auf den man vorher so genau gehört hat."

„Wir machen nämlich Schokolade. Bei mir funktioniert das so:
Ich entscheide.
Auf den Markt kommt genau das, was ich will."

Wie funktioniert deine diktatorische Produktentwicklung genau?

Wenn ich eine Idee habe, dann nehme ich dieses Buch da. Da schreibe ich alles hinein. Da steht im Prinzip alles drinnen – meine Ideen, die ganzen Sorten. Und wenn die Verpackung für eine neue Schokolade fertig ist und ich eigentlich gar nicht mehr aus kann, dann wird diese Schokolade produziert. Manchmal ist das eine absolut geniale Schokolade und manchmal schmeckt sie mir auch nicht besonders. Es geht darum, dass man Ideen leben lassen muss. In dem Moment, wo du beginnst, sie zu verändern, an ihnen herumzufeilen, sind sie nicht mehr die ursprünglichen Ideen. Und wenn sie ihre Ursprünglichkeit einbüßen, verlieren sie auch ihre Einzigartigkeit. Ich muss eine Idee durchziehen. Zum Beispiel wenn ich eine Schokolade mit Weihrauch und Schwarzkümmel mache. In dem Moment, wo ich anfange, herumzuprobieren, kommt der Erste daher und sagt: „Ein bisschen mehr Weihrauch." Dann der Nächste: „Mehr Schwarzkümmel." Dann noch einer: „Oder doch lieber Sesam." Oder es fällt plötzlich einem ein: „Machen wir überhaupt etwas anderes." Dann wird drei Jahre herumdiskutiert. Das geht nicht. Da kommst du an kein Ende. Das ist schon ein Erfolgsgeheimnis von uns, dass wir die Dinge, die wir auf den Markt bringen, vorher nie probieren. Das ist ganz wichtig. Extrem wichtig.

Wie bitte?! Ihr kostet die Schoko nicht einmal, bevor ihr sie auf den Markt bringt. Nicht einmal du?

Nein, ich probiere sie auch nicht.

Ein Scherz, oder?

Glaubt mir. Es hat keinen Sinn. Was in diesem Buch steht, das wird gemacht. Und das kommt dann auf den Markt. Na ja, mittlerweile hab ich aber schon so viel Erfahrung, dass es eigentlich fast immer funktioniert. Und ganz am Schluss, bevor ich sie dann wirklich auf den Markt bringe, koste ich sie dann meistens eh. Aber sogar wenn sie mir schmeckt, bin ich mir nicht immer sicher, dass sie die Leute auch kaufen werden. Bei meiner Blutschokolade habe ich mir zum Beispiel gedacht: „Die werde ich vermutlich selber essen müssen." Eh klar. Wer isst schon freiwillig Blutschokolade? Aber siehe da: Sie hat sich super verkauft. Ich war echt überrascht, wie viele das mögen. Daher mein Resümee: Niemals den Markt fragen, der kennt sich nicht aus. Der Markt hat nicht die geringste Ahnung, was er gerne hätte, und wenn er gefragt wird, sagt er halt das, was er eh schon kennt. Und so schauen auch die Regale aus: immer das Gleiche. Weil immer alle den Markt fragen. Aber manchmal, wenn ich erzähle, wie ich es mache, habe ich das Gefühl, dass mir die Leute eh nicht glauben. Die denken vielleicht, dass ich irgendwo im Keller eine geheime Produktentwicklung habe.

„Es geht darum, dass man
Ideen leben lassen muss.
In dem Moment, wo du
beginnst, sie zu verändern,
an ihnen herumzufeilen,
sind sie nicht mehr
die ursprünglichen Ideen.
Und wenn sie ihre
Ursprünglichkeit einbüßen,
verlieren sie auch ihre
Einzigartigkeit.

Ich muss eine Idee
durchziehen."

„Das ist schon ein
Erfolgsgeheimnis von uns,
dass wir die Dinge,
die wir auf den Markt bringen,
vorher nie probieren.
Das ist ganz wichtig.
Extrem wichtig."

Kreierst du manchmal absichtlich eine Schokolade, die schrecklich schmeckt, nur um zu provozieren?

So etwas traut ihr mir zu? Natürlich nicht. Da wäre ich ja schön blöd. Aber ich taste mich natürlich bis an die Grenzen des Möglichen vor. Wenn ich zum Beispiel frisch gepressten Schilfsaft verwende oder Kornelkirschen, von denen viele glauben, dass sie sowieso giftig sind. Da gibt es die unglaublichsten Gerüchte. Ich will damit nur eines sagen: Ich muss mich selbst überlisten, weil ich ja auch nicht unfehlbar bin. Aber Gott sei Dank ist mein Geist ziemlich unbestechlich und ich schaffe es immer wieder, mir die Idee nicht verwässern zu lassen. Wie du gerade drauf bist, ob dir irgendwas über die Leber gelaufen ist, von mir aus das Wetter, oder ob du am Vortag Sex gehabt hast – das sind ja alles emotionale Einflüsse, die dich von der eigentlichen Idee wegbringen. Die Idee ist aber etwas, was auf rätselhafte Weise irgendwo entspringt wie ein winzig kleiner Keim und eigentlich etwas irrsinnig Schönes ist. Und so eine Idee muss man pflegen und großziehen. Und damit einem das gelingt, muss man sie auch lieben.

Die Idee?

Ja, die Idee. Ich erzähle euch etwas. Ich kenne eine junge Frau, eine Künstlerin – die ist extrem kreativ. Aber wenn die gefragt wird, warum etwas so geworden ist, wie es ist, dann blockt sie total ab. Sie sagt dann: „Ich kann es selbst nicht erklären. Aber ich lasse die Idee leben."

Ein schönes Gleichnis.

Alle wollen heute auf Nummer sicher gehen und alles nach allen Richtungen hin absichern. Aber was habe ich davon, wenn ich euch frage, was ihr von meiner nächsten oder übernächsten Idee haltet. Ich hab sie womöglich schon. Aber warum sollte ich euch damit konfrontieren? Ihr denkt anders als ich. Ihr habt wahrscheinlich eine andere Stimmung, vielleicht überhaupt andere Ansichten. Und darum gehe ich euch mit meiner Idee jetzt sicher nicht auf die Nerven, sondern behalte sie für mich und setze sie um. Und genau das macht mich eigenständig. Ich genieße am Markt Eigenständigkeit, habe meine eigenen Kunden und insgesamt nur Vorteile.

Etwas ist uns noch aufgefallen: Das ganze Design stammt von einer einzigen Person, nämlich Andreas h. Gratze.

Das hat auch wieder etwas mit Nachhaltigkeit zu tun. Erstens ist der Andreas gut. Das muss ich jetzt auch einmal sagen. Er ist sogar so gut, dass er immer noch nicht weltberühmt ist. Was mich ein bisschen wundert, weil er auf seine Weise nämlich echt ein Genie ist. Aber wahrscheinlich ist er keiner, der sich selbst besonders gut inszenieren kann. Und zweitens bin ich mit ihm groß geworden. Und das vergesse ich nicht. Er hat von Anfang an das ganze Design für mich gemacht. Kann schon sein, dass mir manchmal etwas vorgelegt wird, was unter Umständen noch schöner ist als das, was der Andreas macht. Oder moderner. Oder Retro, weil das ja gerade angesagt ist. Keine Ahnung, was danach kommt. Aber natürlich ist man in seiner Marke auch irgendwie gefangen, wenn man sich auf einen Designer beschränkt. Wenn es von Anfang an mein Konzept gewesen wäre, mehrere Künstler zu beschäftigen, dann würde das heute wahrscheinlich anders ausschauen. War es aber nicht. Vielleicht war es Zufall, dass es so gekommen ist, oder Bestimmung oder einfach Glück. Weil mir geht es dabei ja nicht schlecht. Und dem Andreas auch nicht. Und wenn man bedenkt, wie viele Leute sich die Schokoladeschleifen ansehen, dann ist er ja mittlerweile auch ziemlich berühmt.

Die meisten Unternehmen machen es ja so: Wenn sie beginnen, sagen sie: „Der Billigste macht das." Und wenn es dann gut läuft, dann schickt man den Billigen in die Wüste und holt sich die Teuersten. Nicht mehr einen, sondern gleich mehrere. Ich finde, das kann es nicht sein. Heute könnte ich mir wahrscheinlich auch irgendeinen Superstar holen und eine Pressekonferenz geben. Und dann steht der halt dort und kritzelt irgendetwas auf meine Schokolade und von der können wir dann gleich noch viel mehr verkaufen. Vermutlich. Aber ich bin mir nicht einmal so sicher. Oft ist das doch bloß ein Strohfeuer. Außerdem: Viel mehr als wir verkaufen, geht eh nicht mehr.

Das Design hat sich aber schon verändert, oder?

Ja, das Design verändern wir sowieso laufend. Das ist oft ein ziemlich kritischer Moment, wenn ein Produkt, das sich super verkauft hat, plötzlich eine neue Zeichnung bekommt. Das ist in der Markentechnik ja das Schlimmste, was du machen kannst. Logisch, wenn die Leute plötzlich ihre Lieblingsschokolade nicht mehr erkennen. Wo wir wirklich bald Probleme bekommen hätten, war, als wir unsere Schleifen von Hochglanz auf Matt umgestellt haben. Das wäre um ein Haar schiefgegangen. Da haben wir wirklich einen Einbruch gehabt. Umsatzmäßig haben wir um die zehn oder zwölf Prozent verloren, das war dramatisch. Die Händler haben alle gesagt: „Zotter, bist du wahnsinnig?!" Das war der Moment, wo du normalerweise sagst: „Sorry, alles zurück, sofort wieder Hochglanz. Wir holen uns eine PR-Agentur und irgendwie können wir das den Leuten schon erklären. Nur jetzt nicht die Nerven wegschmeißen! Das kriegen wir schon wieder hin." Wisst ihr, was ich meine? Aber wir haben es durchgezogen, weil wir überzeugt davon waren.

Mittlerweile hat sich das alles wieder stabilisiert und genau genommen werden wir jetzt sogar dafür belohnt, weil es einfach zu uns passt. Das dauert natürlich seine Zeit. Entscheidung heißt ja immer, dass irgendetwas wegfällt und irgendetwas anderes kommt. Das, was kommt, ist vielleicht nicht immer sofort da. Aber das, was wegfällt, ist meistens gleich weg. Dazwischen gibt es halt manchmal einen Durchhänger. Das bringen Entscheidungen so mit sich. Aber da tauchst du durch. Weil du nämlich ein Ziel vor Augen hast. Und du weißt: Wenn du dieses Ziel erreicht hast, dann passt es. Wenn du dich allerdings davor scheust, Entscheidungen zu treffen, kann das ziemlich schnell in die Hose gehen. Mir fällt es mittlerweile natürlich ein bisschen leichter, solche schwierigen Phasen durchzustehen. Damals, als ich angefangen habe, war das oft nicht so witzig.

Denkst du eigentlich manchmal darüber nach, warum die Leute deine Schokolade kaufen? Nur der Geschmack kann es ja nicht sein.

Ich glaube, bei den handgeschöpften ist es schon so, dass die Leute spüren, dass da irgendetwas anders ist bzw. eigentlich alles ein bisschen anders ist. Sie wissen vielleicht nicht, was. Aber sie spüren es. Das hängt wahrscheinlich auch mit unserer Markenführung zusammen. Aber unsere Schokolade schaut ja definitiv auch noch immer anders aus als die anderen.

Markenführung. Was?

Fragt mich nicht so etwas. Ich bin ja oft genug irgendwo eingeladen, um zu diesem Thema etwas zu sagen. Innovationsmanagement, Marke, Marketing, Markenführung. Und die fragen mich immer: „Was ist Marketing, Herr Zotter?" Ist Marketing irgendetwas Konstruiertes, irgendeine zusammengestoppelte PR-Geschichte oder so? Aber Marketing ist ja keine sensationelle Neuerfindung. Vielleicht kommt es heute in einem neuen Gewand daher, aber man tut es seit Tausenden von Jahren. Wenn einer seine Sau auf dem Markt verkaufen wollte, hat er seine Sau schön gemacht und gesagt: „Das ist eine super Sau." Und ist voll dahintergestanden.

Er hätte ja auch versuchen können, die Sau schöner zu machen, als sie ist. Das ist sicher vorgekommen.

Vorgekommen ist es sicher, aber so sollte es eigentlich nicht sein. Das hat mit einem ehrlichen und konsequenten Marketing im Sinne von Markenführung rein gar nichts zu tun, das ist ganz verkehrt. Nicht schöner machen, als es ist, sondern den Kern dessen, was es ist, zum Ausdruck bringen. Ungefähr so. Ich glaube, eine gute Marke lebt auch von ihren Schwächen und Fehlern. Jede Marke hat eine Geschichte. Und diese Geschichte muss sie erzählen.

Warum stellt nicht einer der großen Konzerne einfach eine z o t t e r Attrappe irgendwohin und sagt: „Das Segment holen wir uns auch noch."

Ja, klar, weil die nichts anderes zu tun haben, als den Zotter nachzuäffen. Nein, vergesst es! Die großen Unternehmen sind Gott sei Dank sportlich genug, um zu wissen, dass das keinen Sinn hat. Kopieren kannst du vielleicht jemanden, der sich nicht artikulieren kann und möglichst unauffällig bleiben will. Dann merken die Leute nämlich nicht einmal, dass es sich um eine Kopie handelt. Wenn einer aber so eine Persönlichkeit ist wie ich – ich kann ja meinen Mund nicht halten –, dann hast du keine Chance.

Aber heute wird doch alles abgekupfert, was halbwegs erfolgreich ist.

Na ja, z o t t e r Plagiate hat es schon auch gegeben. Irgendwo in Asien ist die Mitzi Blue plötzlich aufgetaucht. Einer unserer Kunden ist drübergestolpert und hat uns sofort informiert. Das muss man sich einmal vorstellen: Die haben die Mitzi Blue nachgebaut, eine Schokolade. Und wie: völlig identisch. Das glaubst du nicht. Die haben sich das im Internet abgeschaut und sich dort ein völlig eigenes Marktsegment aufgebaut. Ich glaube, es war in Bali. Sie haben immerhin sechs Sorten produziert. Wir haben sie dann ausfindig gemacht und ihnen das Handwerk gelegt.

Irgendwie gemein. Anscheinend haben die sich ja echt bemüht.

Wenn die Plagiate wirklich gut gemacht wären, ausnahmslos aus biologischen und fair gehandelten Zutaten, dann könnte ich mich damit ja vielleicht noch irgendwie anfreunden. Dann würde ich sie ja fast als Konkurrenten betrachten. Wisst ihr, warum? Weil die dann unter den gleichen Voraussetzungen produzieren wie ich. Dann habe ich auch kein Problem mit dem Wettbewerb. Blöd ist es nur, wenn einer der Wettbewerbskonkurrenten etwas weglässt. Wenn die zum Beispiel sagen: „Wir verzichten großzügig auf die teuren Biozutaten und kümmern uns auch nicht um diesen bescheuerten fairen Handel, sondern verramschen das billigste Klumpert, weil die Konsumenten es sowieso nicht merken. Aber wir cashen trotzdem die volle Länge dafür ab, weil schließlich steht auf unserer gefälschten Schokolade z o t t e r drauf und der schenkt seine Schokolade ja auch nicht her." Das sind dann keine gleichen Bedingungen mehr und das verstehe ich auch nicht unter Konkurrenz, sondern das ist schlichtweg Markenbetrug.

Geht der Trend eigentlich zur Authentizität oder wollen die Leute nicht lieber ein bisserl getäuscht werden?

Ja, wo geht der Trend hin? Es kann ja nicht sein, dass es zur Täuschung geht, oder? Das kann ja wirklich nicht sein. Das dürfen wir nicht zulassen – wir alle. Das lässt niemand zu, denn wer möchte schon getäuscht werden. Dass die Menschen getäuscht werden, ist ein Faktum, aber viele merken es ja nicht einmal. Dass die Menschen voller Fehler und teilweise auch schlechter Absichten sind, das war ja immer schon so. Ach, lassen wir das. Der eine macht es besser, der andere schlechter.

Hören wir da Resignation heraus?

Nein, nein! Im Gegenteil. Ich wünsche jetzt schon allen, die sich in Zukunft auf den schönen Schein verlassen wollen, viel Glück. Die Produkte werden nämlich von Jahr zu Jahr transparenter. Bald reicht ein Mausklick und du weißt alles. Wir beginnen bereits jetzt damit. Unsere Mitzi Blue hat zum Beispiel schon den Code oben, wo in Zukunft dann wirklich alle Informationen über Herkunft und Verarbeitung abrufbar sind. Den Sport mache ich mir. Und ich möchte bloß wissen, was geschieht, wenn das dann plötzlich alle machen müssen. Da bin ich schon echt neugierig, was passiert, wenn auf der Schnitzelpackung der Herkunftscode der Massentierhaltung klebt und der Strichcode auf der Schokolade direkt zur Kinderarbeit führt.

Dann kannst du dir gleich noch ein paar Prozent Marktanteile zusätzlich holen.

Tja, ehrlich gesagt glaube ich, dass wir so, wie wir agieren – mit dieser Qualität und mit diesen Preisen –, ziemlich an den Grenzen sind. Das glaube ich persönlich, interessanterweise zeigt das aber auch eine Marktstudie eines bekannten Marktforschungsinstituts. Wir haben derzeit um die 5 Prozent Marktanteil im Premiumsegment. Das ist ja genau der Bereich, in dem wir uns bewegen. Unser Preissegment ist ein 5-Prozent-Segment und dort sind wir auch ganz vorne dabei. Wenn wir unsere Preise spürbar senken würden, dann wären wir wahrscheinlich in einem 15- oder 20-Prozent-Segment, also in einem wesentlich größeren Segment, weil du natürlich automatisch Kunden ansprichst, die zwar über den Preis einkaufen, aber trotzdem irgendwie schick sein und etwas Besonderes kaufen wollen. Das ist schon ein ziemlich großes Segment, wo man gut verdienen könnte. Jetzt die Frage: Mache ich es oder warum mache ich es nicht bzw. will ich das oder will ich es nicht? Dazu Folgendes: Ich will derzeit nicht dorthin. Ich sage bewusst: derzeit. Mittlerweile wüsste ich nämlich, wie es geht. Glaube ich wenigstens. Es ginge nur so: Preis runter, nur mehr 20 Artikel produzieren – höchstens. Zehn wären noch besser. Und dann schauen, was geht.

Das wäre dann ungefähr dieser halbe Meter im Supermarktregal, oder?

Ja, so würde es laufen. Wenn du dich bei einer dieser Ketten listen lässt, dann zahlst du eine Regalgebühr und du fährst am besten, wenn du einen halben Meter hast. Wenn du mehr Fläche hast, verkaufst du deswegen auch nicht mehr. Aber du bist in – sagen wir, Hausnummer – 3.000 Geschäften und wenn du pro Monat im Schnitt 200 Schokoladen verkaufst, könnt ihr euch eh ausrechnen, wie viele das sind. Und so viel verkaufst du dann auch, weil sich die nämlich darum bemühen, dass ordentlich verkauft wird. Die beherrschen das. Da gibt es dann Werbemaßnahmen und Aktionen usw. So läuft das. Ich glaube, dass man so einen Schritt schon halbwegs im

Griff haben könnte. Umgekehrt ist es schwieriger. Wenn du aus dem 20-Prozent-Segment wieder ins 5-Prozent-Segment zurückwillst, dann wird es haarig. Es geht in Wirklichkeit immer vom kleineren Segment ins größere. Wenn du das 20-Prozent-Segment einmal hast, dann wird das nächste vermutlich das 40-Prozent-Segment sein. Dann verkaufst du deine Schoko halt um 1,50. Damit bist du aber immer noch bei den Halbschicken dabei. Da schaltest du ein paar Werbespots im Jahr, nicht einmal besonders viele – ein bisserl was fürs Image. Aber wenn du dann ins nächste Segment willst, dann geht es los: Erstens den Preis noch weiter runter, und zwar deutlich – bis praktisch nichts mehr übrig bleibt. Dementsprechend die Produktion rauf, bis die Maschinen glühen. Am besten irgendwo, wo es schön billig ist. Und dann kannst du schon mit dem Sportsponsoring beginnen. Also sofort den Zotter auf den Formel-1-Helm picken! Und dann hast du natürlich unweigerlich diese Meetings, wo du sagst: „Was ist los? Dalli, Dalli, wir müssen jede Möglichkeit nützen, Gas geben, meine Herrschaften!" So, jetzt frage ich mich halt …

Was fragst du dich?

Warum sollte ich das machen? Genau das wäre nämlich künstliches Wachstum. Und damit exakt das, was ich nicht will. Meine Visionen schauen ein bisschen anders aus. Wenn sich allerdings die Einkommensverhältnisse der Menschen so verändern, dass mein 5-Prozent-Segment auf sieben oder acht Prozent wächst, dann wird wahrscheinlich auch mein Marktanteil mitwachsen, denn dort sind wir mit unserer Schokolade daheim. Außer wir machen brutale Fehler. Aber wir bemühen uns ja, keine zu machen. Aber ich bin, wer ich bin. Und warum sollte ich vor mir davonlaufen? Ich bin Gott sei Dank nicht in diesem Schick-Segment. Warum sollte ich also dort hinein? Dass wir uns allerdings beim Absatz noch immer steigern können, hängt schon auch ein bisschen mit unserer Innovationskraft zusammen und damit, dass wir uns selbst ständig erneuern. Wir entwickeln uns ständig weiter – heute, morgen. Und ich bin mir ziemlich sicher, dass uns auch im nächsten Jahr wieder ein paar Sachen einfallen werden, die halt wieder … ja, außergewöhnlich sind. Ehrlich gesagt würde ich es ja auch gar nicht schaffen, mich zurückzulehnen.

Bei deinen ganzen Schokos kennt sich ja keiner mehr aus – handgeschöpfte, Mitzis, Shots, Biofekt.

Erstens sind sie nicht zum Auskennen da, sondern zum Essen. Aber damit ihr euch auskennt: Die handgeschöpfte Schokolade ist meine Hauptmarke und die macht ungefähr drei Viertel des Umsatzes aus. Der Rest – all die anderen Marken – sind im Grunde genommen – ein bisschen übertrieben formuliert – meine Spinnerei. Aber in Wirklichkeit sind diese Marken für mich natürlich alle wie kleine Babys, die ich auf die Welt gebracht habe und nun aufziehe. Und unter den verschiedenen Marken gibt es dann ja wieder die einzelnen Produkte – viele Produkte.

„Grob fahrlässig – so eine riesige Markenpalette", würde jeder halbwegs zurechnungsfähige Markenguru sagen.

Keine Ahnung, was so ein Markenguru sagt. Vielleicht findet er uns ja toll. Aber die Geschichte ist die, dass ich eine Vision gehabt habe. Nämlich die, dass ich über ein gewisses Spektrum verfügen will. Ich habe Konfekt, ich habe Tafelschokolade, ich habe dünne Schokolade und dicke, ich habe große, runde und eckige. Und dazu noch Eis. Und so weiter. Wisst ihr, was ich meine? Das ist jetzt vielleicht ein bissel halbkomisch formuliert, aber darum geht's: Das Sortiment, dieses Spektrum – das ist ein Universum. Ein Universum, wo ich davon überzeugt bin, dass wir fachlich kompetent sind. Ob das jetzt von der Markentechnik her das Beste ist, das bezweifle ich selbst. Also, das ist sicher nicht das Beste.

Aber sie segeln eh alle unter deinem Namen.

Ja, sie segeln alle unter z o t t e r. Dabei wollte ich ja die Mitzi Blue als eigenständige Marke herausbringen – ganz ohne z o t t e r. Winzig klein ist „made by z o t t e r" draufgestanden, das war alles. Aber nach einer Weile haben wir sie in unser Portfolio aufgenommen und prompt haben wir 60 Prozent mehr verkauft.

Umgekehrt könntest du ja mittlerweile allein schon mit deiner Marke Kohle Ende nie machen – für deine Verhältnisse wenigstens.

Ja, vielleicht. Wenn ich meinen Namen hergeben würde. Das ist eh immer wieder ein Problem für mich, weil ich ja oft dazu eingeladen werde. Und da frag ich mich halt schon in jedem Fall: „Ist das nicht ein Schritt zu weit?" Da gibt's Ideen, da könnte ich wahrscheinlich in Summe locker noch einmal ein paar Hunderttausend Euro dazuverdienen.

Eigentlich unglaublich, was für ein lässiges Leben du hast.

Ja, wenn ich mir das so anschaue – wie wir heute arbeiten und wohin es sich entwickelt ... Ich darf mich nicht beklagen. Andererseits muss ich schon auch sagen: Diese Freiheit, wie ich sie jetzt genieße, die musst du dir auch erst einmal erarbeiten und erkämpfen. Und damit dir das gelingt, darfst du die Leute nicht enttäuschen. Sehr oft macht man den Fehler, seine Kunden zu enttäuschen. Viele denken dann ja nur mehr ans Geld. Natürlich sagen die Ökonomen alle: „Geld zu verdienen ist keine Schande." Ist es ja auch nicht. Aber trotzdem: Die Frage ist schon auch, was ich mit dem Geld mache. In meinem Fall waren es damals zum Beispiel 18 Millionen Euro, die ich in etwas investiert habe, was ich nicht unbedingt gebraucht hätte. Ich hätte mir ja keine eigene **Schokoladenproduktion** aufbauen müssen. Ich war eh der Einzige, der auf so eine Idee gekommen ist. Wenn ich es nicht gemacht hätte, wär's wahrscheinlich auch O. K. gewesen. Das hätte niemanden gekratzt. Und ich hätte sagen können: „Super, jetzt kaufe ich mir ein bescheidenes Häuschen in Südfrankreich, am besten am Meer, und dazu ein lässiges Motorboot." Nicht einmal eine Jacht. Eh alles sehr bescheiden – für dortige Verhältnisse. Mit 18 Millionen wäre sich das wahrscheinlich schon irgendwie ausgegangen. Und hier hätten alle die Augen aufgerissen: „Wahnsinn, der Zotter hat sich einen Palast in Südfrankreich gekauft und eine Jacht dazu."

Was ich damit sagen will: Das sind dann die Ideen und Unternehmen, die von innen her absterben, weil sie keine Seele mehr haben. Weil es nur mehr um die Kohle geht und nicht mehr um die Sache, um das Produkt, das du erzeugst. Wichtig ist dann nur mehr, dass du damit möglichst schnell möglichst viel Geld scheffelst. Ibiza, Côte d'Azur, Miami. Eh geil. Aber interessiert mich das?

Irgendwann ist etwas gekippt in diesem System. Ich glaube, es war, als die Plastikkarte kam. Ja, in dem Moment, in dem das Geld elektronisch geworden ist, hat sich etwas verändert. Als man das Geld nicht mehr angreifen konnte, ist die Vorstellung davon immer verschwommener geworden. Deswegen sind die Leute, glaube ich, so überheblich geworden. Ich ja auch. Wenn man sich das einmal genau anschaut, dann kommt man zu der Auffassung, dass es von der Einführung der Plastikkarte an mit der Moral in der Wirtschaft abwärts gegangen ist. Seit es die Plastikkarte gibt, ist das Geld abgeschafft. Und damit auch der Bezug zur Realität. Abschaffen kannst du fast wörtlich nehmen. Und damit können die Leute bis heute nicht umgehen. Soll ich euch etwas sagen? Unmittelbar nach meiner Insolvenz hat mein Steuerberater, den ich ja sehr schätze, zu mir gesagt: „Sepp, du musst dein Unternehmen bzw. dein Bankkonto wie ein Geldtascherl sehen." Auch so eine Szene, die ich nie vergessen werde. „Weil das, was du in deinem Geldtascherl hast, das kannst du ausgeben, und das, was du nicht in deinem Geldtascherl hast, das kannst du eben nicht ausgeben. So einfach ist das", hat er gesagt. Und ich hab mir gedacht: „Ja, so einfach ist das."

Wenn du heute zurückblickst: Warst du bei deiner Pleite damals überambitioniert oder einfach zu naiv?

Naiv? Das höre ich nicht so gerne. Aber wahrscheinlich war es wirklich naiv von mir, die Dinge so anzugehen. Mein Steuerberater hat damals zu mir gesagt. „Sepp, du kannst gut kochen, du machst lässige Sachen, die super schmecken. Aber du kannst nicht wirtschaften." Das hat mich mitten ins Herz getroffen. Und wisst ihr, warum? Weil ich ja wirklich versucht habe, beides miteinander in Einklang zu bringen. Es gibt ja zwei Typen von Menschen bzw. Unternehmern. Der eine ist immer total vorsichtig, fast ängstlich, zögert, bevor er eine Entscheidung trifft – und ist dann trotzdem ein bisschen erfolgreich. Der andere Typ – so wie ich war und bin – ist eben nicht so ängstlich. Ich hab mir damals gesagt: „Wenn ich gute Produkte mache, dann muss es auch funktionieren. Das gibt's ja nicht, dass es dann nicht funktioniert." Gleichzeitig habe ich aber auch schon Schulden gehabt. Und das war bereits der erste Fehler. Der Steuerberater und ich sind übrigens heute noch befreundet, obwohl seine Aussage mich damals sehr getroffen hat. Ich bin jetzt seit vielen Jahren Unternehmer und er ist seit dem ersten Tag dabei. Mittlerweile machen wir uns einen Sport daraus, uns damit aufzuziehen. Und er fragt mich immer wieder einmal: „Sepp, erinnerst du dich noch daran, wie ich dir damals gesagt habe, dass du nicht wirtschaften kannst?" – „Klar erinnere ich mich daran", antworte ich ihm, „das werde ich nie vergessen." Ich erinnere mich, als wäre es heute. „Du bist ein Künstler", hat er zu mir gesagt. Eh nett – ein Künstler. „Schau, Sepp, das musst du einsehen, dass du ein Künstler bist und kein Unternehmer." Heute schreiben wir Zahlen, die fantastisch sind. Wir sind sicher eines der besseren Unternehmen, die seine Kanzlei derzeit betreut – auch in der Wertschöpfung. Und so kann sich das mit der Zeit total umdrehen. Aber klar: Ich bin damals ein großes Risiko eingegangen. Später übrigens auch. Weil in Wahrheit kann immer etwas schiefgehen. Natürlich ist das Risiko heute viel kleiner. Der Betrieb ist schließlich ausfinanziert. Aber ein solches Unternehmen bleibt trotzdem ein Risiko – da kannst du machen, was du willst. Allein wenn ich an die Betriebskosten denke. Werde ich es auch in Zukunft immer schaffen, den laufenden Betrieb zu finanzieren? Wer weiß das schon. Wenn Umstände eintreten, die mich daran hindern, mit meinen Erzeugnissen etwas zu verdienen, dann hilft mir alles zusammen nichts. Das ist ein Faktum. Über diese Wahrheit brauchst du dich nicht hinwegtäuschen.

Händische Qualitätskontrolle | Reinigen | Rösten | Nach dem Rösten <<< zotter pedi

zotter pedia

Schoko-Produktion

Im August 2007 startete Josef Zotters neue Produktionsstätte, das Schokoladewerk in Bergl nahm auf einer Fläche von 5.200 Quadratmetern seinen Betrieb auf. Drei Hauptstufen umfasst der Entstehungsprozess bis zur fertigen Schokolade. Mit dem „Reinigen und Rösten" beginnt's.

Kakaolager

Auch wenn jeder Sack Kakao schon im Ursprungsland mehrere Qualitätstests durchlaufen hat, wird er vor der Verarbeitung im Schokoladewerk erneut geprüft und ausgiebig gereinigt. Anschließend werden die Kakaobohnen rund 35 Minuten lang bei einer Temperatur von 130°C–145°C geröstet. Dabei entwickelt der Kakao sein typisches Aroma, daraufhin werden die Bohnen debakterisiert.

Dabei ist übrigens selbst die Hitze hausgemacht. Im kleinen Dampfkraftwerk hinterm Haus werden Kakaoschalen und Hackschnitzel verfeuert. Dadurch entstehen keine Abfälle aus der Produktion und das Dampfwerk sorgt für eine ökologisch vertretbare Wärmeerzeugung.

Was folgt, ist der Mix. Zucker, Milchpulver und natürliche Vanille oder Chili werden der Kakaomasse je nach Sorte beigemengt. Im Walzwerk pressen zwei Walzen die klumpige Kakaomasse auf die Zuckeranteile. Fünf weitere Walzen schließen den Kreislauf, bis am Ende nur mehr der Hauch von Schokolade als feines Pulver übrig bleibt. Unter enormem Druck entsteht die ideale Kombination: der feine Schmelz und die Aromen. Dabei kann man von der Drehwirkung bis hin zur Stärke des Walzenspaltes die Einstellungen der komplexen Anlage manipulieren. Das Walzwerk ist eine Spielwiese für Kreative und Josef Zotters Favorit. „Das Walzwerk ist eine der wichtigsten Maschinen. Hier geht es maßgeblich um die Kunst des Schokolademachens." An dieser Stelle greift kein Automatismus – der Mensch ist gefragt, der das komplexe System kreativ steuert. Bei einem Kornspektrum unter 25/1.000 mm entsteht der Schmelz, für Josef Zotter eine Herausforderung. In seiner Schokolade sind die Teilchen 15–17/1.000 mm groß – Superschmelz!

Kakaoschalen

Vormühle

Kugelmühle

<<< zotterpedia

Debakterisierungsanlage

In der Brechmaschine werden nun die frisch gerösteten, heißen Bohnen von ihren Schalen befreit und in kleine Stücke, die Kakao-Nibs, gebrochen. Die Nibs wandern weiter in die Kakaomühle, wo sie sich in ihre physikalischen Bestandteile spalten. Die Kakaobutter tritt aus und schmilzt durch die Reibungswärme. Dadurch entsteht eine flüssige Masse, die schon ganz nach Schokolade ausschaut, aber noch keine ist. Die Kugelmühle verfeinert diese Kakaomasse noch weiter. Beim Verkosten dieses Rohprodukts würde ein sandiges Gefühl im Mund zurückbleiben, denn die Kakaobohnenteilchen sind mit 30/1.000 mm (0,03 mm) noch gut spürbar.

Brechanlage

Kakao-Nibs

... mit 5 Stahlwalzen

Das gewonnene Kakaopulver bzw. Walzenpulver wird nun in der Conche veredelt. Beim sogenannten Conchieren erhält die Schokolade den letzten Schliff. Der einzige poetische Name im Produktionskreislauf der Schokolade leitet sich von der ursprünglichen Form der Conche ab, die einer Muschel (span. „concha") glich. Eine letzte Hommage an die spanische Schokoladentradition. Früher conchierte man Schokolade, damit sie fein wird, heute geschieht dies bereits in den Walzanlagen. Trotzdem kann man auf diese zeitintensive Veredelung nicht verzichten, weil sie für die Aromenentfaltung wichtig ist. Das feine, trockene Puder wird in beheizbaren Rühranlagen, den Conchen, an die 20 bis 30 Stunden lang gerührt. Durch die Wärme blühen die Aromen auf, Feuchtigkeit und störende Aromaanteile entweichen und die Kakaobutter verflüssigt sich abermals, wodurch eine besonders feine Verteilung der Zucker- und Fettpartikel ermöglicht wird. Die Schokolade ist fertig – oder „BASiC", wie es bei z o t t e r heißt.

Conche   Kuvertüre

Kakaomasse

Schokomix

Auf dem Weg zur ...

Walze

zotter **pedia**

Bean-to-Bar

Bezeichnet den Produktionsprozess von der Bohne (bean) bis zur Schokotafel (bar). Josef Zotter ist weltweit einer der wenigen Qualitätschocolatiers, der alle Prozesse der Schokoerzeugung im Haus hat: von der Röstung der Kakaobohnen über das Walzen bis hin zum edlen Schliff in der Conchieranlage. Der Oststeirer positioniert sich damit ganz klar gegen standardisierte Massenproduktion und die Konzentration des Schokolademarktes, die immer mehr auch den Edelschokolademarkt erfasst. Als Kakaodirektverarbeiter gönnt sich Zotter den Luxus, auf Feinheiten und Extravaganzen zu setzen und beständig die aromatischen Ursprünge von Schokolade zu erforschen. **Der gesamte Entstehungsprozess wird im Schoko-Laden-Theater für Besucher transparent und erlebbar gemacht**. Die Besucher begeben sich dort auf eine Entdeckungsreise ins zotter Universum und verfolgen jeden Schritt der Schoko-Genese – von der Bohne weg bis zum fertigen Produkt.

SCHLACHTEN, RÖSTEN & EISBERGE

Was jetzt, Zotter?
Wie bitte?

Was du jetzt vorhast – hier?!
Tiere schlachten zum Beispiel, aber das wisst ihr eh schon.

Schlachten? Wozu?
Um sie zu essen?

Aber sind die nicht sowieso schon geschlachtet, wenn sie gegessen werden? Wozu musst du sie dann eigentlich noch schlachten?
Ihr seid aber auch nicht ganz dicht, oder? Habt ihr ein Problem?

Ja. Damit, dass hier mutwillig Tiere abgeschlachtet werden. Willst du jetzt womöglich Fleischhauer werden und eine Tierfabrik aufmachen?
Ich hab ja den Essbaren Tiergarten. Das ist sozusagen mein Formel-1-Team. Den leiste ich mir einfach. Aus Überzeugung. Und wie der Name schon sagt, kann man die Tiere in diesem Tiergarten essen. Wenigstens zum Teil. Damit man sie essen kann, muss man sie logischerweise vorher schlachten. Ohne geht es leider nicht. Kein Tier verlässt diesen Tiergarten lebend. Wir wollen und werden die Tiere wirklich hier im Essbaren Tiergarten schlachten. Auf solche Ideen komme ich ja nicht, weil ich die Wertschöpfungskette noch weiter vertiefen möchte, sondern weil ich das Gefühl habe, dass ich dieses Thema mit all seinen Konsequenzen angehen muss; und nicht auf halbem Weg stehen bleiben mag. Und wenn die Tiere geschlachtet werden müssen, dann will ich das lieber nicht irgendwem überlassen, sondern es hier tun, wo ich bestimmen kann, wie es gemacht wird; und wer es macht: nämlich Leute, die über diese Dinge ähnlich denken wie ich. Und ich will, dass das Fleisch unserer Tiere hier verarbeitet wird – von uns. Dass wir alles hier erzeugen: von der Debreziner bis zum zotter Börgler, vom Lammragout bis zu den Tafelwürsten. Wir müssen in diesem sensiblen Bereich extrem konsequent sein, das ist meine Überzeugung. Weil ich das Projekt großartig finde und persönlich unterstützen wollte, haben wir uns außerdem am Weideschlachthaus

tionen für Besucher in die Welt der Schokoladen. Die Verkostungs- und Informationsstationen sowie der Erlebnisshop erfreuen jährlich über 250.000 Besucher.

2009 stellt Zotter auf der BioFach 09 in Nürnberg sein visionäres Franchisekonzept vor: z o t t e r Schoko-Laden, ein Shop mit Erlebnisfaktor. Im selben Jahr wird der erste z o t t e r Schoko-Laden in Essen (Deutschland) eröffnet.

2010 eröffnet der erste österreichische z o t t e r Schoko-Laden in Innsbruck, ein weiterer folgt in Salzburg.

2011 feiert der „Essbare Tiergarten" seine Eröffnung. Auf dem Areal um die Manufaktur steht den Besuchern nunmehr ein kreativer Biobauernhof mit alten Nutztierrassen und essbarer Vegetation offen.

Anfang 2012 entsteht der Ideenfriedhof im Areal des Essbaren Tiergartens.
Im **März 2012** wird „Flat Ice" eingeführt und das Biorestaurant ÖKO-Essbar wird eröffnet.
Im **April 2012** folgt die Gründung der Vertriebsfirma z o t t e r Organic Chocolates in Hongkong.
Mitte **Mai 2012** startet die hauseigene Kaffeerösterei.
Juli 2012 Eröffnung des überdachten Am-Vieh-Theaters und Erstbezug des Künstlerzimmers im Essbaren Tiergarten.
Seit **2012** sind insgesamt 14 eigenständige Marken im Handel und drei weltweite Patente im Einsatz.

2012 wurde Zotter vom renommierten Schokoladentester Georg Bernardini unter die besten acht Chocolatiers der Welt gereiht.

Im selben Jahr läuft der neue Film „Namaste Kakao - in den Kakaogärten Südindiens" im Schoko-Laden-Theater an.

<<< zotterpedia

zotter pedia

Zotter-Zeitleiste

Geboren am 21. Februar **1961** in Feldbach.
Aufgewachsen in Bergl am elterlichen Bauernhof.
Lehre zum Koch/Kellner im Oststeirischen Hof in Söchau.

Diverse Stationen an renommierten Gastronomiebetrieben.
Küchenchef im Hotel St. Antoner Hof am Arlberg, im St. Urbaner Hof in Kärnten, Koch im Hilton-Hotel in Wien, Souschef im Imperial in Wien, anschließend Volontariat in einem Restaurant im World Trade Center in New York, im Hotel Pierre in N. Y. Souschef.

Nach seiner Rückkehr eröffnete Zotter ab **1987** insgesamt vier Kaffeehäuser in Graz und Bruck/Mur. Konditorlehre im eigenen Betrieb mit Meisterzeugnis. Seine Torten erwerben regionalen Ruhm. Trotz alledem steht **1996** am Ende die Insolvenz.
Schon davor, **1992**, beginnt Josef Zotter, im Hinterstübchen seiner damaligen Konditoreien handgeschöpfte Schokoladen zu produzieren.
1994 startet Zotter die Zusammenarbeit mit dem Art-Designer Andreas h. Gratze.
1999 wird die **zotter Schokoladen Manufaktur** in Bergl, Riegersburg, am elterlichen Hof eröffnet.
2002 erfolgt der Ausbau der Manufaktur mit „Running Chocolate Bar" für Verkostungen.
2004 beginnen die Vorbereitungen für ein eigenes Schokoladewerk. Zotter beschäftigt sich intensiv mit der Kakaoverarbeitung und unternimmt Forschungsreisen in die Anbauländer.
2007 wird die Manufaktur zum „Schokolade-Werk" und zum „Schoko-Laden-Theater" erweitert. Eine komplette Schokoladeverarbeitung wird in die Manufaktur integriert. Die Schokoladen entstehen nun von der Kakaobohne weg. Das Schoko-Laden-Theater ermöglicht Expedi-

Von der Steiermärkischen Landesregierung wurde Zotter für sein Wirken der „Josef Krainer-Heimatpreis" 2014 verliehen.

Zotter sichert sich die Markenrechte für „Bauerngolf" in Österreich.

Bisher hat Josef Zotter gemeinsam mit dem Filmemacher Roland Wehap drei Filme gedreht, die in den Kinosälen des Schoko-Laden-Theaters zur Aufführung kamen bzw. kommen.

Neben dem Kopfstand erschienen von Josef Zotter folgende weitere Bücher: „Schoko l'art", „Schokolade. Die süßen Seiten des Lebens", „Alles Schokolade! Meine liebsten Rezepte für die süße Küche" und zuletzt „Zettelwirtschaft: Kost-Notizen und backende Geschichten".

Josef Zotter ist seit 30 Jahren mit Ulrike verheiratet und hat drei Kinder: Julia (Jg. 1987), Michael (Jg. 1988) und Valerie (Jg. 2005).

zotter pedia

„Kennedy's Confection", eines der ältesten Food-Magazine der Welt, zeichnete die zotter Schokoladen Manufaktur 2013 als „Most Creative Chocolate Factory 2013" aus.

Im **Jänner 2013** folgt die Eröffnung des zotter Chocolate Theatre Shanghai.

2013 investierte Zotter in Bergl rund eine Million Euro in einen Zubau. Es entstand ein großzügiges Foyer für das Schoko-Laden-Theater mit Empfang, Schließfächern und einer Galerie mit Aperitif-Bar, außerdem ein zweites Besucherkino.

Das Rückverfolgungsprogramm bietet seit 2013 totale Transparenz.

Der unabhängige Weltenwanderer und engagierte Wirtschafts- und Umweltwissenschaftler Gregor Sieböck geht 2013 ein Jahr lang auf zotter-Weltreise und besucht die Lieferanten vor Ort. Damit beginnt ein einzigartiges Projekt zum Thema Transparenz, Lieferketten und Rückverfolgbarkeit der Rohstoffe.

Im Frühling **2014** öffnete das Schoko-Laden-Theater in Shanghai seine Pforten.

Noch vor der offiziellen Eröffnung der China-Dependance beginnen in Bergl bereits wieder Bauarbeiten für eine neue Onlinelogistik, eine neue Verkostungsstation namens Maya-Schokotempel, eine Sim-Bim-Kuchenbäckerei, eine Flat-Ice-Küche sowie einen Aussichtswalk über dem Essbaren Tiergarten mit Blick auf den Ideenfriedhof. Auch das wieder ein Millionenprojekt.

2014 wählt die „Financial Times" in London Zotter zu den fünf besten Chocolatiers in Europa.

Außerdem erhielt Zotter 2014 den „European Solar Prize" von „EUROSOLAR – Europäische Vereinigung für Erneuerbare Energien e. V.".

von Norbert Hackl auf seinem „Labonca Biohof" in Burgau beteiligt. Aber unsere Tiere werden wir dort nicht schlachten. Ich will nämlich keine Tiertransporte, nicht einmal über ein paar Kilometer. Es muss sich aber niemand Sorgen machen. Ich bin Chocolatier und das werde ich im Großen und Ganzen auch bleiben, soweit es in meiner Macht steht. Was ich aber vermitteln will, ist, dass ich so etwas lieber selbst mache, als Kompromisse einzugehen. Mir ist schon klar, dass das im Vergleich zur Manufaktur ein Hobby ist. Aber so ein Hobby ist es dann auch wieder nicht, weil es dabei nämlich um eine konsequente Markenführung geht. Wenigstens bilde ich mir das ein. Man nennt mich ja immer wieder einen „Bauernhofromantiker". Weil auch dieses Konzept angeblich wieder einmal nicht funktionieren kann. Sagt man. Bei uns gibt es halt immer noch ein ziemlich engstirniges Verständnis von Landwirtschaft und alles andere kommt nicht infrage. Ihr kennt ja dieses Sprichwort: Was der Bauer nicht kennt …

Isst er nicht. Ja, kennen wir.
Meine Vision ist es, das gesamte Unternehmen inklusive der Produktion total energieunabhängig zu machen. Fast zwei Drittel des Weges dorthin haben wir bereits zurückgelegt.

Sonst noch was?
Und ob. Ich hab ja gesagt, dass uns noch das eine oder andere einfallen wird.

Hast du?
Klar hab ich das.

Dann sag schon: Was?
Ich produziere jetzt auch einen eigenen Kaffee.

Einen Kaffee?
Sicher! Das ergibt sich aus meinem Portfolio. Ich habe eine Kaffeeschokolade, für die ich irrsinnig viel Kaffee brauche. Und jetzt habe ich mir gesagt: „Ich will den Kaffee nicht mehr irgendwo kaufen, sondern röste ihn gleich selbst. Damit ich weiß, wo der Kaffee herkommt. Daher gibt es jetzt seit Kurzem auch den z o t t e r Kaffee „Mi(s)Chung". Bio und fair, logischerweise. Wer weiß: Vielleicht ist z o t t e r in 20 Jahren eine Kaffeemarke. Nicht, dass ihr mich falsch versteht. Ich träume nicht davon, unbedingt auch noch Kaffee machen zu müssen, aber ich denk mir halt: „Rösten tun wir ihn sowieso." Außerdem: Kaffee interessiert mich, er kommt aus denselben Gebieten wie der Kakao und jetzt mache ich ihn halt einmal. Warum auch nicht?! Wenn er ein paar Leuten schmeckt, finde ich das super, wenn nicht,

dann kann man auch nichts machen. Gibt es halt irgendwann keinen Kaffee mehr. Auch nicht so schlimm. Ich bin jetzt in der glücklichen Lage, nicht mehr so unter dem Druck zu stehen, dass alles, was ich anfange, gleich ein Erfolg sein muss. O. K. – und dann kommt noch der „Flat Ice Salon" als eigene Linie und dann, weil mir vermutlich sowieso gerade fad ist, noch eine Linie, nämlich „ice cube", und nach der Eiszeit dann vielleicht auch noch Chocoin oder „Creme de la Creme Cube". Und Ufos und Nutting Hill und Chocostics, Karamellzuckerln und Schoko-Bier und Sim-Bim-Kuchen – das gibt es eh schon. Ich habe so viele Ideen. Wie soll ich die alle verwirklichen? Jetzt bekomme ich dann bald wirklich einen Stress (lacht).

AUFSTIEG UND ÜBERZEUGUNGEN

ETHIK ODER MOTORBOOT?

Was meinst du, Zotter? Haben Unternehmer überhaupt einen Anreiz, sich nach ethischen Werten zu richten?
Das ist eben die Frage: Wie will man leben? Findet man es super, mit dem Motorboot zwei Monate spazieren zu fahren und sich zu taugen, dass man so erfolgreich ist?

Das würden viele lässig finden.
Ja, das habe ich auch einmal gedacht. Oder finde ich es viel klasser, wenn ich weiß, dass ich jeden Tag in den Spiegel schauen kann? Ich gebe zu, wir machen auch nicht alles richtig. Wir verwenden etwa – außer in der Verpackung – immer noch Plastik, das wir nicht verwenden sollten. Und Edelstahl – das ist auch nicht sehr ökologisch. Und natürlich transportieren wir unsere Schokoladen mit dem Auto. Das hat alles einen CO_2-Abdruck. Aber wir haben schon viel getan. Die meisten fangen ja gar nicht damit an und reden sich auf den Mitbewerb aus. Ich glaube, viele Unternehmer machen es sich zu einfach. Die stellen sich hin und sagen, der Markt, der Konsument und alle anderen sind schuld, nur sie selber nicht. Das ist aber ein alter Hut und es ist auch zutiefst menschlich. Aber irgendwann muss man sich seiner selbst bewusst werden und sich fragen: „Wo stehe ich denn, wer bin ich und was tue ich?"

Aber die meisten Unternehmen behaupten doch von sich, ethisch und nachhaltig zu wirtschaften?
Ja, das ist mittlerweile ein extrem missbrauchter Begriff, den vor allem Agenturen und Berater ausnutzen. Deswegen habe ich einen transparenten Betrieb, wo sich jeder selbst davon überzeugen kann, was geschieht. In Zukunft wird man auch über den Strichcode jedes Produkt zurückverfolgen können. Das sind wir auch unseren Konsumenten schuldig.

„Die stellen sich hin
und sagen, der Markt,
der Konsument und
alle anderen sind schuld,
nur sie selber nicht."

WO DIE SCHOKOLADETAFEL
herkommt und was drin ist

Du erzeugst deine Schokolade selbst, Zotter. Warum eigentlich? Und woraus?
Logischerweise aus der Kakaobohne. Schokolade ist ein globales Produkt, das nur mehr von ein paar Erzeugern hergestellt wird. Mögen es 17 sein oder auch 18. Vier davon sind jedenfalls riesengroß, die machen insgesamt sicher 80 Prozent des Umsatzes. Dagegen haben wie hier gerade einmal eine Puppenküche – die kleinste Dimension, die technisch sinnvoll ist, um auch entsprechende Qualität produzieren zu können. Aber ich wollte eigentlich auf etwas anderes hinaus: Diese vier großen Produzenten beliefern die meisten Marken mit Schokolade und egal für welche Marke ihr euch letztlich entscheidet, es ist fast überall die Schokolade von diesen vier Produzenten drin, also mehr oder weniger das Gleiche. Und es ist halt auch meistens weder biologisch produziert noch fair gehandelt. Und allein aus diesem Grund ist es mir wichtig, die Schokolade selbst herzustellen, weil ich mich eben dafür entschieden habe, dass alles, was ich erzeuge, biologisch produziert und fair gehandelt sein muss.

Aber das ist ja nicht nur in der Schokoindustrie so, dass die Markenanbieter ihre Produkte nicht mehr selbst herstellen, sondern nur ihren Namen draufschreiben.
Klar. Die Autohersteller produzieren ihre Blinker oder was weiß ich was auch nicht selbst. Und bestimmte Designer-Modelabels sind in Wirklichkeit reine Marketingfirmen, die ihre Produkte in irgendwelchen Billiglohnländern herstellen lassen und sich dann auch noch darüber wundern, dass die dort alles kopieren. Die sind ja auch nicht von gestern und produzieren Tag und Nacht. Das wäre ja so, wie wenn ich meine Schokolade bei einem Konkurrenten produzieren ließe und darauf hoffe, dass die mich nicht kopieren. Diese Marketingfirmen haben also mit der Produktion ihrer Kleidungsstücke nicht mehr das Geringste zu tun. Wenn sich da herausstellen würde, dass zum Beispiel die Baumwolle mit irgendeinem Gift belastet wäre oder unter menschenunwürdigen Bedingungen geerntet oder verarbeitet worden wäre, dann würden die logischerweise alles auf die Hersteller schieben und sich abputzen. „Was? Wir? Damit haben wir nichts zu tun." Aber immer mehr Menschen finden das absurd – glaube ich wenigstens. Wir brauchen wieder Produktionen, wo

zotter pedia

Schoko-Industrie

Der internationale Schokolademarkt wächst stetig. Allein mit Kakao werden jährlich weltweit mehr als **5 Milliarden** US-Dollar umgesetzt. Vier Großkonzerne – allen voran der Schweizer Barry Callebaut – bestimmen mit rund 80 Prozent Marktanteil die globale Branche. Diese liefern in Form von Kakaopulver und Flüssigschokolade die Grundstoffe für Nahrungsmittelriesen wie Nestlé und Kraft Foods, deren Schokoladetafeln und Schokoriegeln die Regale der Supermärkte füllen. Die realen Bedingungen der Kakaoernte sind auf den Hochglanzverpackungen der Markenartikel freilich nicht beschrieben. Menschenunwürdige Verhältnisse in den Anbaugebieten sind leider die Realität: Allein in der Elfenbeinküste – Lieferant für etwa 40 Prozent des weltweit gehandelten Rohkakaos – arbeiten mehr als **200.000 Kinder** auf Kakaoplantagen.

der Name des Unternehmens draufsteht und das Produkt, das drinnen ist, auch wirklich von diesem Unternehmen erzeugt wird. Klingt vielleicht banal, aber wenn uns etwas Geniales gelungen ist, dann ist es der Umstand, dass wir alle Arbeitsschritte der Produktion in unser Unternehmen hereingeholt haben. So wissen wir wirklich, was in unserer Schokolade drin ist und woher es kommt. Und die Konsumenten können sicher sein, dass auch das drinnen ist, was drauf steht.

KINDERSKLAVEN

Machst du eigentlich die beste Schokolade, Zotter?
Um das zu entscheiden, bin ich nicht der Richtige. Da müsst ihr jemanden anderen fragen.

Wir fragen aber dich. Wir wollen es von dir wissen!
Es gibt Hunderte Schokolademarken und ich soll jetzt sagen, welche die beste ist? Ja, welche ist denn die beste? Es gibt Leute, die testen verschiedene Schokolademarken, zeigen dann mit dem Finger auf eine Schokolade und sagen: „Das ist die beste." Manchmal zeigen sie dabei auf eine Schokolade von z o t t e r , manchmal auf eine andere. Aber was steckt dahinter? Es geht ja nicht nur darum, wie die Schokolade schmeckt. Und genau das möchte ich aufzeigen.

Verstehen wir nicht. Worum geht es denn?
Auch darum, was hinter der Schokolade steckt. Zum Beispiel, woher der Kakao kommt.

Ist doch wurscht, woher der kommt, oder?
Nein, so eine Schokolade kann ganz schön bitter schmecken. Der dänische Dokumentarfilmer Miki Mistrati hat in seiner Doku „Schmutzige Schokolade" zum Beispiel aufgedeckt, dass in Ghana und der Elfenbeinküste 200.000 Kinder in der Kakaoproduktion arbeiten, die aus Mali entführt worden sind. Kinder mit acht oder neun Jahren. Die schleppen dort den ganzen Tag lang 20 Kilogramm schwere Kakaosäcke. Keine Schule, auch sonst nichts, nur ein bisschen etwas zu essen. Das ist alles. Dafür schuften sie. Die wissen gar nicht, wo sie sind. Und dann isst man eine Schokolade um einen Euro und sagt, die ist womöglich gleich gut wie die Schokolade aus fair gehandeltem Kakao, die der Zotter macht. Da frage ich mich schon, ob sie wirklich gleich gut ist. Das ist unser Thema. Das schmeckt man ja nicht.

In seiner Juwelierwerkstatt schmiedet Zotter süße Ringe, die er logischerweise **Choco Rings** nennt.

Superfood-Riegel, biologische und inhaltlich-multiple Kraftpakete aus der z o t t e r Werkstatt, möglicherweise auch mit Medium Raw Chocolate (während des gesamten Produktionsprozesses niemals über 68 Grad erwärmt!) überzogen. Gut ein Dutzend Versionen hat Zotter bereits im Kopf, weitere warten im Unterbewusstsein.

Overdose, der coole Chocolate Drink mit Superfood-Kick, kommt. Zotter ist damit der erste Spitzenchocolatier, der Qualität und genialen Geschmack als trendiges Dosengetränk anbietet und sich auch intensiv mit dem Thema vegane Schokoladen auseinandersetzt.

Mit den **Alienships** ist eine neue Spezies von überirdischen Schoko-Genüssen mittels UFO in Zotters UniFAIRsum gelandet. Es handelt sich dabei um die sensationelle Kreuzung aus Schoko und Praline in zahlreichen Varianten. UFOs steht für United Flying Organic chocolates. Das UFO, in dem die süßen Außerirdischen angeflogen kommen, besteht aus modernstem Bio-Plastik, das aus nachwachsenden Rohstoffen hergestellt wird. Die Zukunft hat schon begonnen.

Globalli, kleine Kugeln mit echten Endorphinen, sind die ultimative Glückskost, wertvoll wie Kaviar.

zotter pedia

Aus dem Schoko-Atelier.

Gestern – heute – morgen: Ideen, die umgesetzt wurden, werden, würden.

Die **Mi-Xing-bar** bietet mehr als 40 Milliarden Möglichkeiten, Ideen umzusetzen und sich seine Schokoladen selbst zu kreieren. Die eigene Wunsch-Schokolade gibt es jetzt auch mit Füllungen, als Trinkschokolade und in Formen wie Herz, Stern, Auto.

Ein **Fassstauben-Hotel** lädt in Zotters Essbarem Tiergarten Tauben zum Bleiben ein.

Zuerst kosten, dann schauen. Die **Schoko-Schocker** sind das leibhaftige Geschmackserlebnis und Gaumen-Experiment vor Ort. Mutige Besucher kosten zum Beispiel Mehlwürmer in Safranreis, Schweinehaut-Nougat, Heuschrecken in Weißwein, Blutrausch mit Thymian, Buffalo Worms auf weißen Mandeln oder getoastete Grillen mit Haselnüssen.

Inspiriert von den Schoko-Schockern sind die **Choco Shots** der „Insekten"-Linie: zum Beispiel Buffalo Worms mit Mandel-Nougat, Heuschrecken „in Sekt" (geröstete Heuschrecken, weiße Schokolade mit Sektanache) oder Mehlwürmer in iranischem Safran.

Sehr gerührt ist Zotter auch über seine geschüttelte Trinkschokoladenidee: Caramel und Schwammerl.

RiNGs

zotter pedia

Blatt-Salat heißen die dünnen Schoko-Blättchen in Erdäpfelstärkepapier.

Sowieso werden laufend jede Menge neuer Linien und Sorten entwickelt, allein 2014 mehr als zwei Dutzend **handgeschöpfte** Variationen, weiters **Mitzi Blues** und **balleros** und **Lolly Tops** und eine sehr erotische **G-Nüsse-Tafel** in mehreren Varianten und die zotter **Cube** und das **Kugel-Lager** und die hippen, knusprigen **File Flocs** (Getreideflocken mit Schokolade) und das coole **Pop Art Corn**. Hilft nix, Zotter ist halt ein notorischer Ideen- und Geschmacksschöpfer.

Immer häufiger fallen Zotter essbare **Tiergarten-Produkte** ein – logisch, oder? Zum Beispiel Dosengulasch oder zotter Tafelwürste aus Hirsch, Hochlandrind, Turopolje, Weidegans, Brieftaube etc. – die ganze Artenvielfalt, verwurstet.

Der **Essbare Tiergarten** ist in der Gewinnzone angekommen, was sehr erfreulich ist, zumal Zotter den Großteil seiner Gewinne praktisch umgehend wieder in neue, abenteuerliche Projekte investiert. Kaum eine Woche vergeht ohne eine neue Idee für die Manufaktur, das Schoko-Laden-Theater oder den Essbaren Tiergarten. Zum Beispiel „Schlafen unter der Brücke" oder der Maya-Schokotempel, die neue Verkostungsstation gleich am Beginn des Schokoladen-Parcours.

Schlafen unter der Brücke ist ein neues Übernachtungskonzept in hängenden Vogelhäusern mit Blick auf den Essbaren Tiergarten.

Manches wird nicht verwirklicht, manches irgendwann, das meiste sofort.

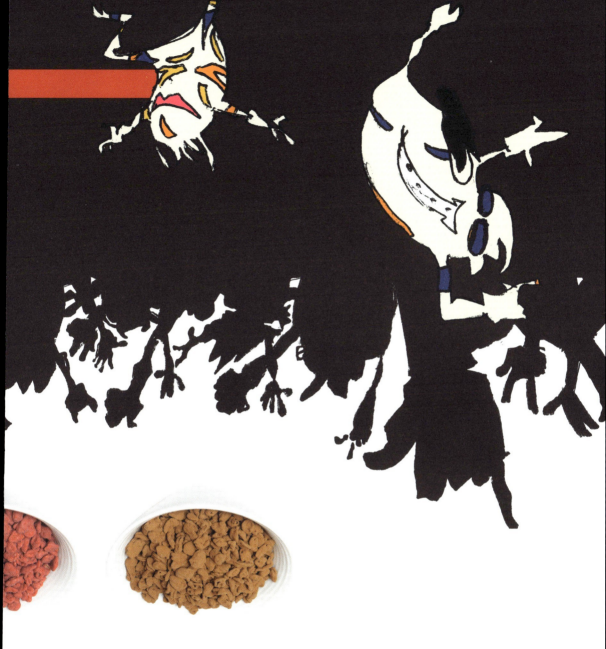

handgeschöpfte Schokoladen

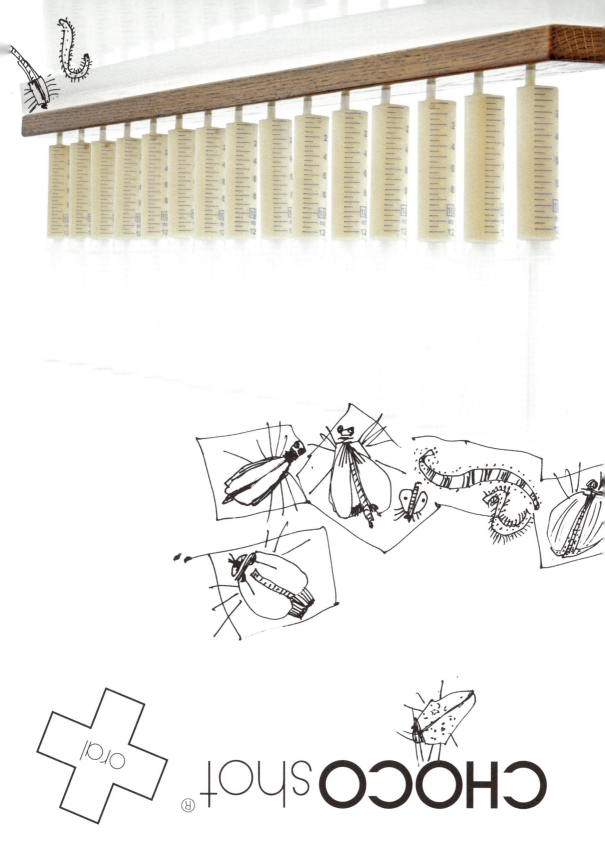

BLATTsalat

TRINK SCHOKOLADE

nun Culle

… aus dem neuen Buch von Josef Zotter
„Zettelwirtschaft: Kostnotizen und backende Geschichten".

… aus dem neuen Buch von Josef Zotter
„Zettelwirtschaft: Kostnotizen und backende Geschichten".

Bin Bin

FAIRER HANDEL,
aber bitte nicht heute

Hast du das eigentlich einkalkuliert, dass die Rohstoffe auf dem Weltmarkt immer teurer werden, Zotter?

Nein, das habe ich nicht einkalkuliert. Das wird uns logischerweise treffen. Aber dadurch, dass wir uns verpflichtet haben, ausschließlich fair gehandelte Rohstoffe zu verwenden, liegen die Preise, die wir für Kakao und Rohrohrzucker bezahlen, sowieso schon weit über den Weltmarktpreisen. Aber klar ist auch, dass auf den Rohstoffbörsen mittlerweile durch Spekulation mit Lebensmitteln enorme Gewinne gemacht werden, die sicher nicht den Produzenten zugutekommen.

Kennst du deine Produzenten überhaupt?

Klar kenne ich meine Produzenten. Ich besuche sie regelmäßig, lade sie aber auch immer wieder hierher ein. Und dass sie mir letztlich ihren Kakao liefern, hängt nicht nur mit dem Preis zusammen, den ich ihnen dafür zahle, sondern auch mit dem Vertrauensverhältnis, das sich zwischen uns aufgebaut hat. Wenn sie uns besuchen, ist das aber auch eine wertvolle Erfahrung für unsere Mitarbeiterinnen und Mitarbeiter, damit sie einmal eine Vorstellung davon bekommen, wie es einem südamerikanischen Kakaobauern eigentlich geht. Und trotz des in ihren Augen gigantischen Reichtums, den sie bei uns sehen, hat bis heute noch kein einziger von ihnen – zum Beispiel aus Nicaragua, einem der ärmsten Länder der Welt – gesagt, er würde gerne hierbleiben.

Komische Leute, oder?

Genau! Aber das denken sie sich umgekehrt auch über uns: dass wir nämlich einen Klopfer haben, so wie wir agieren. Jeden Tag um 8 Uhr in der Früh mit der Arbeit anfangen und um 18 Uhr nach Hause kommen und dazwischen nicht einmal eine gescheite Pause. Das verstehen sie einfach nicht.

Warum geisterst du eigentlich bei den Kakaobauern im Dschungel herum? Glaubst du etwa, du kannst die Welt retten?

Das habe ich auch schon ein paar Mal gehört: „Was glaubt der eigentlich, wer er ist, dieser Zotter? Macht sich da drüben wichtig. So ein Trottel." Und so weiter. Natürlich rette ich die Welt nicht, aber vielleicht sind es 15 Bauern, die die Hoffnung haben, dass sie uns 20 Tonnen Kakao im Jahr verkaufen können. 20 Tonnen, das sind in Südamerika immerhin bis zu 80.000 Euro. Das ist nicht nichts. Damit kann man schon etwas tun. Wenn du einen Container Kakao verkaufst, kannst du damit drei Häuser bauen.

Ein Tropfen auf den heißen Stein!
Und? Soll ich es deswegen nicht tun? Ich kann ja nicht dauernd nur sagen: „Das ist jetzt aber leider nur ein Tropfen auf den heißen Stein, also lasse ich es überhaupt bleiben und mache gar nichts." Wenn du hier bei der Tür hinausgehst und die Leute fragst, dann werden dir die allermeisten antworten: „Ja, wir wollen natürlich fairen Handel und ökologische Nachhaltigkeit." Aber wenn du sagst, dass es dann 30 Prozent mehr kostet, sagen dieselben Leute: „Heute noch nicht, vielleicht morgen!" So schaut es dann aber auch bei den fair gehandelten Produkten aus. Rund 1 Prozent des Kakaos stammt aus biologischer Produktion und wird fair gehandelt. Und der Rest ist konventionell und gemma!

Zählt nicht die Absicht, Zotter? Es geht halt nicht alles von heute auf morgen.
In Deutschland war ich einmal bei einer Diskussion über Fair Trade. An der hat auch ein Manager eines multinationalen Lebensmittel- und Schoko-Konzerns teilgenommen. Er hat sich dort ziemlich aufgeplustert und Folgendes zum Besten gegeben: „Wir verfügen über Studien, die besagen, dass die Konsumenten mehr ökologische, nachhaltige und fair gehandelte Produkte wollen." Und so weiter. Dann hat er gesagt: „Wir wissen, dass die Konsumenten das wollen, und werden das jetzt noch einmal genau analysieren. Außerdem haben wir bereits eine Agenda heraußen, dass wir bis 2020 den gesamten Kakaoeinkauf auf fairen Handel umstellen." Das ist übrigens schon ein paar Jahre her. Mir ist dann der Geduldsfaden gerissen und ich hab zu ihm gesagt: „2020? So lange müssen Sie nicht warten. Sie können schon morgen damit beginnen. Der faire Handel kostet nur rund 300 Dollar. Das ist die Prämie, die die Bauern zusätzlich bekommen. Die brauchen Sie nur zu bezahlen." Man muss es sich ja nicht einmal zertifizieren lassen, man muss es nur tun. Am besten auf der Stelle! In Wirklichkeit aber werden dann immer diese Feigenblätter vorgeschoben: Da heißt es dann „Agenda", also Absichtserklärung, und „in zehn Jahren machen wir das" und so weiter.

Aber wenn der arme Manager den Bauern ihre Prämie zahlt, dann kostet doch sein Schokoriegel schlagartig das Doppelte. Die Armen sind dann wir Konsumenten, die das bezahlen müssen.
Warum? Wie sollte sich der Preis verdoppeln? Nie und nimmer! So ein Blödsinn!

Ob der Kakao jetzt zum Beispiel 300 Dollar mehr oder weniger kostet, fällt bei einem einzelnen Riegel überhaupt nicht ins Gewicht. Da geht es nicht einmal um ein paar Cent.

Du bist eben ein Gutmensch.

Gutmensch? Das ist das Schlimmste, was man zu mir sagen kann. Da muss man doch, bitte schön, kein guter Mensch sein, um mit den Kakaolieferanten, die ja immerhin auch Geschäftspartner sind, auf Augenhöhe zu sprechen. Das ist doch menschlich das Mindeste. Ich schenke ihnen ja nichts. Sie müssen eine super Qualität liefern und wenn sie das tun, zahle ich ihnen dafür Preise, die sogar noch weit über den Fair-Trade-Preisen liegen.

Hilfst du mit deiner Einstellung eigentlich den Ärmsten der Armen?

Wenn man das behauptet, ist es leider ein Blödsinn. Aber auch ich habe lange genug geglaubt, dass man mit dem fairen Handel zum Beispiel in Nicaragua den Ärmsten hilft. Stimmt nicht! Du hilfst denen, die schon bestimmte Voraussetzungen erfüllen, die schon über eine gewisse Bildung verfügen. Ich kann zum Beispiel nur mit Leuten arbeiten, die wenigstens keine Analphabeten mehr sind.

Mit den Privilegierten unter den Armen sozusagen.

Ja sicher. Ich kann gar nicht anders. Wie willst du sonst zum Beispiel für den Kakao eine Zertifizierung zustande bringen? Wie willst du eine Biozertifizierung mit jemandem machen, der nicht einmal seinen Namen schreiben kann? Der ist von allen diesen Möglichkeiten von vorneherein ausgeschlossen. Das Einzige, was mir übrig bleibt, ist, mit den Gebildeteren unter den Bauern zusammenzuarbeiten. In Brasilien habe ich zum Beispiel drei polnischstämmige Bauern als Lieferanten. Ihre Familien leben seit drei Generationen im Amazonasgebiet. Aber sie haben noch dieses europäische Denken.

Das sind Leute, mit denen du dich unterhalten und Probleme lösen kannst. Wenn du drei Punkte anführst, auf die du Wert legst, dann werden sie alles daransetzen, dir wenigstens zwei davon zu erfüllen. Wenn du aber von drei Punkten keinen einzigen erfüllt bekommst, dann wird es eng.

Warum schaffen die das nicht?

Weil sie nicht können. Weil sie im totalen Elend leben – in einer Hundshütte ohne Boden. Die Leute schlafen oft zu dritt in einer Hängematte, die Hühner gackern in der Küche herum, die Kinder sterben an irgendwelchen bei uns längst harmlosen Krankheiten, weil sie nicht behandelt werden. Das ist eigentlich eine ausweglose Situation, die dort herrscht. Du kannst nur eines dagegen machen: Es geht aller-

Kakaoanbau

In mehr als 30 Entwicklungsländern wird Kakao angebaut. 14 Millionen Menschen bestreiten damit ihren Lebensunterhalt. In zahlreichen Ländern Westafrikas und Lateinamerikas ist die Kakaoproduktion Haupteinnahmequelle vieler Familien. Etwa in der Elfenbeinküste oder in Ghana, wo 90 Prozent der Bauernfamilien von der Kakaoproduktion leben.

Während der Kakaoanbau ausschließlich in den tropischen Regionen des Südens stattfindet, bleiben die Weiterverarbeitung und der Konsum von Kakaoprodukten bislang den reichen Industrieländern vorbehalten. Die Kakaobranche zeichnet sich durch eine starke Konzentration aus. Sieben Länder produzieren mehr als 90 % der Kakaobohnen weltweit, eine Handvoll westlicher Konzerne kontrolliert vier Fünftel des Handels. Die Gesamtproduktion pro Jahr beträgt rund **4 Mio. Tonnen**. Der Weltmarktpreis von Rohkakao gilt als besonders anfällig für Schwankungen und ist ein beliebtes Opfer von Rohstoffspekulanten, die zu weiterer Instabilität beitragen. Im Jahr 2000 fiel der Kakaopreis auf einen historischen Tiefstand von 800 US-Dollar je Tonne – eine Katastrophe für die Produzenten. Inzwischen ist der Weltmarktpreis wieder gestiegen.

Immer wieder führen auch politische Unruhen, etwa in der Elfenbeinküste, zu einer Rohstoffverknappung und damit zu Preisanstiegen. Regierung wie auch Rebellen finanzierten dort ihren Bürgerkrieg mit Einkünften aus dem Kakaohandel. In den Jahren 2009 und 2010 sorgten Nachfrageerhöhungen, Produktionsrückgänge und Preisspekulationen durch Hedgefonds dafür, dass die Kakaopreise binnen zweieinhalb Jahren um 150 Prozent anstiegen und mit **4.200 Dollar** pro Tonne Mitte Juli 2010 neue Rekordstände erreichten. Zuletzt bewegte sich der Preis z. B. zwischen ca. 2.000 und 3.000 Dollar.

Geschätzte 90 Prozent des weltweit produzierten Kakaos stammen von Familienbetrieben, die kleine Felder von weniger als fünf Hektar bewirtschaften. Viele Kleinbauern wissen oft gar nicht, was ihre Produkte am Markt wert sind. Skrupellose Zwischenhändler nutzen dies zum Teil aus und bezahlen ihnen viel zu niedrige Preise, die weit unter dem Marktwert liegen.

dings nicht von heute auf morgen. Je früher du allerdings damit beginnst, desto früher beginnt es sich auszuwirken.

Was kann man machen?

Du musst bei den Gebildeteren beginnen. Es hilft nichts. Bei denen, die zum Beispiel ihren Namen schon schreiben können. Denen musst du einmal erklären, was du dir vorstellst. Dann machen die das möglicherweise. Ihre Nachbarn sehen das und fangen vielleicht auch damit an. Und dann die Nachbarn der Nachbarn. Und so geht es weiter. So beginnt es langsam zu funktionieren, anders nicht. So viel zum Thema fairer Handel.

Klingt nicht sehr euphorisch.

Zur Euphorie gibt es auch nicht unbedingt einen Grund. Man kann solche Entwicklungsprojekte nämlich teilweise auch kritisch betrachten, wenn man sich einmal etwas genauer damit befasst. In Afrika zum Beispiel gibt es Projekte, die auf Schulbildung setzen. An sich ja extrem wichtig und sinnvoll. Aber leider geht es dann manchmal in eine ganz andere Richtung – im wahrsten Sinne des Wortes. Wenn die Kinder eine Ausbildung haben, wollen sie mit 15, 16 oder 17 natürlich nicht mehr auf der Plantage arbeiten. Wisst ihr, was sie stattdessen tun? Die sagen: „Beim nächsten Schlauchboot, das nach Europa fährt, bin ich dabei, weil ich gehört habe, dass es in Europa so super sein soll." Der totale Wahnsinn, welche Ressourcen diese Länder damit verlieren. Kaum hat eine Generation ein bisschen Bildung genossen, ist sie auch schon weg. Aber man muss es verstehen: Sie wollen einfach weg, sie träumen von einem besseren Leben. Aber im Endeffekt wird es – wenigstens beim Kakao – zu einer Rohstoffknappheit kommen, weil die jungen Leute nicht mehr in der Landwirtschaft arbeiten wollen. Die werden nicht mehr so deppert sein, für den Hungerlohn zu arbeiten, den sie für ihre Produkte bekommen. Für uns arbeiten sie. Unsere brasilianischen Bauern zum Beispiel sind super motiviert. Sie sind es und ihre Kinder auch. Die Eltern haben schon ein gewisses Maß an Bildung. Die Kinder dann schon wieder wesentlich mehr. Die können auch schon abschätzen, was sie erwarten würde, wenn sie in irgendeine der großen Metropolen ziehen würden, um letzten Endes in einer Favela, einem Slum, zu landen und dort unter erbärmlichsten Bedingungen dahinzuvegetieren. Trotzdem: Unter den derzeitigen Bedingungen wird die Landflucht kaum zu bremsen sein. Letztlich gibt es aber keine Gründe, nicht auf den fairen Handel zu setzen. Viele suchen doch nur eine Ausrede, um sich die Prämie zu ersparen. Da werden dann irgendwelche Gerüchte bzw. Einzelfälle aufgebauscht und plötzlich heißt es, das Ganze habe sowieso keinen Sinn. Dagegen verwehre ich mich ganz entschieden. Natürlich kann man nicht alles lückenlos kontrollieren, aber ohne den fairen Handel und die entsprechende Organisation wären wir längst noch nicht so weit.

Kakao ist hierzulande, wie in den meisten Anbauländern, ein sogenanntes Cash Crop, d. h., ausschließlich für den Export bestimmt. Die weitere Verarbeitung des Kakaos ist den meisten Bauern daher kaum vertraut, das Bewusstsein darüber, worauf es in Hinblick auf die optimale Qualität ankommt, folglich enden wollend. Mit den Geldern der Kooperative wird gerade eine Schule finanziert – Bildung als Schlüssel für eine bessere Zukunft. Nur durch Qualifikation und damit erreichbarer Qualität können sich die Kakaobauern behaupten und höhere Preise für ihren Rohstoff erzielen. Der Konsument in Europa kriegt im Gegenzug eine größere Geschmacksvielfalt. Eine klassische Win-win-Situation. Gegenseitiges Verständnis, ein höheres Qualitätsbewusstsein und für Zotter die Chance auf neue, verwegene Geschmacksinspirationen. Als Grundvoraussetzung dafür dient das Größte, was man gewinnen kann und sich nicht kaufen lässt: das Vertrauen der Bauern.

Ähnlich die Erfahrungen in Usbekistan, das Zotter ebenfalls bereiste: Trockenfrüchte wie Goldkirschen, Gojibeeren oder Berberitzen in bester Bioqualität bezieht er von seinem usbekischen Handelspartner. Die herrschende Elite lebt in Saus und Braus, die Bevölkerung ist bitterarm, das erlebte Zotter hautnah. Dazu ein Erdbeben, das die auf Sand gebauten Tempel und Minarette noch weiter in Schieflage brachte. Ebenso erlebt korrupte Polizisten, die sich überhaupt gleich mit einer eigenen Radarfalle selbstständig gemacht zu haben schienen. In Usbekistan, dem drittgrößten Baumwollexporteur der Welt, gehören Kinderarbeit und massive Umweltschäden zum Alltag der Bevölkerung. Herbizid-Flugzeuge kreisen über Zotters Kopf, während Wodka die Sorgen der Menschen wegspült. Eine Oase inmitten ernüchternder Eindrücke: die Silk Road Organic Food, eine Organisation, die auf höchstem Niveau Bio- und Fair-Trade-Produkte herstellt. Zotter sieht rund 100 Frauen, die im Schatten der Bäume Früchte sorgfältig sortieren, schneiden und sie von Hand zum Trocknen aufhängen. Überaus gastfreundlich erlebt Zotter die Menschen hier. Wenn er seine

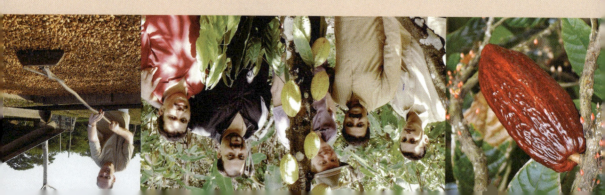

zotter pedia

Zotters Reisen

Mehr als 30 – durchaus abenteuerliche – Reisen unternahm Josef Zotter bereits in die Ursprungsländer seiner Rohstoffe. Speziell Süd- und Mittelamerika sowie Asien sind die bevorzugten Reiseziele. Dabei gelangte er nach Usbekistan, Indien, Bolivien, Burma, Papua-Neuguinea und Belize. Mit dem Kongo soll erstmals eine afrikanische Destination folgen. Soziale Motive – jüngst etwa für das Projekt „Schokolade macht satt" in Burma – sind ebenso ausschlaggebend wie kulturelle – die Förderung gegenseitigen Verständnisses –, aber auch unternehmerische Beweggründe gibt es: Schließlich geht es für Zotter darum, die Qualität der bezogenen Rohstoffe, vor allem des Kakaos, vor Ort sicherzustellen. Für den verbesserten interkulturellen Austausch lernt Zotter übrigens auch immer fleißig Sprachen, vor allem Spanisch, zuletzt vermehrt Chinesisch.

Die gewonnenen Eindrücke und Erkenntnisse zählen für Zotter zu den prägendsten seines Lebens. Offen zutage tretende Klüfte zwischen Arm und Reich sind häufige Reisebegleiter und schärfen die soziale Verantwortung des Unternehmers. Sich an die Handfeuerwaffe im Auto seines Fahrers während einer Reise in der Dominikanischen Republik zu gewöhnen, gehört für Zotter längst zur Routine in Ländern fernab der Heimat. Unannehmlichkeiten sind durch exotische Freuden aber mehr als aufgehoben. Frische Kakaofrüchte aus dem Kakaowald zu genießen, speziell die Pulpe, das weiße Fruchtfleisch, das die Kakaobohne umgibt, zu naschen, danach kann Josef Zotter fast süchtig werden. Die akribische Arbeit seiner Vertragsbauern aus der Fair-Trade-Kooperative bestätigt seinen Weg. Beeindruckend, wie der fermentierte Kakao an der Sonne getrocknet und der nasse händisch selektiert wird. Hier arbeitende Haitianer und Menschen aus der Dominikanischen Republik verdienen mit 250 Euro weit über dem Durchschnitt und haben's trotzdem schwer zu überleben. Zotter hat den Arbeitern Schokolade aus Bergl mitgebracht und zaubert damit ein Lächeln in ihre Gesichter. Sie erfahren auf sinnliche Weise, wozu sie mit ihrer Hände Arbeit beitragen – ein Kreis schließt sich.

Bauern besucht, wird er jedes Mal mit Musik empfangen und zum Essen eingeladen – üppig gedeckt wird im Freien unter Bäumen! Dicke Suppen, Eintöpfe, Reisgerichte und Baklava werden kredenzt – Wodka darf freilich nicht fehlen. In den Wildgärten auf 2.500 m Seehöhe sieht er Walnüsse, Sanddorn, Mandeln, Berberitzen und Goldkirschen heranreifen, am meisten haben es Zotter aber die Brombeeren angetan. Sehr klein sind sie hier, aber unheimlich süß! Auch am Abend vor dem Einschlafen hat er ihren Geschmack noch auf den Lippen. Ebenso wie die Gesänge der Bauern im Ohr – Menschen, die sich in einem schwierigen Umfeld hohen Standards verpflichten und damit sich und ihren Familien neue Lebenschancen bieten.

GESICHTER BEIM ZAHLEN
(weniger ist mehr)

Zotter, du hast einmal gesagt: „Glücklich die, die weniger haben." Du hast aber selbst extrem viele Schokoladen im Angebot.
Dass ich so viele Schokoladen erzeuge, bedeutet ja nicht, dass man deswegen alle Sorten kosten oder gar kaufen muss. Ich habe deswegen ein so großes Sortiment, das ich auch jedes Jahr verändere und weiterentwickle, weil ich glaube, dass die Geschmäcker verschieden sind, und manche stehen zum Beispiel total auf Käseschokolade, andere auf Himbeerschokolade und so weiter. Aber es stimmt schon: Wenn wir nur zehn Sorten hätten, würden wir wahrscheinlich viel weniger verkaufen.

Na, siehst du!
Aber deswegen entschuldige ich mich jetzt nicht für unser Angebot. Ich glaube nämlich, dass wir unseren Kunden plausibel machen können, dass sie nicht irgendetwas Beliebiges und Austauschbares kaufen, sondern etwas ganz Besonderes, das sie dann zu Hause ja auch nicht in irgendeine Lade werfen und vergessen. Ihr müsst euch nur die Gesichter beim Zahlen anschauen. Den meisten verzieht es eh einmal kurz die Mundwinkel, wenn sie bemerken, wie viel sie ausgeben. Ich hätte auch nicht das geringste Problem damit, wenn jemand einen Teil der Schokolade zurück ins Regal legen lässt, weil er nicht so viel ausgeben möchte. Auch das sage ich aus tiefster Überzeugung. Ich würde das sogar super finden. Warum soll man sich das an der Kassa nicht noch einmal überlegen dürfen? Bis jetzt ist es allerdings, ehrlich gesagt, noch nicht sehr oft vorgekommen, dass jemand etwas zurückgegeben hat. Aber es muss ja wirklich niemand um 50 oder 100 Euro Schokolade kaufen. Insofern stimmt es ja: Weniger ist auch hier mehr, denn wenn du dauernd z o t t e r Schokolade in dich hineinstopfst, macht dich das irgendwann wahrscheinlich auch nicht mehr glücklicher.

Eine sehr diplomatische Antwort. Du machst ja kaum Werbung für deine Schokolade. Wahrscheinlich, damit die Leute nicht zu viel davon essen.
Ich hab ja keine Waschmaschine erfunden, dass ich Werbung machen müsste. Außerdem glaube ich, dass Werbung in Zukunft anders funktionieren wird. Vielleicht haben die Menschen ja auch deswegen zu uns und unserer Schokolade so viel Vertrauen, weil wir ihnen nichts suggerieren.

Die Nachfrage nach Schokolade steigt in Schwellenländern rasant. Experten gehen daher bereits davon aus, dass Schokolade in 20 Jahren so teuer sein wird wie Kaviar.

z o t t e r pedia

Es ist in meinen Augen sowieso traurig, dass das Produkt selbst heute oft in den Hintergrund gerückt ist – so nach der Devise: „Wurscht, was, Hauptsache, es verkauft sich." Ich bekomme jeden Tag fünf Anfragen, wo jemand behauptet: „Herr Zotter, ich habe eine Idee. Ich hab eine super Schokoladenkombination erfunden, eine geniale Idee. Machen Sie mir das, Herr Zotter, und ich vermarkte es." Aber es geht noch einfacher. Zum Beispiel, indem jemand einfach irgendeinen Namen erfindet, den er lustig findet, und sagt: „So, unter diesem Label bringen wir jetzt einfach irgendwas auf den Markt." Vorher hat mich gerade wieder so ein Vogel angerufen. „Herr Zotter", hat er gesagt, „ich starte jetzt bereits zum 47. Mal durch." Jetzt hat er wieder ein neues Label. Ich habe es mir ehrlich gesagt nicht gemerkt. Aber er will jetzt wieder etwas vertreiben. Mir geht das schon so auf den Geist. Völlig kopflos! Versteht ihr? Der soll sich doch einmal hinstellen und wirklich etwas erzeugen. Und wenn er das hat, dann soll er es verkaufen. Denn wenn etwas Hand und Fuß hat, dann verkauft es sich auch.

Wenn ich mir das Erfolgsgeheimnis von z o t t e r jetzt im Nachhinein anschaue, dann ist es das, dass wir genau die Dinge gemacht haben, von denen wir überzeugt waren. Das ist der Punkt. Ich habe die Weisheit ja auch nicht mit Löffeln gegessen. Wir waren bloß immer ehrlich. Wir sind ehrlich bei Fair Trade. Wir sehen es kritisch und machen es trotzdem. Wir sind ehrlich bei Bio. Wir sehen es kritisch und machen es trotzdem. Ich mag das nicht, wenn man jede – wenn auch noch so berechtigte – Kritik an einer Sache als Ausrede dafür benützt, um sich abzuputzen. Bei jedem Hauch eines Gerüchts oder einer Kritik gleich zu sagen: „Ich habe das und das gehört, darum mache ich es nicht." Versteht ihr? Irgendeine Ausrede findest du immer, um dich davor zu drücken. Aber dann wird sich nie etwas ändern.

Es ist ja bei der Energie das Gleiche. Da heißt es ja immer: „Fotovoltaik rechnet sich nicht." Jeder, dem du erzählst, dass du ein paar Fotovoltaikanlagen aufgestellt hat, fragt sofort: „Wie rechnet sich das?" Da antworte ich: „Sie! Wenn wir endlich an unseren Abgasen erstickt sind, brauchen wir auch nicht mehr zu rechnen." In

„Niemand denkt zum Beispiel, wenn er sich eine neue Hose kauft, statt die alte zu stopfen, daran, wie viel Energie er damit verbraucht."

Bioläden, Kaufhäusern, Drogeriemärkten und Weltläden erhältlich sind, erreichte der Umsatz im Jahr 2013 654 Millionen Euro (plus 23 Prozent). Obwohl dieses Segment ähnlich wie in Österreich das zehnte Jahr in Folge zweistellige Zuwachsraten erzielte, beträgt der Fair-Trade-Anteil, gemessen am Gesamtumsatz des deutschen Lebensmittelhandels, nicht mehr als 0,25 Prozent.

Im **FAIRTRADE-System** bekommen die Produzentenorganisationen einen fairen Preis, der unabhängig vom aktuellen Weltmarktpreis ein regelmäßiges Einkommen sichert, sowie eine zusätzliche FAIRTRADE-Prämie für Soziales, Infrastruktur und Bildung ausbezahlt, weiters einen Bioaufschlag, wenn der Anbau auf ökologische Weise erfolgt.

Derzeit sind weltweit 57 Kakaoproduzentenorganisationen in Afrika und Lateinamerika in das FAIRTRADE-System integriert. Die Kooperativen befinden sich in Belize, Bolivien, Kamerun, Costa Rica, der Dominikanischen Republik, Ecuador, Ghana, Haiti, Indien, Papua Neuguinea, Elfenbeinküste, Mexiko, Nicaragua, Panama, Peru und Sierra Leone. **Ökonomie, Ökologie und Soziales sind die drei Säulen der FAIRTRADE-Standards.** Sie bilden auch die Spielregeln des fairen Handels mit Kakao. Alle Produzenten und Händler müssen sich an die Standards halten, nur dann dürfen ihre Produkte mit dem FAIRTRADE-Siegel ausgezeichnet werden.

Die Kakaoproduzenten sind ausschließlich Kleinbauernfamilien, die sich in Genossenschaften organisiert haben. Diese Genossenschaften, die ihren Kakao zu fairen Bedingungen verkaufen wollen, verpflichten sich vertraglich zur Einhaltung verschiedener Kriterien im organisatorischen, ökologischen und sozialen Bereich.

zotter pedia

FAIRTRADE

ist eine überparteiliche Initiative mit einer klaren Vision: eine Welt, in der Kleinbauernfamilien und Plantagenarbeiter in Entwicklungsländern nachhaltig ein sicheres und menschenwürdiges Leben führen können. Der Schlüssel dazu: faire, existenzsichernde, sich unabhängig von Rohstoffindizes bewegende Preise für die Produzenten. Nur diese können den Bauern eigenverantwortliches Wirtschaften sowie ökologische und soziale Mindeststandards gewährleisten, den Konsumenten wiederum sichern sie qualitativ hochwertige Lebensmittel.

So ist im fairen Handel der Einsatz von gentechnisch modifiziertem Saatgut sowie von hochgiftigen Agrochemikalien verboten. Die Kleinbauernfamilien werden dabei unterstützt, ihre Produktion Schritt für Schritt auf biologische Anbaumethoden umzustellen, Wiederaufforstung zu betreiben, Wasser zu sparen und sich ökologisch fortzubilden. Zudem stärken das Verbot von ausbeuterischer Kinderarbeit, Arbeitsschutz und Vereinigungsfreiheit das Selbstwertgefühl der Plantagenarbeiter.

Weltweit arbeiten derzeit rund 900 Kleinbauernkooperativen und Plantagen unter den FAIRTRADE-Standards. Rund **1,2 Millionen** Kleinbauern und Plantagenarbeiter in 66 Ländern profitieren direkt von den Vorteilen des fairen Handels. So werden die Lebens- und Arbeitsbedingungen von über sieben Millionen Menschen weltweit verbessert, indem der faire Handel langfristig zu Stabilität und Entwicklung von wirtschaftlich benachteiligten Regionen beiträgt.

Die wichtigsten fair gehandelten Produkte sind Bananen, Kaffee, Kakao, Reis, Rohrzucker, Tee, Blumen, Fruchtsäfte und Baumwolle. In den letzten Jahren haben sich die Umsätze mit Fair-Trade-Produkten vervielfacht. Der Umsatz mit den mittlerweile 750 in Österreich erhältlichen Fair-Trade-Artikeln stieg 2013 um rund 21 % auf **130** Millionen Euro. In Deutschland, wo die Produkte mit dem FAIRTRADE-Siegel in 36.000 Supermärkten,

Gleichzeitig verpflichten sich Importeure und Hersteller vertraglich, die FAIRTRADE-Standards einzuhalten. Dazu zählt vor allem, dass Kaufverträge zu den festgelegten Mindestpreisen und der zusätzlichen FAIRTRADE-Prämie abgeschlossen werden. **Steigt der Weltmarktpreis über den FAIRTRADE-Mindestpreis, ist der höhere Weltmarktpreis zu bezahlen.**

Der Anteil von Fair-Trade-Kakaoprodukten in Österreich und Deutschland ist den letzten Jahren gestiegen: in Österreich im Jahr 2011 um 8 % auf **567 Tonnen**, in Deutschland im selben Zeitraum um 17 % auf **1.138 Tonnen**. Gemessen an den mehr als 60.000 Tonnen konventioneller Schokolade, die in Österreich jährlich verzehrt wird, sowie den 800.000 Tonnen in Deutschland, erscheint eine weitere Dynamik in dieser Richtung auf jeden Fall wünschenswert.

Was auch eine andere Zahl verdeutlicht: Nicht einmal **1 Prozent** beträgt der Anteil von Fair Trade am Weltmarkt für Kakao. Das heißt, **über 99 Prozent sind nicht fair gehandelt**. Da es nicht ausreichend Abnehmer gibt, muss ein Großteil fair produzierten Kakaos ohne Zertifikat konventionell verkauft werden.

Da das zuletzt eingeführte Mass-Balance-System großen Unternehmen den Massenausgleich von fair und nicht fair gehandelten Produkten ermöglicht und damit das Fair-Trade-Prinzip verwässert, hat sich Josef Zotter freiwillig zu einer wesentlich strengeren Handhabung entschlossen und setzt weiterhin auf physische Rückverfolgbarkeit seiner Fair-Trade-Produkte. (Siehe „Fair trade by Zotter", Seite 198)

Wirklichkeit geht die Rechnung immer auf. Das muss ich mir einfach leisten. Und wir als Gesellschaft oder Menschheit müssen uns das auch leisten. Wir müssen uns die Energiewende in den nächsten zehn, 20 oder 30 Jahren leisten, denn viel mehr Zeit wird uns dafür nicht bleiben. Glaube ich. Aber keine Ahnung, wie ihr das seht.

Kommt drauf an, ob man auf den Fortbestand der Malediven Wert legt.
Genau! Das ist ja jetzt die Frage, ob der Meeresspiegel um 50 Zentimeter oder um einen Meter steigt – oder womöglich sogar um drei Meter. Davor warnen ja die Experten, dass er extrem ansteigen könnte, wenn wir unser Verhalten nicht radikal verändern.

Würden dir die Malediven irgendwie abgehen, wenn sie zufällig unter dem Meeresspiegel zu liegen kämen?
Ob es die Malediven gibt oder nicht, könnte uns hier rein theoretisch ja ziemlich Blunz'n sein. Bis zu uns herauf wird der Meeresspiegel sicher nicht steigen. Aber für mich sind die Malediven und die anderen Inseln, die bedroht sind – und es sind ja nicht nur Inseln, sondern Küsten und ganze Länder – ein Symbol für die Bedrohung unserer Lebensgrundlagen insgesamt. Wie wir damit umgehen, ist ja wirklich ein Skandal. Es ist erschütternd, wie wir unsere Ressourcen verschleudern. Es wird nicht mehr lange dauern, bis bestimmte Rohstoffe unwiderruflich verbraucht sein werden. Aber die meisten verdrängen das immer noch. Niemand denkt zum Beispiel, wenn er sich eine neue Hose kauft, statt die alte zu stopfen, daran, wie viel Energie er damit verbraucht. Dass dafür unter Umständen ganze Regenwälder abgeholzt werden. Dass wir bald auch noch den letzten Tropfen Erdöl durch den Auspuff irgendeiner Nobelkarosse geblasen haben werden – auch das scheint niemanden zu kümmern. Denkt doch einmal nach: Wer weiß, wozu man diesen Rohstoff noch gebrauchen hätte können?! Vielleicht wäre in 300 Jahren jemand draufgekommen, dass das Öl einen wertvollen Stoff enthält, den wir heute noch gar nicht kennen, der aber zum Beispiel unglaubliche Fortschritte bei der Bekämpfung von Krankheiten ermöglicht. Beim Regenwald ist das ja genauso, dass mit jedem Quadratmeter, der abgeholzt oder brandgerodet wird, wertvolle Tiere, Pflanzen und Substanzen unwiederbringlich verloren gehen. Ich finde es einfach traurig, wie wir mit unseren Ressourcen umgehen.

zotter pedia

Fairtrade by Zotter

Josef Zotter ist seit 2004 fester Lizenzpartner von FAIRTRADE Österreich und kooperiert seit Jahren eng mit dem Schweizer Kontrollinstitut IMO. Um den Bauern eine selbstbestimmte Existenz zu sichern und Kinderarbeit und Ausbeutung einzudämmen, bezieht die Manufaktur Basisrohstoffe wie Kakao, Kakaobutter und Rohrzucker über den fairen Handel. Dabei besteht Zotter – im Gegensatz zu vielen anderen Produzenten – auf die komplette physische Rückverfolgbarkeit der Fairtrade-Produkte. Dadurch ist gewährleistet, dass in dem Produkt, welches der Kunde kauft, tatsächlich fair gehandelter Kakao steckt.

Damit setzt Josef Zotter auch ein klares Zeichen gegen die zuletzt eingeführte Möglichkeit des Massenausgleichs (Mass-Balance-System) unter dem Label „Fairtrade Cocoa Program". Dieses ermöglicht großen Unternehmen, ähnlich wie beim Emissionshandel bloß anteilsmäßig fair gehandelten, aber nicht sortenrein verarbeiteten Kakao zu kaufen. Sprich zertifizierter Kakao wird in der Wertschöpfungskette mit herkömmlichem Kakao vermischt. Eine Regelung, die für Josef Zotter eine Verwässerung des Fair-Trade-Prinzips nach dem Motto „Besser als nix, aber nicht gut genug" darstellt.

Zotter: „Wir sind davon überzeugt, dass FAIRTRADE-zertifizierte Kleinbauern einfach sorgfältiger mit ihrem Kakao umgehen. Es macht also einen Unterschied, ob der Kakao real aus dem Fairtrade-System stammt oder nur virtuell." Daher kauft Zotter weiterhin direkt bei den Kooperativen Fairtrade-Kakao, -Kakaobutter, -Rohrzucker und vieles mehr. Für den Kakao zahlt der Chocolatier zwischen 4.200 und 6.000 US-Dollar pro Tonne an die Bauern – mehr als den zuletzt überschießenden Kakaopreis inklusive Fairtrade-Prämie. „Wir entscheiden uns bewusst für bestimmte Kakaoregionen, kooperieren mit den Bauern und entwickeln gemeinsam eine höhere Kakaoqualität", betont Josef Zotter. „Daher ist es für uns logisch, dass wir nicht irgendwelchen Kakao verwenden, sondern exakt jenen unserer Bauern und ihn auch sortenrein verarbeiten."

DIE ANGST DES UNTERNEHMERS VOR DER BLASE

Sag, Zotter, hast du Panik davor, dass du von einer Krise getroffen wirst?
Darf ich euch etwas sagen?

Ja klar, dazu sind wir hier.
Ich sag euch Folgendes: Die Angst, die du hast, ist einfach die: Du hast in so einem Unternehmen Fixkosten. Ich habe jetzt insgesamt schon deutlich über 200 Leute – hier und in China. Die muss ich natürlich bezahlen. Das ist einmal ein Block. Dann kommen der Strom und die anderen Betriebskosten und Ausgaben dazu. Und die Investitionen. Und so weiter. An diesen Kosten kommst du nicht vorbei. Wenn aber heute eine Krise ausbricht und die Leute schlagartig weniger kaufen – ein bisschen weniger tut uns ja noch nichts, aber sagen wir, sie kaufen um 50 Prozent weniger –, dann stehe ich ganz schön da. Dann schaut es nicht mehr so gut aus. Und davor habe ich Angst. Weil mir nämlich meine Mitarbeiter auch sehr viel bedeuten. Die arbeiten ja auch gerne hier. Und sie verlassen sich auf mich. Schließlich haben sie mir ja auch zu meinem Erfolg verholfen. Das war ja nicht ich allein, der das alles erreicht hat. Es waren meine Mitarbeiter, die mich und das Unternehmen getragen haben. Und wenn heute ein Problem auftaucht, dann muss ich diese Mitarbeiter so lange wie möglich halten, auch wenn es auf die Substanz geht. Ich würde das tun. Das macht auch den Unterschied zwischen den meisten Familienunternehmen und Shareholder-Value-getriebenen Unternehmen aus.

Ich sage das nicht, weil mich irgendwer dazu zwingen würde. Ich gebe das Letzte für mein Unternehmen. Bevor ich mein Unternehmen aufgebe, verzichte ich auf mein Haus daheim und verkaufe es. Alles! Aber wenn wirklich so eine Krise über uns hereinbricht, würde das vermutlich auch nichts mehr helfen. Das hätte dann Dimensionen, die du so nicht mehr bewältigen könntest. Vor allem reagierst du ja unter Umständen auch zu spät – einfach, weil du es lange überhaupt nicht wahrhaben willst, dass die Situation so gefährlich ist. Natürlich habe ich heute schon ein bisschen Erfahrung. Und wenn ich merke, dass es irgendwo zu zwicken beginnt, dann treffe ich sofort entsprechende Maßnahmen. Aber es gibt diese Angst, die dich lähmt – wo du dann nichts mehr machen kannst. Wo du einfach nur wie erstarrt dabei zusiehst, wie alles den Bach hinuntergeht. Dann wäre es natürlich wieder ein Vorteil, wenn du ein Kapitalunternehmen führst. Dann kannst du dir

„Das macht auch den Unterschied zwischen den meisten Familienunternehmen und Shareholder-Value-getriebenen Unternehmen aus."

nämlich irgendwann, wenn alles verloren ist, den Schweiß von der Stirn wischen und sagen: „Puh! Es tut mir wirklich leid, aber wir sind voll von der Krise erwischt worden. Schlimm, aber was soll ich machen? Ich bin ja schließlich nur Manager. Ich nehme mir jetzt einmal eine Auszeit. Auf Wiedersehen."

Aber genau aus diesem Grund werden Familienunternehmen letztlich auch länger bestehen. Weil sie nämlich mehr Substanz haben. Jüngst habe ich so eine Situation erlebt, die das sehr schön zum Ausdruck gebracht hat. Da war eine Gruppe von renommierten Unternehmern hier, um die Manufaktur zu besichtigen. Lauter Leute, die man an der gesellschaftlichen Oberfläche eigentlich kaum wahrnimmt. Als sie wieder weg waren, habe ich zu meiner Frau gesagt: „Siehst du, da merkst du einfach den Unterschied. Das sind wirkliche Unternehmer gewesen. Das waren keine Blasenerzeuger. Die wirst du vermutlich nicht auf irgendwelchen Society-Spektakeln treffen." Das ist ja auch interessant: Solche Leute, die ganz still, sauber, ordentlich und lässig arbeiten, die einfach ihre Arbeit gut erledigen wollen, die sind doch das Rückgrat der Wirtschaft. Aber wir leben schon so überdimensioniert, dass auch das immer schwieriger wird. Ich zum Beispiel hab nicht so viel Kapital im Unternehmen, dass ich eine wirklich brutale Krise drei Jahre lang durchstehen könnte. Daran werde ich als Nächstes arbeiten. Der Aufbau des Unternehmens ist abgeschlossen. Jetzt muss ich schauen, dass ich Substanz aufbaue. Weil das natürlich auch wichtig ist. Damit du durchatmen kannst.

Wie willst du das machen?

Die Frage ist: Was ist Substanz? Mir fällt nichts anderes ein als Grundstücke oder Firmenbeteiligungen. Irgendwelche Fonds – außer grüne – oder so etwas Ähnliches kann ich mir in diesem Zusammenhang nicht vorstellen. Deswegen habe ich ja zum Teil auch meinen Tiergarten gemacht. Insgesamt bewirtschafte ich 72 Hektar biolandwirtschaftliche Flächen. Davon sind 27 Hektar begehbar. Das ist der als Essbarer Tiergarten genutzte Teil. Wenn wirklich etwas passiert, kann ich meine Mitarbeiter wenigstens durchfüttern. Ich sag eh manchmal zu ihnen: „Was kann uns schon passieren? Zu essen haben wir auf alle Fälle genug. Dann lassen wir halt niemanden mehr rein und verteidigen unser Kraut und unsere Erdäpfeln mit den Mistgabeln (lacht)."

DIE MILCH WÄCHST AUF DER NACHBARWIESE

Zotter, eine Frage: Stimmt es, dass du für deine Schokolade chinesische Milch verwendest – aus der Provinz Yunnan?
So ein Blödsinn. Wo habt ihr denn das wieder gehört? Dass ich nicht lache! Das ist ja zum Heulen. Ein Heuler – Milch aus der Provinz Yunnan. Ich verwende natürlich keine Yunnan-Milch und auch keine Hainan-Milch, ich verwende überhaupt keine chinesische Milch für meine Schokolade und auch keine rumänische. Aber irgendwie habt ihr schon recht – da hat es in einer Zeitung einmal eine Headline gegeben: „Der Zotter importiert Milch aus Tirol."

Unfassbar!
Blödsinn! Erstens ist es nicht schlimm und zweitens ist es doch kein Import, wenn man Milch aus Tirol in die Steiermark bringt. Das wäre ja noch schöner. Natürlich könnte man auch steirische Milch nehmen, aber ich besorge mir die Milch eben in Tirol. Das hat seine Gründe. Darüber brauchen wir uns überhaupt nicht zu unterhalten – das mache ich einfach. Was soll daran bitte so schlimm sein? Kann mir das jemand erklären?

Die Regionalität, Zotter. Es geht um die Regionalität. Und Tirol ist nicht Regionalität. Verstehst du?!
Darf ich die Milch jetzt nur mehr von der Nachbarwiese nehmen, oder was? Das wird sich nicht ganz ausgehen. Ehrlich gesagt geht mir diese krankhafte Vorstellung von Regionalität schon ziemlich auf die Nerven. Das bringt ja überhaupt nichts. Was ist, wenn ich mit dem Nachbarn nicht kann oder mir die Milch nicht passt oder was auch immer? Darf ich keine Milch mehr kaufen außer im Umkreis von hundert Metern? Noch dazu braucht man für die Herstellung von Schokolade relativ viel Milch. Wo soll ich die hernehmen? Für die Schokolade wird nämlich Milchpulver verwendet. Und ich schwöre, dass es kaum eine Milchschokolade auf der Welt gibt, wo sich überhaupt nachweisen lässt, woher die Milch kommt. Möglicherweise überhaupt nur bei meiner. Weil das nämlich alle Erzeuger verschleiern. Es hat keiner ein Interesse daran, zu dokumentieren, woher sein Milchpulver kommt. Wenn die Konsumenten wüssten, woher die Milch in den Schokoladen kommt, die bei uns verkauft werden, dann würden viele sie vermutlich gar nicht kaufen.

Warum?
Für die Schokolade braucht man Milchpulver. Und Milchpulver ist mehr oder weniger ein Abfallprodukt. Wenn die Milch irgendwo nicht gekauft wird und wenn größere Mengen übrig bleiben, dann wird sie getrocknet. So läuft das. Wir beziehen unser Milchpulver jedoch ausschließlich aus Tirol – und zwar von frischer Milch, die extra für uns vertrocknet wird. Vor Kurzem habe ich zum Beispiel wieder 400.000 Liter Milch trocknen lassen. Natürlich mache auch ich das genau dann, wenn mehr Milch produziert als verbraucht wird – logisch! Zum Beispiel im Sommer, kurz vor Ferienbeginn. Da sind die Kälber schon da, die Kühe produzieren also besonders viel Milch, aber die Tourismussaison läuft noch nicht auf Hochtouren. Da gibt es dann einen Überschuss. Genau diesen Zeitraum nütze ich, um die Milch zu kaufen und trocknen zu lassen. Das reicht dann ungefähr bis November. Klar, dass ich mir da auch einen guten Preis aushandle, allerdings einen, der für beide Seiten gut ist, von dem also alle etwas haben, obwohl er für mich immer noch ein Drittel höher ist, als er sein müsste. Na ja, ich bekomme ein halbwegs günstiges Milchpulver und die Tiroler Bauern können ihren Milchüberschuss zu einem anständigen Preis verkaufen. Immerhin handelt es sich ja auch um Biomilch. Das verstehe ich unter Wirtschaften. Und in der Größenordnung, in der wir uns bewegen, ist das auch kein Problem. Das funktioniert. Aber stellt euch vor, ich wäre zehnmal so groß und ich würde dann irgendwo in einem Penthousebüro sitzen und nur mehr auf die Zahlen schauen.

Und woher kommt die Milch in den Schokoladen anderer Produzenten? Vielleicht von irgendwo?
Ja selbstverständlich kommt die von irgendwo. Die Milch ist ein klassisches Agrarprodukt, das ständig quer- und damit im wahrsten Sinne des Wortes sogar hin und her subventioniert wird. Wenn wir zum Beispiel zu viel Milch produzieren, dann jammern die Produzenten nach Brüssel und sagen: „Wir haben zu viel Milch, was sollen wir damit tun?" Das hat längst System. Die Polen haben zum Beispiel zu viel Milch und die Österreicher und überhaupt haben die meisten eigentlich zu viel Milch – und alle jammern nach Brüssel. Und in Wahrheit wird die Milch dann von Land zu Land geschoben und dabei jedes Mal subventioniert, bis sie am Schluss so gut wie nichts mehr kostet. Aber warum?

Äh, keine Ahnung.
Logisch: Weil der Konsument mit seinen Steuern ja schon vorher bezahlt hat. Das ist die Lüge. Zuerst wird die Milch subventioniert, bis sie nichts mehr kostet, und dann wird sie zu Milchpulver getrocknet, das dann – umgerechnet auf den Liter Milch – um 15 Cent verschleudert wird. Was es ja eigentlich gar nicht geben kann,

kostet doch der billigste Liter Milch normalerweise schon mehr. Ich habe mir das alles ausgerechnet. Und schließlich kommt der Schokoladenhersteller und sagt: „Mit eurem Milchpulver könnt ihr euch brausen gehen. Wenn ihr nett zu mir seid, dann nehme ich euch den Dreck ab, aber kosten darf es nichts."

GSCHEIT SCHLAU
(und dann sauer)

Zotter, früher hast du deine Milch ja wirklich beim Nachbarn gekauft.
Ja, stimmt – früher, als wir noch nicht auf Bio umgestellt hatten. Ich brauche für meine Produktion ja zwei Arten Milch. Erstens das Milchpulver – das bekomme ich, wie gesagt, aus Tirol. Und zweitens die Frischmilch. Die bekomme ich aus der Nähe. Aber es ist gar nicht so einfach, eine Biomilch zu bekommen. Manchmal frage ich mich, wo die ambitionierten Milchbauern sind, die sich nicht davor fürchten, wenn ihnen die Agrarsubventionen teilweise gestrichen werden. Und dass die Bauern dauernd über Förderungen nachdenken, hängt ja wieder damit zusammen, dass die Lebensmittel für die Konsumenten möglichst billig sein sollen. Aber was glauben eigentlich die Konsumenten? Wer zahlt denn das, dass die Lebensmittel billig sind? Natürlich sie selbst – mit ihren Steuern. Und dann stehst du da und bekommst nicht einmal eine frische Biomilch, weil alle nur an ihre Subvention denken.

War das nicht superpraktisch, die Milch vom Nachbarn zu kaufen, wie du es früher gemacht hast?
Ja, sicher war das lässig, keine Frage. Aber was soll ich machen!?

Was ist denn passiert?
Als wir auf biologische Zutaten umstellten, haben wir – wie alle Betriebe – eine dreijährige Umstellungsphase gehabt. Nachdem ich die Entscheidung gefällt hatte, auf Bio umzusteigen, habe ich meinen Nachbarn, bei dem ich die Milch gekauft habe, gefragt, ob er seine Milch nicht vielleicht auch auf Bioproduktion umstellen will, damit er uns in Zukunft weiterbeliefern kann. Sinngemäß hat er mir Folgendes zur Antwort gegeben: „Bio, na ja, warum nicht, mal schauen." In Wirklichkeit hat er sich wahrscheinlich gedacht: „Na ja, der Zotter redet da jetzt irgendetwas daher, aber machen wird er das eh nicht. Wen interessiert schon Bio?" Wie gesagt: sinngemäß. Zu mir hat er das ja nie gesagt, sondern immer genickt, wenn ich ihm erklärt habe, was ich vorhabe. Nach dem ersten Jahr der Umstellungsphase – geredet haben wir natürlich immer wieder darüber – habe ich ihn dann hochoffiziell gefragt, ob er schon etwas in Richtung Bio unternommen hat. Er hat nur geantwortet: „Nein, noch nicht. Diese ganzen Auflagen und die Behörden und Vorschriften und Kontrollen und überhaupt …" Wieder sinngemäß.

Das hörst du ja immer wieder – jede Menge Gerüchte und was du angeblich alles tun musst beziehungsweise nicht tun darfst. Das meiste davon stimmt zwar nicht, aber du kommst dagegen nicht an. In Wirklichkeit ist es nämlich so: Die Leute wollen einfach nichts tun. Dass man heute einen Schlachthof oder eine Milchverarbeitung verfliesen muss, das ist ja wohl das Mindeste. Das Bad verfliesen sie ja auch. Wer will sich denn heute noch vor der Haustür am Brunnen waschen? Aber für die Milch, von der sie leben, wollen sie nichts verfliesen. Und dann heißt es natürlich: „Die bösen Behörden, was die alles verlangen." Manchmal können einem diese Behördenvertreter fast leidtun. Wisst ihr: Die können tun, was sie wollen, am Ende lässt man den Frust immer an ihnen ab. Auf der einen Seite müssen sie dafür sorgen, dass die Hygiene immer den neuesten Anforderungen entspricht, die entsprechenden Vorschriften erlassen werden und ihre Umsetzung kontrolliert wird. Die stehen da echt unter Druck. Wehe, es passiert irgendetwas. Auf der anderen Seite aber wollen viele Bauern nicht mitziehen, weil sie sagen: „In meinen Beruf investiere ich nichts." Und dann geben sie den Behörden die Schuld an ihrem Scheitern. Ihr braucht euch ja nur anschauen, wie viele Bauern aufhören.

Ich werde zum Beispiel sauer, wenn ich Mitarbeiter habe, die ihr ganzes Leben in kein einziges Kochbuch hineinschauen, geschweige denn, sich eines kaufen. Ich mache das gar nicht so selten, dass ich die Leute auffordere, einmal alle Kochbücher mitzubringen, die sie zu Hause haben. Das ist für mich fast schon ein Sport. Ein paar gibt es, die antworten mir: „Ich habe kein Kochbuch zu Hause, kein einziges." Denen sage ich dann: „Sie! Wenn das so ist, dann werden Sie möglicherweise nicht mehr sehr lange bei uns beschäftigt sein." Das dürften die Gewerkschaften gar nicht hören. Ich verlange von den Leuten ja auch nicht, dass sie reihenweise Kochbücher kaufen. Mir geht es dabei vielmehr ums Prinzip: Wenn einer in diesem Job sein Lebtag kein Kochbuch angreift und auch um jede Zeitschrift, die sich mit diesem Thema beschäftigt, einen weiten Bogen macht, dann ist er falsch bei mir. Dann hat er einfach kein Interesse an dem, was wir machen. Dann soll er von mir aus etwas anderes machen – Schrauben hineindrehen oder was auch immer. Mir wurscht! Das muss er wissen.

Wie hängt das aber jetzt mit dem Bauer und seiner Milch zusammen? Jetzt haben wir irgendwie den Faden verloren.

Ist doch logisch: Wenn der Bauer für seine Milch keine Fliesen und keine saubere Leitung haben will, dann ist er auch irgendwie fehl am Platz, finde ich. Versteht ihr.

Und wie ist die Geschichte mit deinem Nachbarn weitergegangen?

Na ja, der hat natürlich nicht umgestellt und nach drei Jahren – am Ende der Umstellungsphase – ist es dann sozusagen zum Showdown gekommen. Ich durfte nur mehr Biomilch verwenden und er ist zu mir gekommen und hat mich gefragt: „Du!

Was soll ich jetzt mit meiner Milch machen? Das hätte ich mir nämlich nicht gedacht, dass du das wirklich ernst meinst." Dabei hab ich ihm auch zwischendurch immer wieder gesagt, dass ich das hundertprozentig durchziehe. Aber was hätte ich tun sollen, damit er mir glaubt? Jetzt war der Zug abgefahren. „Ich habe umgestellt, das ist jetzt einfach so", habe ich zu ihm gesagt. Worauf er sich bei mir beklagt hat, dass er jetzt auch kein Milchkontingent mehr hat. Klassisch!

Ich wollte ihm dann wenigstens einen Tipp geben, damit er eine Perspektive hat: „Du könntest die Milch ja in eine Schule liefern. Wäre das nicht eine Idee?" Irgendwie hat er mir ja auch leidgetan. Und ich habe mir gedacht: „Was macht der jetzt mit den 200 oder 300 Litern Milch, die er mir täglich gebracht hat?" Da sagte er: „Was? Schulmilch? Wieso? Diese ganzen Auflagen, die da gefordert werden. Das ist ja alles so kompliziert. Nein, das kann ich nicht machen." Darauf habe ich ihm noch einen Vorschlag gemacht: „Wie wär's, wenn du ein Joghurt erzeugst?" Sagt er: „Ein Joghurt soll ich machen?" Antworte ich ihm: „Ja, klar." Und ich habe ihn auch gleich gefragt: „Wo nimmst denn du dein Joghurt her?" Fragt er zurück: „Was meinst du damit, wo ich mein Joghurt hernehme? Das ist doch logisch, wo ich mein Joghurt hernehme, oder?" Und jetzt kommt's: „Mein Joghurt kaufe ich beim Diskonter, denn dort ist es am billigsten."

Intelligent, oder?

Was heißt da intelligent? Habt ihr es noch immer nicht kapiert? Als er mir erklärt hat, dass er sein Joghurt beim Diskonter kaufe, während er keine Ahnung hatte, was er mit seiner Milch anfangen sollte, ist es mir irgendwie zu viel geworden. „Du hast mich nicht verstanden", habe ich zu ihm gesagt, „du hast das ganze System nicht verstanden. Auf der einen Seite willst du für deine Milch mehr Geld, auf der anderen rennst du zum Diskonter und holst dir dort das billigste Klump. Und statt selbst ein Joghurt zu produzieren und damit vielleicht auch noch ein Geschäft zu machen, schüttest du deine Milch am Ende vielleicht auch noch weg. Also, ehrlich gesagt – das ist ja wirklich unglaublich, da muss man sich schon fragen. Dabei müsstest du nur irgendwo einen Topf mit Milch hinstellen, einmal einen Becher Joghurt kaufen und ihn hineinleeren und das Ganze bei 45 Grad. Damit könntest du dann Joghurt zum Saufuttern produzieren, so viel du willst. Wo noch dazu allen das Wasser im Mund zusammenrinnen würde – so gut wäre es. Und am besten schmeckt es überhaupt, wenn jeder seine selbst gemachte Marmelade hineinrührt. Also brauchst du nicht einmal ein Fruchtjoghurt zu machen, denn die fertige Marmeladenzubereitung, die die meisten Produzenten in ihr Joghurt mischen, die kannst du sowieso vergessen. Ein echter Einheitsbrei – und nicht einmal besonders gut." Aber er hat mich nur verständnislos angeschaut. Das ist leider Gottes der Zugang vieler Menschen – auch vieler Bauern. Schade.

BIST DU DEPPERT, IST DAS SCHÖN
(vom Tod der Schokolade)

Zotter, warum verkaufst du deinen Laden eigentlich nicht an einen großen Konzern und lebst glücklich und zufrieden bis ans Ende deiner Tage? Viele vernünftige Menschen würden das tun.
Ja, das würden viele tun. Aber ich verstehe das überhaupt nicht. Ich erzähle euch eine Geschichte. Es ist die Geschichte eines belgischen Mitbewerbers. Ich war von ihm und seiner Schokolade total fasziniert. Er war fast so etwas wie mein Idol. Ich bin zu ihm hingepilgert, wie andere nach Rom in den Petersdom fahren. Ich bin nach Brüssel gefahren und bin zu seinem Geschäft gegangen. Als ich davor gestanden bin, habe ich mir gedacht: „Bist du deppert, ist das schön." Vom Geschäftsdesign über die Produkte bis zur Verpackung – alles total edel und wie aus einem Guss. So etwas fasziniert mich. „Der muss wirklich kreativ und gut sein", habe ich mir gedacht. Er heißt übrigens Pierre Marcolini. Ein paar Jahre danach bemerkte ich auf einer Reise – ich weiß nicht, ob es in Moskau war oder in New York – wieder so ein Geschäft. Wieder alles perfekt – tolles Design, super Produkte. Er hatte expandiert. Und irgendwann hörte ich dann plötzlich, dass das ein großer multinationaler Konzern gekauft hat. Das hat mich mitten ins Herz getroffen.

Warum? Es gibt Schlimmeres, oder?
Was mich so getroffen hat, war auch nicht, dass dieser Konzern die Marke übernommen hat, sondern dass der Marcolini dafür nicht einmal viel Geld bekommen hat, weil er sich leider Gottes bei seiner Expansion übernommen hat. Der klassische Fall: Dir geht finanziell die Luft aus, ein Investor tritt auf, erzählt dir, dass du eine tolle Marke hast, dann hält die Marketingabteilung Einzug. Die sagen sich: „Super, der hat ein authentisches Image, das ist ein Kreativer, schwarz gekleidet, und den holen wir uns jetzt. Wir holen uns die Marke und die Bank soll sich bitte keine Sorgen machen, wir decken das schon ab." Und der Kreative, der wird Konsulent und freut sich dann, dass er mit fünf Prozent Beteiligung noch dabei sein darf.

Und?
Und heute ist er voll in den Konzern integriert und die Marke ist tot.

Warum tot? Die Geschäfte existieren doch noch und die Schoko auch.
In Wirklichkeit ist sie wahrscheinlich auch nicht tot. Es gibt nämlich mittlerweile mehr Geschäfte als zuvor – ungefähr 50, schätze ich. Aber aus meiner Sicht ist die Marke trotzdem tot. Der Pierre Marcolini steht zwar nach wie vor im Vordergrund, aber er kann natürlich überhaupt nichts mehr entscheiden. Vielleicht ein bisschen mitentwickeln mit den Produktentwicklern. Das aber tut mir im Herzen weh, weil ich seine Produkte geliebt habe. Der Schoko-Marke Domori ist es übrigens auch so ergangen. Sie wurde von Illy geschluckt.

Aber das eigentliche Problem ist ja, dass sich die Produkte verändern – was ja auch logisch ist. Sobald die Vertriebskanäle solche Dimensionen erreichen, muss alles ein bisschen haltbarer werden. Man will kein Risiko eingehen, alles wird normiert, denn schließlich steht dahinter ja der Großkonzern mit seinem Namen. Da geht es insgesamt um Millionen und Abermillionen. Wenn da ein Wurm aus der Schokolade kriecht, wäre das eine Katastrophe. Aber der Preis für diese Sicherheit ist, dass die Schokolade ihren einzigartigen Charakter verliert. Und so schmeckt diese Schokolade mittlerweile wirklich schon schlecht.

WO DER WURM DRINNEN IST
(juhu, die Schoko lebt)

Zotter, was hat eigentlich der Wurm in deiner Schokolade zu suchen?
In meiner Experimentierfreude und in meinem Anspruch, den essbaren Dingen auf den Grund zu gehen, habe ich den Wurm und anderes Kleingetier tatsächlich in meine Schokolade gebracht – und das auch noch mit voller Absicht. Als Protein- und Eiweißlieferanten in Nahrungsergänzungsmitteln sind Insekten ja längst gern gesehene Gäste der menschlichen Verdauung. Rund um Lebensmittel mit einem extrem hohen Gehalt an Nähr- und Mineralstoffen sowie Vitaminen – sogenanntes Superfood – ist sogar ein echter Trend entstanden. Die Insektenpopulation ist die größte und artenreichste der Welt, noch dazu weisen Insekten eine gute Ökobilanz auf. Um eine Kalorie Fleisch zu liefern, verbraucht ein Mehlwurm zum Beispiel nur 1,6 Kalorien. Ein Schwein verschlingt im Vergleich dazu 5 bis 6 Kalorien, ein Rind sogar 11 und ein Huhn immerhin auch noch 4. Wenn wir über eine ökologisch sinnvolle Ernährung für die Zukunft nachdenken wollen, dann müssen wir uns solchen Experimenten stellen.
Vor diesem Hintergrund habe ich verschiedene Varianten von Insekten-Schokoladen kreiert. Verwendet habe ich dazu zum Beispiel Mehlwürmer, Buffalo Worms, aber auch Heuschrecken. Natürlich geht es dabei nicht nur um die ökologische Bilanz, sondern wie bei allen meinen Kreationen auch um das geschmackliche Experiment. So bestechen etwa die gerösteten Würmer durch ihr wunderbar nussiges Aroma.

Und wenn sich ein Wurm unbeabsichtigt in deine Schokolade verirrt? Normal ist das nicht, oder?
Bei mir kann es – natürlich in Ausnahmefällen – schon einmal vorkommen, dass ein Wurm aus der Schokolade kriecht. So ein Wurm ist ja die Vorstufe einer Motte und bestimmte Mottenarten suchen eben Lebensmittel auf, um dort ihre Eier zu legen. Das muss ja zum Beispiel gar nicht hier passiert sein, sondern möglicherweise schon bei einem meiner Lieferanten. Also, normal ist das natürlich nicht. In meinen Schokoladen sind nicht überall Motten drin und sie sollen dort auch nicht sein, aber es kann passieren. Ein paar Mal im Jahr wird so etwas möglicherweise vorkommen.

Ich weiß nicht, ob ihr schon einmal Kirschen gegessen habt. Wenn jemand behauptet, dass er in seinem Leben mit den Kirschen noch nie einen Wurm mitgegessen hat, dann hat er noch nie Kirschen gegessen. Wenn du einen bemerkst, dann tust du ihn logischerweise weg. Die Frage ist allerdings die: Warum kann so etwas bei meiner Schokolade passieren, bei der Schokolade von Großkonzernen jedoch nicht? Bei denen passiert das sicher nicht, weil sie nämlich irgendetwas auf die Schokolade sprühen, damit so etwas nicht passiert. Auch die Nanotechnologie ist in diesem Bereich sehr innovativ. Damit kannst du Schichten auf den Lebensmitteloberflächen erzeugen, die dafür sorgen, dass sich ihnen garantiert kein Viech mehr nähert. Ich frag mich nur, ob man auch die ganzen Langzeitfolgen dieser Technologie kennt und ob das dann für den Konsumenten und seine Gesundheit wirklich so toll ist, wenn sich kein Wurm mehr in die Schokolade verirren kann.

Irgendwann, fürchte ich, könnte man plötzlich draufkommen, dass sich diese komischen Nanopartikeln vielleicht im Hirn festgesetzt haben und wir dann nicht einmal mehr denken können oder was weiß ich ... Also, so genau möchte ich das gar nicht wissen. Es hat sich ja mittlerweile oft genug erwiesen, dass etwas, was man anfangs für ganz, ganz harmlos gehalten hat oder wenigstens dazu erklärt hat, schließlich eine ziemlich bedrohliche Wirkung entfaltet hat.

Man könnte dich ja mit so einem Zeug einbalsamieren, wenn du einmal von uns gegangen bist. Damit dich die Würmer ...
Ja, genau. Das hab ich einmal zu meiner Schwiegermutter gesagt: „Dich frisst kein Wurm – bei dem, was du an Gift in dich hineinstopfst. Da müssen sie deinen Körper gar nicht einbalsamieren, damit du erhalten bleibst."

Na bravo! Das hast du zu deiner Schwiegermutter gesagt? Und du lebst noch?
Noch haben mich die Würmer nicht gefressen.

KOSTENLOSES BIOMENÜ
(trotz des geilen Geizes)

Zotter, obwohl Geiz geil ist, stellst du deinen Mitarbeiterinnen und Mitarbeitern kostenlos ein Mittagessen zur Verfügung. Was soll das? Bist du jetzt der komplette Wohltäter, oder was?
Schau. Früher sind meine Leute da draußen mit einer Leberkäsesemmel oder mit einer Wurstsemmel und einer 2-Liter-Flasche Cola gesessen. Das war eigentlich lange so.

Mmmh, herrlich!
Ja, dazu auch noch sehr nahrhaft und extrem gesund.

Das glaubst du aber nicht wirklich, oder?
Nein, natürlich nicht. Darum habe ich auch irgendwann gesagt: „Machen wir doch eine Kantine." Wir haben dann eine Zeit lang darüber nachgedacht. Als wir eine genaue Vorstellung hatten, wie wir es machen wollten, habe ich überhaupt erst einmal zu rechnen begonnen, wie viel das dem Unternehmen kosten würde. Außerdem überlegten wir uns, ob wir für das Essen einen Beitrag verlangen sollten. Schließlich habe ich noch ein bisschen weitergedacht und mich gefragt, wie viel denn ein biologisches Essen kosten würde, wenn wir das meiste selbst machen. Wir mahlen das Getreide selbst, wir machen die Nudeln selbst usw. Ich bin dann auf einen Essenspreis von ungefähr 7 Euro gekommen. „Leider", habe ich mir gedacht, „das zahlt mir kein Schwein." In den Kantinen war es überall um ein Eck billiger und vom Gesetzgeber kriegst du auch nur einen geringeren Beitrag, der diese Kosten nicht gedeckt hätte. Da habe ich mir gesagt: „7 Euro kannst du unmöglich verlangen, das funktioniert nie." Also habe ich beschlossen, dass das Unternehmen für das biologische Essen aufkommt. Pro Jahr kommt da in Summe natürlich einiges zusammen. Aber das ist es uns wert, wenn unsere Leute dafür ein gesundes Biomenü bekommen, das ihnen noch dazu schmeckt. Und mir schmeckt's ja auch.

Zotter, der Wohltäter. Müssen wir jetzt vor dir niederknien, weil du so ein guter Mensch bist?
Alles halb so schlimm. Ich habe mir nämlich einige Zeit nach der Eröffnung der Kantine einmal die Produktions- und Krankenstandszahlen genau angesehen.

Und?
Die Produktionsleistungen sind gestiegen und die Krankenstände gesunken.

Wie gibt's denn das?
Die Leute treffen sich hier oben in der Kantine, bekommen ein gutes Essen, sind gut drauf, gehen dann wieder runter zur Arbeit und packen offensichtlich wirklich ein bisschen schneller an, ohne dass irgendein Druck auf sie ausgeübt wird. Bei uns gibt es das nämlich nicht, dass ich jemandem sage, er müsse jetzt zum Beispiel zehn Arbeitsschritte pro Minute erledigen statt bisher acht. Also ich kann das nur jedem Unternehmen empfehlen.

Ob Bio oder nicht, ist aber nicht so wichtig, oder?
Blödsinn. Eigentlich ist das ja eine todernste Angelegenheit, wenn du dir anschaust, was die Menschen heutzutage so in sich hineinstopfen. Schaut euch an, wie das in den Unternehmen teilweise abläuft. Irgendwo im letzten Eck gibt es eine Ausspeisung, dort bekommst du eine Alu-Tasse mit irgendeinem Chefmenü aus der Mikrowelle. Ob das der Chef allerdings auch isst, da wäre ich mir nicht so sicher. Und das essen die Leute und dann arbeiten sie wieder monoton vor sich hin und wir wundern uns, dass sie keine ordentliche Leistung bringen, dauernd krank werden oder reihenweise ins Burnout fallen.

Bei euch hingegen: lauter glückliche Werktätige.
Das weiß ich ehrlich gesagt auch nicht, ob jetzt alle wirklich rundum glücklich sind, aber schaut euch einmal um. Da wird Brot gebacken und mit frischen Zutaten gekocht. Und dann schmeckt es den Leuten eben manchmal super und manchmal vielleicht auch nicht so gut. Wenn es ihnen aber schmeckt, dann können sie gleich den Koch nach dem Rezept fragen, um es möglicherweise auch daheim einmal zu kochen. Einige unserer Mitarbeiterinnen und Mitarbeiter haben mittlerweile begonnen, sich auch zu Hause biologisch zu ernähren. Dazu kommt noch, dass früher viele unserer Mitarbeiter zu Mittag mit dem Auto nach Hause gefahren sind, um zu essen. Und viele Mütter mussten das Essen für ihre Kinder in der Früh vorbereiten. Jetzt können sie gemeinsam mit ihren Kindern hier essen – noch dazu biologisch. Eine Mitarbeiterin hat mir erzählt, dass sie sich, seit sie und ihr Sohn hier essen, täglich eineinhalb Stunden erspart. Das muss man sich einmal vorstellen. Das ist ja Lebenszeit.

Und jetzt willst du vielleicht auch noch die ganze Weltbevölkerung biologisch ernähren. Dabei weiß doch jedes Kind, dass sich das nie und nimmer ausgehen kann. Um die Weltbevölkerung zu ernähren, brauchst

du einfach industriell erzeugte Lebensmittel und halt auch entsprechende Methoden wie chemischen Dünger usw.

Wenn ihr behauptet, wir brauchen das alles, dann behaupte ich jetzt einmal, dass wir ja nicht unbedingt so dicke Leute brauchen, wie man sie heute so häufig sieht. Viele von uns könnten locker 20 bis 25 Prozent weniger essen. Und wenn man das Schwergewicht von Fleisch auf Gemüse oder Getreide verlagern würde, wäre das erwiesenermaßen nicht nur viel gesünder, weil wir ohnehin viel zu viel Fleisch essen, sondern würde auch die Ressourcen schonen und zu einer wesentlich höheren Effizienz der eingesetzten Mittel führen.

In Österreich werden zwischen 20 und 25 Prozent der gekauften Lebensmittel weggeworfen. Ich habe mich vor einiger Zeit mit einem Einkäufer einer bekannten österreichischen Lebensmittelhandelskette unterhalten. Wisst ihr, was der zu mir gesagt hat? „Herr Zotter, stellen Sie sich vor: Wenn die Leute auch nur um 10 Prozent weniger Lebensmittel wegwerfen würden, dann hätten wir im Handel ein ernstes Problem. Dann würden uns nämlich die Umsätze wegbrechen."

Und was hast du darauf gesagt?

Zuerst habe ich ihn nur wortlos angeschaut. Das muss man sich einmal geben. Das ist ja so etwas von krank. Wir vernichten quasi gewerbsmäßig Tonnen und Abertonnen von Lebensmitteln und unterhalten uns dann darüber, ob biologisch und vernünftig produzierte Lebensmittel ein paar Prozent mehr kosten dürfen. Schaut doch, wie viele Leute sich auf Laufbändern abrackern, damit sie diese sinnlos gefressenen Kalorien wieder wegkriegen. Solange wir so agieren, brauchen wir uns mit der Frage, ob wir die Welt ernähren können, gar nicht beschäftigen. Wenn wir sie nämlich mit diesen Methoden ernähren könnten, dürfte es längst keine hungernden Menschen mehr geben. Beginnen wir doch einfach damit, einmal ein bisschen weniger wegzuwerfen. Da spreche ich noch gar nicht von ökologischer Produktion.

Aber etwas sage ich euch auch, und zwar aus tiefster Überzeugung: Vor 50 Jahren hat man noch mit Kühen gepflügt. Da hat man noch nicht den ganzen Acker umgebaggert beim Pflügen. Heute gräbt man die Böden immer tiefer um, weil sonst nichts mehr wachsen würde. Und verwendet haufenweise Dünger, Spritzmittel, Pestizide, Herbizide – um damit alles unkraut- und schädlingsfrei zu spritzen. Und dadurch krepieren auch gleich die Nützlinge. Monokulturen, wohin das Auge reicht. Ich bin nur neugierig, wie lange das mit dieser Düngerei und diesem Umgraben der Äcker und dem Drüberfahren mit den Riesenmaschinen – mittlerweile gibt es quasi ja schon richtige Waldmähdrescher – noch funktioniert. Wenn wir so weitermachen, werden wir irgendwann wirklich eine Hungersnot haben. Dann verhungern wir aber wirklich. Schaut euch manche Täler hier an: nur mehr Mais für die Massentierhaltung.

WACHSEN ODER NICHT WACHSEN?
Das ist hier die Frage

Zotter, das Bild, das du abgibst, ist das Bild eines glücklichen Unternehmers.
Wenn ihr mein Unternehmen anschaut, dann ist das der Zustand – und mir ist das bewusst – den sicher nur ganz wenige erreichen. So rund, wie das alles derzeit läuft – wirtschaftlich, aber auch von den Abläufen her. Und dazu kommt auch noch der Umstand, dass ich eigentlich genau das machen kann, was ich will, ohne dauernd darüber nachdenken zu müssen, ob ich mir das leisten kann oder nicht. Sonst hätte ich ja zum Beispiel den Essbaren Tiergarten niemals realisieren können.

Hast du auf diesen beneidenswerten Zustand bewusst hingearbeitet?
Natürlich habe ich darauf hingearbeitet, aber das tun eigentlich alle Unternehmer. Unternehmer zu sein, ist ja etwas anderes, als nur einen bestimmten Beruf auszuüben. Unternehmer zu sein, bedeutet nicht einfach, Schuster oder Tischler oder Konditor zu sein, sondern es ist etwas völlig Eigenes. Wenn du Unternehmer bist, dann ist der Beruf bzw. das Handwerk nur das Mittel zum Zweck. Als Unternehmer stehst du, wie gut es auch immer laufen mag, dennoch dauernd unter Druck. Das Unternehmerische ist ein ewiger Adrenalinzustand. Das beginnt schon in der Früh, wenn ich in mein Büro komme und mir sofort einmal meine Mails und meinen Terminkalender anschaue: Was ist wichtig? Ist etwas passiert? Wer kommt heute? Man ist ja auch immer mit der Frage konfrontiert, was man als Nächstes angehen soll.

Die Eroberung des Weltmarktes, oder?
Soll ich euch ein Geheimnis verraten?

Unbedingt!
Verdammt noch einmal: Jaaaa! Natürlich will ich den Weltmarkt erobern. Obwohl ich natürlich immer irgendwie Nein sage.

Was jetzt – ja oder nein?
Schwierig. Ich glaube schon, dass wir alle umdenken müssen. Es kann nicht sein, dass wir ständig nur darüber nachdenken, welchen Markt wir als nächsten erobern. Ich habe eine solche Situation gerade in England, wo ich jetzt schon einen guten

Vertriebspartner für meine Schokolade habe und wo wir recht erfolgreich sind. Eigentlich wollten wir eine eigene Vertriebsniederlassung gründen, aber ich habe mich entschlossen, doch keine klassische Expansion zu machen.

Was meinst du mit klassischer Expansion?

Klassische Expansion bedeutet, dass du in einen Markt gehst, ein Büro eröffnest, ein paar Mitarbeiter engagierst – so unter dem Motto: „Diesen Markt erobern wir jetzt." Aber ich muss euch ehrlich sagen: Erstens fühle ich mich dazu nicht in der Lage. Obwohl das auch wieder nicht stimmt. In der Lage wäre ich vermutlich schon. Ich glaube, ich könnte mich da schon hineindenken. Immerhin sind wir in England ja schon ziemlich gut unterwegs.

Und warum tust du es dann nicht?

Ich frage mich echt: „Warum sollte ich es machen? Warum sollte ich mir das antun?" Eigentlich ist der Aufwand extrem hoch.

Sei doch ehrlich: Du bist zu faul, um England zu erobern.

Das hängt nicht mit Faulheit zusammen, sonst hätte ich mich wohl kaum dazu entschlossen, mit meiner Schokolade nach China zu gehen. Aber an China hat mich noch etwas anderes gereizt: dass wir den Schokoladehandel von Grund auf ganz anders aufbauen können, als wir es hier in Österreich und Europa gemacht haben. Hier haben wir ja den klassischen Handel über die Geschäfte, den Direktverkauf und daneben noch den Onlinehandel. Aufgrund der Voraussetzungen, die ich in China habe, konzentriere ich mich viel stärker auf den Onlinehandel. Das ist es, was mich daran auch besonders gereizt hat. Das muss ich zugeben. Das ist für mich eine völlig neue Dimension. Aber England?! Ob mich da nicht die Vereinigten Staaten mehr reizen würden – also, das könnte sein. Immerhin habe ich dort ja schon einmal als Koch gearbeitet.

England könntest du ja zwischendurch im Handstreich erobern.

Es geht nicht immer darum, irgendeinen Markt zu erobern oder gar die Schokoladenweltherrschaft anzustreben. Außerdem spürt man ja, dass bei den Menschen der Plafond erreicht ist und dass sie vom Angebot, das ihnen täglich aufs Auge gedrückt wird, schon ziemlich übersättigt sind – im wahrsten Sinne des Wortes. Gleichzeitig werden die Rohstoffe knapp und gehen Ressourcen zur Neige. Die immer häufiger und heftiger auftretenden Krisen … Die Leute spüren, dass es nicht mehr in dieser Tonart weitergehen kann – dass immer alles im Überfluss vorhanden ist. Die Leute besinnen sich wieder mehr auf die Erzeugnisse ihrer Region, es entsteht ein regionales Bewusstsein.

zotter pedia

Zotter in China

Eine ebenso verwegene wie unkonventionelle Idee hat Josef Zotter im Jahr 2012: Er beschließt, einen Standort in Shanghai zu eröffnen. Die Expansion in die chinesische Wirtschaftsmetropole läuft entgegengesetzt zu den großen weltwirtschaftlichen Warenströmen. Während China den europäischen Markt mit Produkten der Konsumgüterindustrie überschwemmt, stellt sich Zotter gegen den Trend. Er beschließt, für den chinesischen Markt zu produzieren. Rund 6 Millionen Euro investierte er in ein Schoko-Laden-Theater am Rande der chinesischen Boomtown. Die Schokoladen werden aus der Steiermark geliefert, da die chinesischen Kunden importierte Waren aus Status- und Qualitätsgründen bevorzugen. Nur frische Produkte wie Biofekt und Mi-Xing-bar werden vor Ort hergestellt. Der Vertrieb innerhalb Chinas erfolgt nicht über Zwischenhändler, sondern zum überwiegenden Teil mittels Webshop.

Schotten wir uns jetzt alle ab?

Nein! Ich fahre ja weiterhin nach England oder nach Belgien, um zu sehen, was dort passiert. Und ich lasse es mir ja auch nicht nehmen, die besten Chocolatiers der Welt zu besuchen, egal wo sie arbeiten. Ich grase sie ab wie eine Kuh die Weide. Und natürlich freue ich mich, wenn Leute in England oder sonst irgendwo auf der Welt meine Schokolade kaufen. Ich will ja keinen Rückschritt heraufbeschwören. Aber wenn wir uns heute wieder stärker auf Regionalität besinnen und zum Beispiel von kurzen Transportwegen reden, dann muss es doch auch für Unternehmen irgendwann einmal eine Grenze geben, bei der man sagt: „O. K., das ist jetzt meine Dimension, damit begnüge ich mich." Ich habe das Gefühl, dass ich diese Dimension für mein Unternehmen wirklich erreicht habe. Das Unternehmen läuft perfekt. Ich kann meine Familie lässig ernähren. Ich kann einen tollen Urlaub buchen, ohne dabei nur auf den Preis schauen zu müssen. Aber ich fliege trotzdem nicht auf die Malediven, nur weil die Bungalows dort noch ein bisschen mehr kosten …

Du willst also deine geschäftlichen Tätigkeiten auf dem derzeitigen Stand einfrieren, wenn wir das richtig verstanden haben.

Nein! Das wird es auch nicht sein. Mein Unternehmen läuft ja super und ist auch im letzten Jahr wieder sehr stark gewachsen. Aber wohin will ich denn noch? Das frage ich mich eben. Ehrlich gesagt würde ich mich davor fürchten, dass wir doppelt so groß werden wie jetzt. Klar kann man ein Unternehmen auch anders strukturieren – mit einem Vorstand und einem Finanzchef oder wie auch immer. Aber die Frage ist, ob ich das will und ob ich es überhaupt mit meinen Grundsätzen vereinbaren könnte. Schließlich habe ich mich bisher immer um alles selbst gekümmert. Ich kann mir einfach nicht vorstellen, irgendwo vor einem Bildschirm zu sitzen und den ganzen Tag nur Zahlenkolonnen an mir vorbeiflimmern zu sehen. Das interessiert mich nicht. Mich fasziniert die Schokolade. Irgendwo und irgendwann muss es so etwas wie eine natürliche Grenze für ein Unternehmen geben. Denn was heißt schon Wachstum?

Es kann ja nicht immer alles nur wachsen. Aber stagnieren klingt natürlich auch blöd, ich weiß eh. Vor allem weil diese ganzen Wirtschaftspropheten ja ununterbrochen behaupten, dass man wachsen muss, wenn man nicht untergehen will. „Wer nicht wächst, stirbt." Logisch, weil alles auf Pump aufgebaut ist. Darauf, dass du dir mit geliehenem Geld Wachstum erkaufst. Mit der Folge, dass du immer weiter wachsen musst, damit du dir dein Wachstum leisten kannst und die Zinsen zahlen – und so weiter. Alles ist darauf ausgerichtet, dass man nur überlebt, wenn man wächst. Und wächst man zum Beispiel nur um einen Prozent, dann ist es schon verdammt knapp. Wenn es zwei Prozent sind, dann geht es gerade. Und wachsen wir um drei Prozent, dann kaufen wir eh schon wieder jemanden auf. Es

„Und dass aus Veränderung
und Erneuerung
automatisch ein gewisses
Wachstum resultiert,
das ist halt so."

gibt ja zurzeit gar keine Wirtschaftsmenschen mehr, die ein anderes Modell als das Wachstumsmodell überhaupt in Erwägung ziehen. Wie würde es aussehen, wenn wir stehen bleiben, kein Wachstum mehr erzielen? Das frage ich mich oft.

Ausprobieren! Sag den Leuten da draußen auf den Märkten, dass du von nun an stagnierst und auf jegliches Wachstum verzichtest. Hattest du das eigentlich schon einmal, dass es mit deinen Zahlen bergab ging?
Ja, das hatte ich schon einmal, nämlich kurz vor der Insolvenz mit meiner Konditoreikette. (Lacht.) Obwohl mir damals ehrlich gesagt nicht zum Lachen zumute war.

Damals bist du stark gewachsen und trotzdem gestorben – wenigstens geschäftlich.
Oder gerade deswegen. Das war genau das Problem, dass ich unverhältnismäßig gewachsen bin. Wenn auch nur im Kleinen, weil eigentlich waren es ja keine wirklich bedeutenden Dimensionen. Wir sind auch heute noch ein kleiner Betrieb. Aber es ist ja kein Zufall, dass gerade heute von vielen Denkern eine neue Bescheidenheit verkündet wird – weg von diesem gnadenlosen Wachstum. Schließlich gehen uns teilweise ja schon die Ressourcen aus, auf die wir angewiesen sind, wenn wir dieser Form des Wachstums weiter nachlaufen. Und die Leute spüren natürlich auch immer deutlicher, was da läuft. Irgendwo muss es einen Ausweg geben.

Natürlich frage auch ich mich, wie es mir erginge, wenn ich mein Unternehmen auf dem derzeitigen Stand erhalten würde. Es ist ja nicht so, dass ich dann nichts zu tun hätte. Das Unternehmen braucht mich ja. Wenn ich mir anschaue, wie viele neue Sorten wir wieder entwickelt haben – es sind um die 100 –, dann ist das ja alles andere als Stillstand. Veränderung gibt es ja auch dann, wenn wir nicht um jeden Preis expandieren. Und dass aus Veränderung und Erneuerung automatisch ein gewisses Wachstum resultiert, das ist halt so. Ich gebe mich eben auch nie damit zufrieden, wie es ist. Da kann ich auch nicht aus meiner Haut heraus. Jedes Jahr komme ich wieder auf etwas drauf, wo ich mir denke: „Das könnte man ja noch besser machen." Dann setze ich das um und nach einem Jahr ist mir vielleicht schon wieder etwas eingefallen. Ich weiß ja auch nicht, was unser Ziel ist – was überhaupt des Menschen Ziel ist. Wisst ihr: Eigentlich wäre es jetzt schon einmal lässig, zu konsolidieren und das zu halten, was wir erreicht haben. Schließlich ist mir das unternehmerische Risiko ja bewusst. Und ich riskiere ja nicht vorsätzlich etwas, schon gar nicht ein Unternehmen, das so erfolgreich unterwegs ist. Ich weiß auch nicht, warum ein Unternehmen immer wachsen muss. Irgendwann wird der Moment kommen, wo ich sage: „So, Schluss, das mache ich jetzt nicht mehr, diese Chance lasse ich an mir vorbeigehen."

„Ich fürchte mich vor jedem nächsten Tag. Denn ich weiß ja nicht, ob es uns in der Form dann noch gibt."

Warum tust du das nicht schon längst, sondern wächst ununterbrochen weiter?

Das persönliche Ego spielt immer eine Rolle, so ehrlich muss man sein. Wachstum kann man natürlich hinterfragen, ich tu es auch, aber es hat sicher auch etwas mit dem Thema Stehenbleiben zu tun. Ich weiß, es ist eine alte Floskel, wenn man sagt, dass man sich zurückbewegt, wenn man stehen bleibt. Aber an das glaube ich wirklich. Klass, wenn man so vernünftig ist, zu sagen, den Markt bearbeite ich und der reicht mir. Ich bewundere die Leute, die das können. Aber ich glaube irgendwie nicht daran. Das Interessante ist: Warum mache ich überhaupt neue Projekte? Weil ich erwarte mir ja nicht unbedingt gleich mehr Umsatz. Nein, ich will die Marke absichern. Wenn es dir aber gelingt, die Marke gut abzusichern, hast du automatisch mehr Nachfrage. Wobei ich schon sagen muss, dass ich den Schalter erst umgelegt habe, als ich gemerkt habe, dass meine Kinder eine ähnliche Vision haben wie ich. Sonst hätte ich die Kakaorösterei nicht unbedingt errichtet. Dann wäre es wahrscheinlich sinnvoller gewesen, das Geld unter den Kopfpolster zu legen.

Lässt dich der Umstand, dass dein ganzes Geld im Unternehmen steckt, eigentlich gut schlafen?

Ja, denn irgendwann hast du das Gefühl, dass das, was du machst, zu ziehen beginnt. Du bewegst auch etwas. Bei mir ist es zum Glück nicht mehr so, dass es nur um die Zahlen geht. Ich habe ja auch einen Riesenspaß. Da sind wir beim Serotonin, dem Glückshormon. Ich weiß schon, mit voller Hose lässt sich relativ leicht stinken. Aber das ist ja gleichzeitig auch das Bedrohliche am Erfolg. Manchmal denke ich mir: „Bist du deppert! Wo geht denn das noch hin?" Ich bin ja vom Typ her eher einer, der mit der Sache mitwächst und bei dem die Fantasien dann noch größer werden. Deswegen bin ich extrem gefährdet. Ich weiß das. Das nennt man dann wohl einen Vollblutunternehmer.

Fürchtest du dich manchmal?

Ich fürchte mich vor jedem nächsten Tag. Denn ich weiß ja nicht, ob es uns in der Form dann noch gibt. Das hat nicht nur mit finanziellen Dingen zu tun, es kann ja auch etwas Unvorhergesehenes passieren.

Ist das Modell z o t t e r nur bis zu einer gewissen Größe praktizierbar?

Das habe ich mir auch schon oft gedacht: „Was ist die ideale Größe? Sind es 20 Mitarbeiter? 50? 100? 200? 1.000?" Also, ich weiß wirklich nicht, wo diese Grenze liegt, wo du dein Unternehmen nicht mehr im Griff hast. Das, was ich jetzt habe – auch wenn es immer wieder ein bisschen mehr wird –, das ist schon sensationell. Eigentlich ein lässiger Zustand, so nehme ich es wahr. Was ich gerne vermeiden würde, ist an den zu Punkt gelangen, wo ich sage: „Jetzt habe ich einen Vizestellvertreter und einen Stellvertreter des Stellvertreters und dann rennen wir nur mehr von einem Meeting zum anderen." Derzeit ist es so: Ich gehe hinaus zu meiner Grafikerin, wir besprechen das Thema, in drei Minuten ist es erledigt und ich arbeite weiter. Oder ich gehe in die Produktion, koste was, sage: „Das passt." Es ist toll, einen Zustand erreicht zu haben, in dem ich so agieren kann, wie ich es mir vorstelle.

Müsstest du bloß reagieren – zum Beispiel auf die Vorstellungen eines mächtigen Handelspartners –, würde die Welt anders ausschauen.
Genau! Wenn ich heute den Druck von der Supermarktkette X oder Y hätte, weil ich mit ihr 80 Prozent meines Umsatzes mache, dann wäre ich ihr ja voll ausgeliefert. Wenn ich morgen nicht zum Jahresgespräch aufsalutiere, dann bin ich übermorgen ausgelistet. Wenn dir das passiert, dann schläfst du wahrscheinlich nicht mehr so gut.

DIE LEGENDE VON DEN UNAUSGELASTETEN MASCHINEN
und den toten Lebensmitteln

Zotter, manchmal wirkt deine Manufaktur ehrlich gesagt sogar ein bisschen verschlafen. Deine Maschinen scheinen nicht immer ausgelastet zu sein.

In Wahrheit sind wir ineffizient. Wenn ich meinen Kunden erkläre, dass wir im Sommer zum Beispiel fünf Wochen zusperren und zu Weihnachten dann auch noch ein paar Wochen, dass wir weiters die Rösterei nur zu 40 Prozent und den restlichen Betrieb maximal zu 60 Prozent auslasten, dann könnten sie möglicherweise in Versuchung kommen, mir Folgendes mitzuteilen: „Zotter, du hast einen Huscher und wir kaufen dir keine Schokolade mehr ab. Wenn du willst, dass wir deine Schokolade wieder kaufen, dann lass deine Leute gefälligst Tag und Nacht arbeiten, nütze deine Maschinen aus und werde billiger."

Meistens wird es auch so gemacht, dass über die Massenproduktion die Stückkosten gesenkt werden. Das ist ja in der Wirtschaft ein ganz normaler Vorgang. So werden ja auch Investitionen angelegt. Investitionen zielen nämlich immer auf Effizienzsteigerung. Logisch, denn wenn ich eine größere Maschine kaufe, dann kann ich noch mehr produzieren, brauche noch weniger Leute dafür und kann meine Produkte günstiger verkaufen. Ich bin ja an sich auch kein Kind von Traurigkeit und schaue mir solche Maschinen an. Aber als ich neulich auf einer großen Verpackungsmaschinenmesse in Deutschland war, habe ich zum ersten Mal das Gefühl gehabt: „Was mache ich da eigentlich?" Immer noch größer, immer noch mehr Leistung und dabei immer gleichförmiger. Es schaut doch letztlich schon alles gleich aus. Welcher Konzern würde es sich denn leisten, jährlich 100 neue Produkte auf den Markt zu bringen? Das ist ja eigentlich das Verwerfliche an dieser Art von Wirtschaft, dass über die Massenproduktion die Stückkosten gesenkt werden – nämlich um jeden Preis. Vor allem um den Preis, dass die Qualität völlig eingeebnet wird.

Reg dich nicht auf. Das merkt eh keiner.

Ich reg mich aber auf. Und ich erzähle euch auch gleich, warum. Nur eine kleine Anekdote: Ein großer Lebensmittelerzeuger möchte gemeinsam mit mir ein Produkt herstellen. Für mich ist es natürlich vollkommen klar, dass Bio drin sein muss, wenn zotter draufsteht. Sonst mache ich es nicht. Und es darf bei der Schoko-

Qualität keine Abstriche geben. Allerdings bekommen sie das mit ihren Maschinen verfahrenstechnisch nicht so hin wie gedacht. Damit kämpfen sie jetzt schon seit drei Monate herum, aber es funktioniert noch immer nicht. Was glaubt ihr, was jetzt geschieht?

Keine Ahnung? Was soll schon geschehen? Sie versuchen es halt weiter. Irgendwann wird's schon klappen.
Schön wär's. In Wirklichkeit kommen sie aber zu mir und fragen mich: „Herr Zotter, was glauben Sie, was wir da machen können, damit das endlich funktioniert?" – „Weiß nicht, keine Ahnung, was meinen Sie mit ‚machen'?", frage ich zurück und stelle mich dabei dumm. Aber dann rücken sie damit heraus: „Wir haben leider nicht das Verfahren, um das Produkt in der von Ihnen geforderten Qualität zu erzeugen. Also müssten wir etwas verändern und zwar am Produkt. Wir brauchen eine andere Viskosität. Was hätten Sie denn da für Ideen?" Jetzt ist die Katze aus dem Sack. „Sie", antworte ich nun bereits ein bisschen schärfer, „es wird leider keine andere Viskosität geben. Entweder Sie verwenden unsere Schokolade so, wie wir sie machen, oder es wird dieses gemeinsame Produkt nicht geben." So machen die das. Aber nicht mit mir.

Und deine armen Maschinen dämmern weiter völlig unausgelastet vor sich hin.
Genau! Dieses dauernde Streben nach höherer Auslastung – wohin führt denn das? Sind die Maschinen endlich ausgelastet, kaufst du sofort wieder neue, die du dann wieder auslasten musst. Wenn ich nicht so willensstark wäre, dann würde genau das passieren, was sich diese Herren vorstellen: „Da geben wir ein bisschen etwas dazu, einen Stabilisator zum Beispiel, und dort auch noch was – die Chemie hat ja Einiges zu bieten – und schon läuft die Maschine wie geschmiert. Dann ist zwar das Produkt nur mehr halb so gut, aber es steht trotzdem z o t t e r drauf. Hauptsache, die Maschine rennt Tag und Nacht. Und dann hast du plötzlich ein wesentlich schlechteres, aber auch deutlich günstigeres Produkt auf dem Markt. Es schaut zwar so aus, als ob es ein z o t t e r Produkt wäre, ist aber mindestens um eine Klasse schlechter.

Warum lässt du dich dann überhaupt darauf ein? Musst du vielleicht irgendjemandem etwas beweisen? So eine Art missionarischer Impuls?
Ja, das könnte sein. Ein bisschen schon. Dieses Produkt schmeckt übrigens wirklich sensationell, wenn es mit meiner Schokolade gemacht wird. Ihr müsst euch das einmal vorstellen: Zuerst habe ich ihnen gesagt, wie sie das Produkt machen sollen. Dann haben sie es gemacht. Und dann habe ich ihnen einen Preis dafür genannt. Und da hat es sie auch schon auf den Hintern gesetzt. Und sie haben sich sofort zu

kratzen begonnen: „Mmmh, na ja, das wird schwirig, das ist schon ein ziemlich stolzer Preis." Ich habe mich allerdings nicht beirren lassen. „Das ist so", habe ich gesagt. Und wisst ihr, warum? Weil ich nämlich von ihnen verlangt habe, elf Prozent Schokolade zu verwenden. Normalerweise geben sie nur fünf Prozent Schokolade hinein und zwei Prozent Kakao – irgendein Pulver, ein billiges. Und dann stellen sie sich hin, und verkünden, sie hätten das günstigste Produkt. Aber um welchen Preis? Das frage ich mich schon. Ich lege zuerst einmal das Rezept und den Geschmack fest und bestimme danach den Preis.

LUFT ZU AUTOS SCHMIEDEN

Was würdest du fördern, Zotter?
Diese ganzen Förderungen sollte man, denke ich, sowieso alle abschaffen, die braucht niemand mehr, denn, wie man sieht, haben die anscheinend nicht einmal einen Lenkungseffekt, wenigstens keinen sinnvollen. Die einzige Ausnahme wären vielleicht Start-ups, also Unternehmensgründungen, wenn sich jemand auf seine eigenen Beine stellen will. Da sollte man dann aber nicht nach irgendwelchen Businessplänen fragen, sondern gleich das Geld auszahlen. Allerdings mit der Warnung, dass es das nur einmal gibt und dass das Unternehmen in drei Jahren 50 Prozent Eigenkapital hat und in 10 Jahren 70 oder 80 Prozent.

Das wäre ja überaus lustig, wenn so ein Passus auch für Banken gelten würde: „Ihr könnt nur so viel verleihen, wie ihr auch habt, und zwar real." Das muss man sich auf der Zunge zergehen lassen. In Wirklichkeit ist jeder Kredit, den du bekommst, nur mit 9 Prozent Eigenkapital besichert – ungefähr halt – und die restlichen 91 Prozent sind Luft – oder eigentlich Druckerschwärze auf Papier. Und dafür zahlt man dann Zinsen. Klar, so etwas funktioniert im Kleinen, aber wenn das Ganze zu groß wird, dann stürzt die Pyramide in sich zusammen. Und anscheinend sind gewisse Bankgeschäfte eher Pyramidenspiele als sonst etwas. Aber vielleicht sehe ich das ja auch vollkommen falsch, keine Ahnung. Das Erstaunliche ist ja, dass diese 9 Prozent – oder wie viel es auch immer sein mögen – am Ende dann doch zu einem richtigen Auto werden oder zu sonst etwas und dadurch dann plötzlich irgendwie real geworden sind. Kann aber eigentlich doch gar nicht sein, weil es ja gerade noch hauptsächlich heiße Luft war. Kennt ihr euch da noch aus? Ich nicht. Aber ich habe das Gefühl, dass sich da momentan nicht mehr sehr viele auskennen.

„Kann aber eigentlich doch gar nicht sein, weil es ja gerade noch hauptsächlich heiße Luft war. Kennt ihr euch da noch aus? Ich nicht.

Aber ich habe das Gefühl, dass sich da momentan nicht mehr sehr viele auskennen."

ALLE STEUERN WEG
und Autos, die am Dach fahren

Alle reden von der Steuerreform. Und darüber, dass wir sie ganz dringend brauchen. Glaubst du das auch, Zotter?
Ich sag's euch ehrlich. Aus Unternehmersicht ist es der Wahnsinn. Wir haben ein Steuersystem, wo sich kein Mensch mehr auskennt. Echt, wir verlieren den Überblick. Nicht einmal mein Steuerberater kennt sich mehr aus, obwohl sich der immer total auskennt, wenn ihr wisst, was ich meine. Seine gelbe Schwarte mit den Steuergesetzen wird bei jedem Treffen dicker und bei Meetings schüttelt er nur noch den Kopf. Und wenn einmal irgendwo ein Paragraf wegkommt, kommen auf der anderen Seite wieder drei neue dazu. Wir haben einmal nachgezählt: Allein in unserem Unternehmen gibt es 48 unterschiedliche Steuern, die uns betreffen – Sozialversicherungen und alles mitgezählt. Und ich frage euch, was passiert mit den ganzen Steuern?

Was soll schon passieren? Bezahlen musst du sie!
Das sowieso! Aber das bedeutet gleichzeitig: Wir müssen diese Steuern und Abgaben alle reinrechnen ins Produkt – weil sonst gibt's uns ja bald nicht mehr! Auf jedem Artikel haben wir heute zwischen 50 und 60 Prozent Steuern drauf, d. h., wenn der Konsument 10 Euro zahlt, dann entfallen fast 6 Euro davon auf Steuern – das muss man sich mal vorstellen! Für die Kalkulation eines Unternehmers ist das ein Wahnsinn. Weil viele Steuern fallen ja nicht sofort an, sondern zum Beispiel erst in zwei Jahren – das müsste man aber schon heute ins Produkt reinrechnen. Inzwischen ändert sich aber wieder was und es gibt schon wieder neue Steuern – ehrlich, ich kenn mich hint und vorn nimmer aus!

Ein schönes Schlamassel! Was kann man da machen? Hast du eine Idee, Zotter?
Wenn man sich das Steuersystem heute anschaut, muss man sagen, dass es extrem veraltet ist. Es stammt aus einer Zeit von vor 500 Jahren, wo der Bauer Getreide produziert hat und der König ihm einen Teil abgenommen hat, weil er es für seine Armee gebraucht hat. Aber der König war ja ein Schlauer und hat nicht nur den Anteil genommen, der ausgereicht hätte, sondern natürlich mehr. Und damit hat der König dann Schlösser gebaut, und so hat das Ganze angefangen: Der Bauer hat

gearbeitet und der König hat in Saus und Braus mit seinen Weibern gelebt. Und gleichzeitig hat er die Armee verwendet, um dem Bauern eine aufs Goscherl zu hauen, wenn er aufgemuckt hat. Unser Steuersystem heute kommt mir immer noch so vor. Der Staat tut gerade so, als ob etwas in der Luft entstehen würde, nimmt es dir weg und verteilt es danach, wie es ihm gerade einfällt.

Eine schöne Geschichte, aber die Lösung, Zotter!? Wo liegt die Lösung? Wenn du einen Tag am Drücker wärst, was würdest du ändern?

Ich sage euch, was ich machen würde. Vielleicht klingt es etwas radikal oder von mir aus visionär, aber ich sage: Alle Steuern gehören weg!

Wie bitte?

Ja, wir brauchen keine Steuern mehr und diesen ganzen Wahnsinn unseres Steuersystems, in dem es sich die Großen richten. Stattdessen gibt es nur noch eine einzige Steuer, die alle anderen ersetzt: eine Konsumsteuer! Das heißt, es gibt dann einen bestimmen Steuersatz für jedes Produkt, jede Dienstleistung, ähnlich der Umsatzsteuer, nur halt höher. Ich bin überzeugt, so eine Steuer wäre das Gerechteste. Der, der wenig konsumiert, zahlt wenig Steuern – und das wollen wir ja - und jemand, der viel konsumiert und damit Ressourcen verbraucht, zahlt viel Steuern! Außerdem hätte es den Super-Nebeneffekt, dass auch alle Importe einer Konsumsteuer unterliegen würden: T-Shirt, Schuhe, alles, was jetzt billig aus dem Ausland kommt. Das heißt, das T-Shirt aus Asien kostet dann nicht mehr 10 Euro, sondern, sagen wir, 20 Euro – ohne irgendeinen Zoll einzuführen. Produktion in Europa würde sich wieder lohnen. Aber ich würde noch weiter gehen: Wenn man schon das System ändert, müsste man alles ändern – daher die nächste Bombe: Weg mit der Arbeitslosenunterstützung, weg mit allen Pensionen! Stattdessen eine Mindestsicherung für alle! Wirklich für alle!

Das musst du uns jetzt aber genauer erklären!
Der Zotter streicht uns die Pensionen, na super!

Das ist natürlich provokant, das weiß ich eh selber. Aber mir geht es um den Grundgedanken und der hat schon was. Wie es in der Praxis funktioniert, das kann ich euch jetzt auch nicht in allen Details vorrechnen. Da gibt es Gescheitere als den Zotter. Klar ist jedenfalls: Das Pensionssystem, so wie es jetzt ist, das geht sich nie und nimmer aus! Ein Mensch kommt auf die Welt, macht eine Ausbildung bis 25, geht mit 55 in Pension und genießt seinen Ruhestand bis 90. Wie soll sich das auf Dauer ausgehen? Selbst wenn man ein paar Jahre länger arbeitet. Da brauche ich keine drei Jahre Volksschule, um das zu kapieren. Also wird man sich was überlegen müssen. Daher meine Idee, die ja nicht meine Idee ist, sondern schon viele

„Weg mit der Arbeitslosen-
unterstützung, weg mit allen
Pensionen! Stattdessen eine
Mindestsicherung für alle!
Wirklich für alle!"

„Wir schaffen die Arbeit ab!
Niemand muss mehr arbeiten.
Denn was würde dann passieren?
Die Menschen würden nur noch
das arbeiten, was sie gerne
tun. Je nach Talent und
Leidenschaft. Dann ist auch
niemand mehr arbeitslos."

kluge Köpfe seit Längerem beschäftigt: Statt der Pensionen gibt es die Mindestsicherung, eine bedingungslose Grundsicherung. Finanziert wird sie dadurch, dass alle Sozialleistungen wie Kinderbeihilfe usw. und eben die Pensionen wegfallen. Auch alle Förderungen! Gefördert werden sollen nur noch Start-ups. Gleichzeitig sollte aber der öffentliche Verkehr komplett freigegeben werden. Wer mehr als diese Mindestsicherung haben will, muss selber dafür sorgen. Aber diesen Grundbetrag kriegt jeder: Kinder, Ältere und alle, die nicht arbeiten wollen.

Keiner muss mehr arbeiten. Echt?

Genau darum geht es mir! Wir schaffen die Arbeit ab! Niemand muss mehr arbeiten. Denn was würde dann passieren? Die Menschen würden nur noch das arbeiten, was sie gerne tun. Je nach Talent und Leidenschaft. Dann ist auch niemand mehr arbeitslos. Die Lebensqualität steigt, weil niemand mehr Existenzängste haben muss. Jede Familie entscheidet selbst, wer zusätzlich arbeitet oder sich lieber um die Kindererziehung kümmert. Und auch die ganze Massenproduktion, die eh keiner will, würde weniger werden. Dass ein Fließbandarbeiter am Montag in die Firma reingeht und sagt: „Scheißhackn, i mag net", das wird es nimmer geben. Weil entweder macht er's gerne, weil er halt lieber eine unkreative Arbeit macht, oder der Firmenchef muss höhere Löhne zahlen, weil die Leute sonst lieber zu Hause bleiben. Das heißt, wer will, dass jemand für ihn eine Drecksarbeit macht, muss dafür ordentlich zahlen. Stellt euch nur einmal vor: Ein Müllentsorger verdient gleich viel wie ein Manager, eine Putzfrau gleich viel wie ein Investmentbanker.

Klingt utopisch.

Vielleicht ist es eine Utopie, aber vielleicht wird es auf Dauer auch gar nicht anders gehen. Weil es sieht eh jeder, dass unser System bald an die Wand fährt – aber keiner tut etwas. Wir brauchen ein neues Wirtschaftskonzept, das wieder den Menschen und den Mitarbeiter in den Mittelpunkt des Handelns stellt. Die Maximierung der Menschlichkeit ist der höchste Gewinn. Weil es ist der Punkt erreicht, wo wir es nicht mehr schaffen. Die Leute brechen weg, kriegen Burn-out etc. Deswegen verkündet das Hitradio ja schon am Montag: Ihr müsst's durchhalten, aber wenn ihr erst einmal den Dienstag geschafft habt, dann ist eh schon bald Mittwoch und das Wochenende naht. Das kann's ja auch nicht sein. Während hingegen: Wenn die Menschen frei sind zu arbeiten, werden sie diese Freiheiten auch nützen. Und was würde das auslösen? Ein unglaublich kreatives Potenzial! Die Menschen würden Dinge machen, die wir uns heute noch gar nicht vorstellen können. Weil sie frei sind. Und würden extrem kreative, geile Produkte entwickeln! Vielleicht fahren dann die Autos am Dach und nicht mehr auf vier Rädern.

Nicht nur das: Die Menschen sollen nicht nur entscheiden, was sie arbeiten, sondern auch, wann sie wie viel arbeiten. Weil derzeit halten wir sie ja in Abhängigkeit und bevormunden sie. Wenn heute jemand zu mir kommt und sagt, er möchte zehn Stunden mehr arbeiten, weil er gerade Haus baut oder so, dann soll er das auch dürfen. Jetzt kann es ja sein, dass er am Ende weniger rausbekommt als vorher, obwohl er mehr macht. Wegen Steuern, kalter Progression usw. Den Schwachsinn muss man sich erst einmal geben!

Und glaubst du, deine Mitarbeiter würden dir treu bleiben, wenn sie die Wahl haben?

Genau kann man das nie sagen. Aber ich glaube schon, dass wir viel getan haben, um das Wohlfühlpotenzial bei uns im Betrieb auszuschöpfen. Mit der Gratis-Bioküche haben wir angefangen, Urlaub in der Firma wäre ein weiterer Schritt, das wird uns noch gelingen. Daneben gibt's ja auch noch weitere Ziele, wie wir uns verbessern wollen: zum Beispiel die totale Energieunabhängigkeit des gesamten Produktionsunternehmens, derzeit sind wir durch verschiedene Maßnahmen ja schon zu 60 Prozent unabhängig.

DIE GESCHICHTE VON DER ENDZEIT

Zotter! Was war los in Deutschland?
Ich habe ein Vertriebsmeeting gehabt – mit einem Außendienstmitarbeiter. Als wir fertig waren, sind wir so dagesessen. „Wie ist das Gefühl bei den Menschen auf der Straße hier in Deutschland", habe ich ihn gefragt. „Wie leben die Leute? Wie geht es ihnen?" Das war nicht einer, der sich intensiv mit solchen Fragen beschäftigt. Aber ich hab mir gedacht: „Irgendetwas wird er mir schon erzählen." Da sagt er: „Die Leute kaufen sich immer mehr große Autos. Es scheint ihnen nichts abzugehen."

O. K., ein paar Wochen später war ich dann bei Frank Elstner zu Gast – in seiner Sendung. Ein Sendungsmitarbeiter hat uns mit irgendeinem Porsche vom Flughafen abgeholt. Kein 911er, ich weiß nicht, was für einer das war, auf alle Fälle ein Riesengerät und ich hab zu ihm gesagt: „Boa, Wahnsinn!" Mich hat ein Bekannter begleitet, der ein wirklicher Porsche-Fan ist – ein totaler Porsche-Freak – und für mich ist das auch kein Problem. Plötzlich fängt der Fernsehmann zu erzählen an: Er habe früher einen ganz normalen 911er gehabt, aber mit dem sei er dann auf Eis ausgerutscht. „Das war knapp, Gott sei Dank ist nichts passiert", hat er gesagt, „aber dann habe ich mir plötzlich eingebildet, dass ich ein sicheres Auto brauche." Der Unfall sei halt doch ein ziemlicher Schock gewesen und das habe ihn nachdenklich gemacht. „Und außerdem", habe er sich gedacht, „jetzt, wo man eh nicht weiß, wie es wirtschaftlich weitergeht, leiste ich mir das."

Dann hat er sich dieses Gerät gekauft. Das muss mindestens 200.000 Euro gekostet haben, da bin ich mir ziemlich sicher. Also eine echte Investition. Aber die Geschichte geht noch weiter. Um zu dieser Sendung zu kommen, bin ich in ein Taxi gestiegen – am Sonntag in der Früh. Ich habe ein Gespräch mit dem Taxifahrer begonnen und zu ihm gesagt: „Ach, Sie Armer müssen da am Sonntag in aller Früh durch die Wildnis kurven." Sagt er: „Ich fahre nur mehr am Sonntag, weil ich das sonst nicht mehr aushalte – den ganzen Verkehr und die Staus. Man kann nirgends mehr stehen bleiben und überhaupt diese blöden Autos, die immer größer werden, die brauchen alle eineinhalb Parkplätze und deswegen gibt es nicht mehr genug Parkplätze und oft kommt man nicht einmal mehr vorbei an diesen Kübeln." In diesem Moment habe ich mir gedacht: „Leck Fett'n, das ist das Problem. Das muss man sich einmal vorstellen: Das ist das Problem."

Irgendwie schließt sich da der Kreis. Vielleicht ist es ja wirklich so, dass die Leute instinktiv eine Endzeitstimmung wahrnehmen. Das hört man ja jetzt immer öfter. Es muss ja nicht gleich die ganze Welt untergehen, aber vielleicht doch die Welt, wie wir sie gewohnt waren. Das Leben, wie wir es geführt haben. Und dass die Leute es jetzt – vielleicht sogar unbewusst – noch einmal so richtig krachen lassen. Ein letztes Auflodern vor dem Verlöschen. So eine Supernova. Na ja, auf jeden Fall halten sie sich nicht wirklich zurück und wer kann, der kauft. Es redet ja auch kaum mehr jemand von Elektrospuckerln oder Carsharing oder irgendeiner neuen Bescheidenheit.

SCHLAMMRINGEN
oder das Eigenleben der Pflanzen

Zotter, schaffst du es eigentlich, einfach nur so dazusitzen und ein Buch zu lesen?
Oh ja, das schaffe ich.

Viele schaffen das nicht mehr.
Ich schaffe das, weil ich ja nicht so gierig bin. In meiner Arbeit bin ich zwar schon ein bisschen hyperaktiv, aber in dem Moment, wo ich hier wegfahre …

Dass du uns nur ja nicht anschwindelst!
O. K., ertappt. Natürlich mache ich bei mir zu Hause weiter. Ich habe ja einen ziemlich großen Garten mit Tieren und Pflanzen und allem, was dazugehört. Momentan habe ich gerade den Spleen, dass ich alle Pflanzen mit Mikroorganismen besprühe. Ich habe mir eingebildet, dass das super ist, und jeden Tag sehe ich nach, ob es geholfen hat und die Blätter größer geworden sind. Teilweise gibt es auch schon Erfolge, aber plötzlich haben die Fische in meinen Teichen nichts mehr gefressen. Ich habe sofort nachgeschaut, welche Ursachen das haben könnte. Witzigerweise haben die drei Tage lang nichts gefressen. Wahrscheinlich haben sie sich gedacht: „Der komische Typ schüttet uns da irgendetwas herein, auf das wir überhaupt nicht scharf sind."

Die Tiere haben eben ein Eigenleben.
Aber auch die Pflanzen. Vor Kurzem habe ich in meinem Garten ein Mandelröschen gehabt. Das hat gekämpft und gekämpft – die längste Zeit. Schon im August sind die Blätter ganz welk geworden. Und im nächsten Frühjahr hat es dann wieder geblüht. Aber man hat gemerkt, dass es ihm nicht besonders gut geht. Irgendetwas hat nicht gestimmt. Dann habe ich einen zweiten Strauch auf einen anderen Platz gesetzt und dem ist es dort extrem gut gegangen. Da habe ich das Mandelröschen, dem es nicht so gut gegangen ist, umgesetzt – einfach nur auf einen anderen Platz. Und siehe da: Innerhalb einer Woche war plötzlich alles anders – die Blätter kräftig, sauber und gesund. Das Mandelröschen ist einfach nur die längste Zeit auf dem falschen Platz gestanden. Es hat wohl seine Nachbarn nicht gemocht.

Oder ich habe beobachtet, dass die Ziegen nur zu ganz bestimmten Zeiten mein Wermutkraut gefressen haben, denn normalerweise frisst dieses bittere Zeug niemand und schon gar keine Ziege. Aber die Ziegen sind nicht blöd und wissen, dass man manchmal etwas für die Gesundheit tun muss, und dann beißen sie in das bittere Kraut, damit die Würmer von ihren Gedärmen ablassen. Allein schon dieses Wissen würde der Menschheit Tonnen und Abertonnen von Wurmtabletten aus der Pharmaindustrie ersparen. Das sind geniale Erlebnisse. Versteht ihr? Ich weiß ja auch nicht alles. Das sind diese Erfahrungen, die man macht, wenn man wenigstens ein bisschen mit der Natur zu leben versucht. Aber das bedeutet mir viel mehr, als zum Beispiel auf so einer bescheuerten Plastikschüssel hinter einem Motorboot über die Wellen zu hoppeln.

Trotzdem hoppeln die Leute auf Plastikschüsseln hinter Motorbooten her oder gehen zum Beispiel in ein Einkaufszentrum, um ihr Glück zu suchen.
Im Winter, weil es draußen kalt ist.

Oder im Sommer, weil es drinnen angenehm kühl ist – durch die Klimaanlage. Aber Spaß beiseite. Man geht ja selbst immer wieder hin. Letztlich wird man aber auch nicht wirklich glücklich.
Das hätte ich euch vorher auch schon sagen können. Aber ganz ehrlich: Ich habe dieses Bedürfnis nicht. Natürlich war ich schon ein paar Mal in einem Einkaufszentrum und hab mir das angeschaut. Aber wirklich glücklich macht es mich nicht.

Hast du dir in deinem Leben schon einmal ein Schlammringen in einer oststeirischen Disco angeschaut?
Ein was?

Ein Schlammringen.
Nein, habe ich noch nicht gesehen. In ein Tabledance-Lokal bin ich einmal geraten. Aber fragt mich nicht, wo. Und so eine Schaumparty habe ich mir einmal angeschaut – weil es mich interessiert hat. Fasziniert hat es mich allerdings nicht gerade.

Du hast sogar den Fernseher aus deinem Leben verbannt. Es ist doch nichts Böses, sich hin und wieder einen Film anzusehen, oder?
Es ist nichts Böses, aber trotzdem besteht die Gefahr, dass du dabei verblödest. Es gibt sicher Sendungen, die hundertprozentig gut recherchiert und gut gemacht sind, darüber brauchen wir überhaupt nicht zu diskutieren. Aber es ist heute schon mühsam genug, das überhaupt herauszufinden. Und die Gefahr ist extrem groß,

dass du dich den ganzen Abend nur noch berieseln lässt. Dass du dir sagst: „Eh wurscht, was für eine Sendung, Hauptsache, der Fernseher rennt." So wie du halt auch ins Einkaufscenter gehst und dort dann versumperst. Und statt zu sagen, dass sie dich dort in den nächsten fünf Jahren nicht wiedersehen, weil du ja bemerkt hast, dass es dort nichts Gescheites gibt, rennst du schon am nächsten Samstag wieder hin. Da sind wir alle gefährdet. Wir suchen alle das Glück. Ich suche es auch. Ich habe nur erkannt: Das Einkaufszentrum ist es für mich nicht. Und das Fernsehen ist es auch nicht. Ich weiß auch, dass ich das Handy eigentlich nicht brauche. Aber ich verwende es trotzdem, wenigstens im Urlaub. Man kommt diesen ganzen Sachen eh nicht wirklich aus. Aber irgendwann musst du auch wieder einmal zu einem normalen Menschen werden. Wenn es dein Bedürfnis ist, ins Einkaufszentrum zu gehen, weil es so super ist, ist das auch O. K. Ich hab kein Problem damit.

Wie sehen das eigentlich deine beiden erwachsenen Kinder?

Eigentlich müsstet ihr sie ja selbst fragen, denn wenn ich das jetzt sage, klingt das möglicherweise ein bisserl deppert – als wollte ich damit beweisen, was für ein super Vater ich doch bin. Aber neulich kommt mein Sohn nach Hause und sagt: „Du, Papa, ich hab dir ein Brot aus Wien mitgebracht." Darauf schüttle ich nur den Kopf und frage ihn, warum er denn um Gottes willen ein Brot aus Wien mitgebracht habe. Weil ich ja der Meinung bin, dass es sowieso nirgends mehr ein gutes Brot gibt und schon gar nicht in Wien. Er lässt sich davon aber nicht beirren, sondern legt den Laib auf den Tisch. „Ich hab da eines entdeckt." Ich denke mir: „Bist du deppert, was ist denn das wieder für ein Brot?" Aber dann schneide ich mir eine Schnitte herunter, schiebe sie mir in den Mund und da haut es mich von den Socken. „Wahnsinn, wo hast du denn dieses Brot her? Das gibt's ja nicht", schüttle ich den Kopf. „Ein paar Schritte hinter der Staatsoper", erklärt er mir, „hat einer einen Backofen in einen kleinen Laden gestellt." Das müsst ihr euch vorstellen: Da arbeitet dieser Typ und was aus dem Ofen rauskommt, wird verkauft. Nicht mehr und nicht weniger. Wenn du irgendeine bestimmte Sorte willst, kann es dir passieren, dass er sie gerade nicht hat. Dann kannst du entweder fürs nächste Mal etwas zurücklegen lassen oder du nimmst halt das, was da ist. So läuft das. Mitten in Wien. Und dass meine Kinder auf so etwas draufkommen, darauf bin ich echt stolz. Umso schlimmer wäre es, wenn sie draufkommen müssten, dass auch so ein Bäcker irgendwo hinten in der Backstube wieder seine fertigen Backmischungen stehen hätte.

DER CHEF IM GLASHAUS

Noch Fragen, Zotter?
Ja. Wohin gehört der Chef im Unternehmen? In die Glasetage ganz oben oder doch lieber an die Werkbank? Ich meine …

Was?
… wir denken verkehrt.

Du meinst also, wir denken verkehrt? Er meint, wir denken verkehrt!
Es ist ja die Werkbank, an der das Geld verdient wird. Also gehört der Chef an die Werkbank. Und die ganzen unternehmenspolitischen Entscheidungen sollen von mir aus die treffen, die dauernd nur die Zahlen im Kopf haben. Aber sie dürfen niemals der Chef sein, sonst gibt's morgen kein Gratisessen mehr für meine Mitarbeiter. Und dann sind alle traurig und strengen sich nicht mehr so an, was wiederum dazu führt, dass die Schokolade nicht mehr so gut ist, und dann muss ich die Schokolade billiger verkaufen und dann … Und so weiter.

DER RHYTHMUS DES HERZENS

Zotter, du redest oft von Urlaub, aber man sieht dich die ganze Zeit hier in deiner Manufaktur herumlaufen wie aufgezogen.
Ich habe in den letzten Jahren sicher Raubbau betrieben. Ich tue ja immer nur so, als hätte ich so ein relaxtes Leben. Es ist eh nicht so einfach. Außerdem: Was heißt schon Urlaub? Machen sich nicht manche Leute im Urlaub noch mehr Stress, als sie bei der Arbeit ohnehin schon haben?

Oje, das klingt jetzt schon beinahe so, als wärst du ein Gefangener deines Unternehmens.
Ich würde nicht sagen, dass ich ein Gefangener meines Unternehmens bin. Ich bin ganz gerne da drinnen. Man kann ja auch sagen, man sei in etwas gefangen und das verschaffe einem eine gewisse Befriedigung. Ich muss definitiv nicht unbedingt drei Wochen auf Urlaub fahren, um dann dort von der Firma und von der Schokolade nichts zu hören. Es ist ja nicht so, dass Arbeiten für mich eine Strafe wäre. Ich bin ja auch relativ viel unterwegs und reise zum Beispiel immer wieder in die Kakaoanbaugebiete in Südamerika. Das ist zwar schon ein bisschen beruflich, aber zwischendrin habe ich auch Zeit, um mir etwas anzuschauen. So gesehen bin ich im Jahr eh sechs, sieben oder acht Wochen auf Urlaub. Wer hat denn das sonst? Das darf man eh nicht laut sagen. Dann würde es gleich heißen: „Der hackelt ja überhaupt nichts mehr."

So richtig faul wirkst du nicht. Eher ein bisserl manisch.
Na ja, manisch ist jetzt aber schon ein bisschen übertrieben. Ich freue mich halt, wenn etwas weitergeht. Aber wenn man ein Unternehmen aufbaut, betreibt man natürlich manchmal Raubbau an seinem Körper, das ist ja logisch. Aber derzeit habe ich nicht mehr das Gefühl, dass ich mich so brutal ausbeute. Vor ein paar Jahren war das noch viel stärker der Fall. Damals, als das Ganze plötzlich begonnen hat, größer zu werden, habe ich wirklich das Gefühl gehabt, mich selbst auszubeuten. Ich habe damals selbst noch sehr viel in der Produktion gearbeitet, nebenbei alle Entscheidungen getroffen und den ganzen Druck gespürt. Wenn man dann auch noch bedenkt, wie es mir damals finanziell gegangen ist – das war nicht immer lustig. Das war wirklich Raubbau und da bin ich dann auch zum Arzt gegangen und

der hat mir gesagt: „Pass auf, du hast schon Herzrhythmusstörungen." Das war nicht einmal in der ersten Phase, sondern irgendwann später. Denn in der Aufbauphase selbst war ich ja in einer Art Glückszustand. Da hatte ich extrem viel Power.

Besonders schlimm war es in der Zeit, in der ich mit meinem ersten Unternehmen in der Insolvenz war – wo ich diese Ausweglosigkeit gespürt und sogar Depressionen bekommen habe. Das war, bevor ich hier angefangen habe. Da hat der Arzt zu mir gesagt: „Wenn du so weitermachst, dann liegst du mit 45 oder 50 wahrscheinlich auf der Tacken." (Dt. etwa: in extrem schlechter Verfassung oder bereits tot sein.) Zufällig war ich vor einiger Zeit gerade wieder einmal bei einer Vorsorgeuntersuchung und mittlerweile habe ich einen Herzrhythmus wie viele andere auch. Ich glaube, Raubbau betreibt fast jeder einmal. Aber irgendwann kommt die Erkenntnis, wo du sagst: „So geht es nicht weiter."

Wenn man es sich leisten kann, nicht mehr so weiterzumachen.

Na ja, letztlich trägt man als Unternehmer natürlich auch die Verantwortung für seine eigene Gesundheit – soweit man sie beeinflussen kann. Aber es stimmt schon: Mittlerweile habe ich es mir natürlich auch ein bisschen gerichtet. Das Unternehmen läuft ja inzwischen fast wie ein Uhrwerk und es hat eine Dimension erreicht, die im Prinzip nur mehr gepflegt werden muss. Das ist jetzt nicht mehr so eine körperliche Anstrengung. Und ob ich um acht oder um neun oder sogar erst um elf hier auftauche, ist eigentlich ziemlich egal. Eigentlich ist es sogar besser, wenn ich erst um elf komme. Dann funktioniert es besser. Hahaha.

Ist das der Glückszustand, den du angestrebt hast?

Das ist schon ein Glückszustand. Das muss ich echt sagen. Es ist wirklich ein lässiger Zustand. Das sage ich jetzt nicht, weil es vielleicht gut klingt, sondern weil es wirklich so ist. Deswegen sehe ich auch den Urlaub anders. Ich könnte nicht behaupten, dass ich im Urlaub alles abdrehe. Im Urlaub habe ich zum Beispiel auch das Handy mit, das ich während der Arbeit so gut wie nie eingeschaltet habe. Wo die meisten anderen das Handy abschalten, dort habe ich es mit. Ich will mich nicht vom Betrieb abnabeln und es ist genial, wenn ich mein Superding da einschalte und die Mails sehe. Und dann kann ich sofort entscheiden, was wichtig ist und was nicht. Das beruhigt mich irrsinnig. Seit ich das mache, ist es für mich mehr Urlaub als vorher. Vorher bin ich eigentlich den halben Tag dagesessen und habe mit mir gerungen, ob ich jetzt im Betrieb anrufen und fragen soll, ob alles in Ordnung ist. Statt mich zu erholen. Oder ich habe mich gefragt, wann ich denn angerufen werde, weil irgendetwas passiert ist oder nicht so funktioniert, wie es sollte. Jetzt ist das überhaupt kein Thema mehr.

Die Szene würden wir jetzt aber gerne nachstellen – wie du mit deinem Handy auf Urlaub bist, zum Beispiel auf der Alm oder so.

Können wir: Um acht in der Früh nach dem Frühstück gehe ich hinter einen Baum, schalte das Handy ein, sitze im Gras und schaue mir die Mails an. Dann lege ich es wieder weg. Und am Nachmittag vielleicht noch einmal. Aber sonst reizt es mich überhaupt nicht.

LANG LEBE DIE HOSE!

Zotter, deine Hose!
Was ist mit meiner Hose? Was starrt ihr mich so an?

Bist du deppert, die Hose hat ein ...
Meint ihr ein Loch?

Unglaublich, der läuft mit einer geflickten Hose herum.
Und?

Normalerweise kauft man sich eine neue Hose, statt die alte zu flicken. Das ist doch dreißig Jahre her, dass man Hosen geflickt hat. Wer flickt denn heute noch Hosen?
Seht ihr, genau das ist der Punkt. Natürlich könnte ich mir eine neue Hose leisten, das ist ja kein Geheimnis. Aber ich habe da jemanden, der meine Hosen flickt. Das kostet kaum weniger, als wenn ich mir eine neue Hose kaufen würde. Ich habe übrigens eine Hose zu Hause, die ist bereits dreimal genäht worden. Die, die ich heute trage, erst einmal. Ich gehe mit der auch an die Öffentlichkeit. Das könnt ihr mir glauben. Ich kann doch eine Hose nicht wegwerfen, nur weil sie ein Loch hat oder der Stoff irgendwo gerissen ist.

Schauen dich die Leute da nicht ein bisschen komisch an? Die glauben ja, du bist – äh – nicht ganz normal oder so.
Wenn jetzt einer sagt, der Zotter ist nicht ganz dicht, dann könnte es mir passieren, dass ich ein bisschen ausfällig werde und ihn frage, was für ein Vogel er denn ist. Nein, das tue ich natürlich nicht. Aber interessant ist, dass sich das ohnehin keiner zu fragen traut. Bestenfalls schauen sie ein bissel komisch und denken sich: „Jetzt ist es dann bald so weit."

Stört dich das nicht?
Sollen sie von mir aus blöd schauen, wenn sie glauben. Ähnlich geht es mir, wenn ich mit meinem Elektroauto unterwegs bin und irgendeinen Hügel hinaufkrieche, weil ich halt logischerweise nicht 150 PS unter dem Hintern habe. Dann picken sie

mir mit ihren Autos hinten drauf, deuten mit dem Finger, weil ich nicht schneller fahre, und verlieren hinter mir fast die Nerven, weil sie mich nicht überholen können. Irgendwann überholen sie mich und hupen wie die Idioten oder zeigen mir den Vogel. Nicht immer natürlich, aber es kommt schon ziemlich oft vor. Manchmal aber passiert es, dass sie mich beim Überholen erkennen und auf einmal werden sie ganz unsicher. Aber das musst du aushalten, wenn du für dich in Anspruch nimmst, nicht immer mit dem Strom zu schwimmen. Die Hose, die ich heute trage, hätten die meisten anderen wahrscheinlich schon zweimal weggeworfen. Und ihr könnt mir glauben: Ich habe sie nicht angezogen, um euch irgendetwas zu beweisen. Erst gestern habe ich mir wieder eine Hose zerrissen und ich werde sie wieder nähen lassen. Klar, ich könnte mir zehn neue Jeans kaufen. Aber wozu? Wisst ihr, was ich allerdings wirklich nicht kapiere?

Nein.

Dass die Leute Jeans kaufen, die schon beim Kauf kaputt sind, weil irgendein Möchtegerndesigner glaubt, dass das schick ausschaut, wenn man ein paar Risse hineinmacht. Und am meisten wundert mich, wie viel Geld die Leute dafür bezahlen. Und bei mir schütteln sie dann den Kopf, weil ich eine geflickte Hose trage. Da sieht man, was für einen Klopfer wir teilweise haben.

EIN ZOTTER, ZWEI SCHUHE
(oder das Verschiedene an mir)

Warum trägst du eigentlich immer Schuhe von verschiedenen Paar Schuhen als Paar Schuhe? Anders ausgedrückt: Warum hast du zwei verschiedene Schuhe an?

Weil ich mir irgendwann die Frage gestellt habe: Warum haben immer alle die gleichen Schuhe an? Ist doch logisch, oder? Fragt ihr euch das nicht auch manchmal? Außerdem erweitert es den Spielraum: Ich hab einfach mehr Möglichkeiten.

Jetzt führst du uns aber am Schmäh, oder?

Nicht wirklich. Das stimmt schon so. Ich erzähl euch ja keinen Blödsinn. Aber wenn ihr es ganz genau wissen wollt: Ursprünglich ist mir schon eine Verwechslung passiert. Plötzlich bin ich nämlich mit zwei fast gleichen Schuhen hier in der Firma gestanden, aber die waren eben nur fast gleich. Und die Leute redeten mich auch schon an, dass ich zwei verschiedene Schuhe anhabe. „Herr Zotter, sie haben da zwei … äh … verschiedene Schuhe an. Oder täusche ich mich?" Ich hab zuerst gar nicht gewusst, was los war. Fast so peinlich wie ein offenes Hosentürl, bloß, dass du das Hosentürl zumachen kannst. Aber was machst du, wenn du zwei verschiedene Schuhe anhast?! Und ich hatte mich sowieso schon gewundert, wieso mich die Leute so komisch anschauten – irgendwie verlegen. „Du wirst alt", hab ich mir gedacht, „jetzt schauen dir die Leute nicht mehr ins Gesicht." Aber dann hab ich die Situation kurz entschlossen einfach umgedreht – sozusagen aus einer Schwäche eine Stärke gemacht. Ab diesem Tag habe ich in der Früh sicherheitshalber gleich zwei verschiedene Schuhe angezogen. Nicht blöd, oder? Aus einem Irrtum ist auf diese Weise mehr oder weniger ein Bestandteil meiner Ich-Marke geworden. Ich-Marke – so heißt doch dieses bescheuerte Wort, oder? Ich hab das dann noch ein bisschen philosophisch und theoretisch untermauert: Warum haben alle immer zwei gleiche Schuhe an? Logisch: Weil wir alle festgefahren sind und in unseren Kastln feststecken. Es war immer so, es ist so und es wird immer so bleiben. Aber warum ist es so? Und muss es wirklich so bleiben? Wenn du die Leute so etwas fragst, zeigen sie dir ja immer noch teilweise den Vogel. Also dachte ich mir: „Ich mache es ab heute anders! Ab sofort ziehe ich einen Schuh an und suche mir für den zweiten Fuß einen anderen – einen, der mir halt gerade gefällt. So muss ich mich nicht für ein Paar entscheiden. Ich gehe also jeweils mit zwei Paar Schuhen durchs Leben." So viel zum philosophischen Hintergrund. Kapiert?

Ist das der einzige zählbare Vorteil, dass du dich nicht mehr entscheiden musst?

Nein, selbstverständlich nicht. Es gibt eine Reihe weiterer Vorteile. Ich kann jedem nur empfehlen, sich unterschiedliche Schuhe anzuziehen. Es steigert die Zufriedenheit und das Wohlbefinden spürbar, um nicht zu sagen signifikant. Zum Beispiel: Ein Hund zerbeißt einen Schuh. Ich kann den zweiten wunderbar weiterverwenden. Aber es muss ja kein Hund sein. Ein Schuh hat ein Loch oder löst sich auf – oder was weiß ich. Davor habe ich einen Schuh oft nur deswegen weggeworfen, weil der andere kaputt war. Ressourcenvernichtung, wie sie im Buche steht. Da sieht man wieder: Oft reicht eine winzige Idee – die Philosophen nennen es Paradigmenwechsel – und die Welt sieht schon wieder ganz anders aus. Aber wer denkt so? Die Leute glauben ja, ich mache das nur, weil ich ein bisschen schrullig bin. Aber ich denke bei so etwas natürlich viel weiter – auch wenn es ursprünglich bloß ein Irrtum war. Aus Irrtümern sind schon viele gute Ideen entstanden, da bin ich mir sicher. Mittlerweile ist das natürlich schon zu einem Running Gag geworden. „Hallo, Herr Zotter, Sie haben ja wieder zwei verschiedene Schuhe an. Hahaha, komisch." Und so weiter. Viele denken sich vermutlich sogar: „Ganz schön schräg, dieser Zotter. So etwas würde ich mich auch gerne trauen." Denke ich mir halt. Beim Smalltalken sind die Schuhe sowieso ein unbezahlbarer Vorteil. Wenn mir sonst nix einfällt, dann reden wir halt über die verschiedenen Schuhe. Ich muss eigentlich gar nicht mehr viel sagen. Die Leute schauen mich von unten nach oben an und die Sache ist gegessen. Wenn einer zwei verschiedene Schuhe anhat, dann ist er sowieso nicht von dieser Welt, also wurscht. Das ist der Außerirdischenbonus.
Aber das Ganze zeigt auch, wie einfach es ist, beachtet zu werden, wenn man auch nur ein paar Zentimeter von eingetretenen Pfaden abweicht. Andererseits ist das auch ganz schön beängstigend. Leute, die in den Augen der Gesellschaft nicht hundertprozentig „normal" sind, bekommen das ja sofort zu spüren. Für mich ist das mit den zwei Schuhen sozusagen ein Spaß mit Hintersinn, aber wenn jemand von den Normen der Gesellschaft abweicht, ist das für den dann oft alles andere als ein Spaß. Und auch ich hab mir jetzt quasi durch die Hintertür wieder ein klitzekleines Problem eingehandelt: Ich muss jetzt nämlich immer zwei verschiedene Schuhe tragen, ob ich will oder nicht. Denn würde ich plötzlich wieder der Norm entsprechen und klassisch ein Paar Schuhe tragen, würden sich die Leute sicher denken: Jetzt ist er nicht mehr ganz normal, der Zotter.

Andreas h. Gratze und Josef Zotter

PENISVERLÄNGERUNG

Zotter, das Auto ist eigentlich eine arme Sau. Es ist unser erklärtes Feindbild. Dauernd wird es von uns aufs Übelste beschimpft, obwohl wir doch selbst dauernd darin herumgurken. Wäre es nicht höchste Zeit, sich beim Auto zu entschuldigen?
Ich bin ja quasi in meiner Jugend auch mit dem Ford Taunus durch die Gegend gegurkt. Das war super. Wir haben uns mit der Handbremse auf der Straße umgedreht und lauter so Sachen. Natürlich hab ich auch so einen Schwachsinn gemacht, klar.

Was ist in der Folge bei dir schiefgelaufen, dass du so eine fürchterliche Aversion gegen das Auto entwickelt hast?
Es hat mich in Wirklichkeit immer schon gestört. Sogar als ich es gemacht habe, ist mir das schon irgendwie auf die Nerven gegangen. Ihr kennt das sicher: Man tut es, obwohl es einen eigentlich schon längst auf die Nerven geht. Meistens ist es in einer Gruppe, wo man dann doch irgendwie dazu gehören will und deswegen einfach mitmacht. Das soll jetzt keine Ausrede sein, aber so war es. Diese Mutproben – ich habe einfach mitgemacht. Wenn du bei so etwas nicht mitgemacht hättest, wärst du halt vermutlich der totale Außenseiter gewesen und kein Mädl hätte dich angeschaut. Auch nicht so lustig.

Viele deiner Freunde, mit denen du damals im Taunus unterwegs gewesen bist, sitzen heute wahrscheinlich in einem A6 oder in einem 5er-BMW.
Ich glaube, A6 geht sich für die meisten nicht aus. Das ist nämlich auch interessant. Vielleicht A3. Keine Ahnung, warum sie sich keinen A6 leisten können. Teilweise würden sie sicher gerne einen haben. Aber wozu brauchen die Leute so große Autos? Vermutlich eben genau deswegen, weil sie so groß sind. Die Leute stehen deswegen auf große Autos, weil sie so groß sind. Penisverlängerung!

Das kann aber eher nur Männer betreffen.
Die glauben, dass sie dann so einen Penis haben, wenn sie mit einem großen durch die Gegend brausen. Ich übertreibe jetzt natürlich. Das findet ja mehr auf einer symbolischen Ebene statt. Penisersatz, genau genommen.

Das könnte jetzt auch auf Frauen zutreffen, rein theoretisch.
Aber die eigentliche Frage ist doch die: Ist Autofahren für die Leute heute noch lässig?

Klar doch. Superlässig!
Und ich hätte mir gedacht, dass es vielleicht gar nicht mehr so super ist, weil eigentlich mittlerweile eh alle Autos irgendwie gleich ausschauen.

Ich versteh das ja wirklich nicht. Einerseits jammern alle, dass die Luft so schlecht ist und dann fahren sie erst wieder jeden Tag dreimal in die Stadt und zurück – mit ihren Cayennes oder ihren Q7 und wie die Geräte alle heißen. Ehrlich gesagt kapiere ich nicht, warum das nicht anders funktionieren kann. Eigentlich ist das ja wirklich nicht mein Problem, aber ich spüre es aus dem Bauch, dass sich etwas rühren muss. So kann das ja nicht weitergehen. Es gibt so viele gescheite Leute. Die sollten sich einmal ausrechnen, was das kostet und wie viel Energie dadurch verbraucht wird, wenn die ganzen Speckgürtelbewohner täglich dreimal in die Städte fahren. Noch dazu werden die Autos immer breiter, sodass sie kaum noch durchkommen. Und für so ein Auto brauchst du bald zwei Parkplätze. Der enorme Schaden, der dadurch entsteht – einmal abgesehen vom gesundheitlichen. Denn der ist mit Geld ohnehin nicht aufzuwiegen.

Was sollen wir jetzt tun?
Ich sage nur: London.

Was hat das mit London zu tun?
In London gibt es eine Citymaut. Ich muss euch echt sagen: London hat an Lebensqualität hundertprozentig gewonnen. Da bin ich mir absolut sicher. Es fahren zwar noch immer Autos herum, aber es ist definitiv besser geworden. Wirklich. London ist ja bitte nicht irgendein kleines Nest, das ist eine Weltstadt. Das ist ein Koloss. Aber die haben das bereits umgesetzt. Die leisten sich das. Noch nicht mit letzter Konsequenz vielleicht, aber sie sind auf dem Weg. Und auch dort gibt es einen Bürgermeister, der möglicherweise wiedergewählt werden will. Aber sie haben es gemacht. Da könnte man zum Beispiel einmal hinfahren und sich das anschauen.

Wenn du dort beim Hyde Park unterwegs bist und plötzlich ganz normal über die Straße gehen kannst und gerade einmal drei Autos stehen bleiben, wenn die Ampel auf Rot springt – also ich würde sagen, das ist schon ein extremer Unterschied gegenüber vor zehn Jahren. Das ist ein gewaltiger Unterschied. Damals hast du ja geglaubt, du musst dich jetzt gleich zu fürchten beginnen, weil du überhaupt nicht mehr gewusst hast, wie dir geschieht. So ein Verkehr war dort. Und siehe da: Es funktioniert. Was sie in London noch nicht eingeführt haben, ist, dass der öffentliche Verkehr in der Stadt auch noch gratis ist. In den Städten muss man gratis mit den öffentlichen Verkehrsmitteln fahren können, das ist meine Überzeugung. Das spart Kosten, bringt Lebensqualität. Stellt euch vor, man könnte auf der Ringstraße in Wien wieder herumblödeln und Graz wäre ein Luftkurort.

Aber du lebst ja nicht in Wien oder Graz und schon gar nicht in London, sondern in Gleisdorf. Und du arbeitest in Bergl, also mitten in der Wildnis.
Stimmt. Mein Traum wäre sowieso, dass viel öfter Züge fahren. Von mir aus sollen sie die Bahnstrecke zweispurig ausbauen und dafür die Autobahn auf eine Fahrspur reduzieren. Und vom und zum Bahnhof fahre ich dann halt mit einem Elektrospuckerl. Das muss nicht einmal unbedingt mir gehören, Hauptsache, es steht da und ich kann mich hineinsetzen und über die letzten zwei Hügel fahren. Das muss es schaffen.

Im Zug würde ich gemütlich die Zeitung lesen oder auf meinem Handy irgendetwas erledigen. Das wäre ein Traum. Dann wären wir im Paradies. Und wenn die so gescheit sind und jeder Sitz einen Internetanschluss bekommt – weil das WLAN, wie sich jetzt herausstellt, halt vermutlich doch nicht so gesund ist – dann stehst du theoretisch mit der ganzen Welt in Kontakt. Dann ist es völlig wurscht, ob ich zwischen Bergl und Gleisdorf unterwegs bin oder irgendwo in London herumdüse. Versteht ihr?

Das ist doch Zukunftsmusik. Aber was machst du jetzt, heute, hier, in diesem Augenblick?
Na ja, immerhin stehen da draußen im Essbaren Tiergarten neun Fotovoltaik-Mover herum. In nächster Zeit muss ich zwar ein bisschen sparen, aber in Zukunft können wir ja noch mehr davon installieren. Und vielleicht ist dann auch die Technik schon wieder etwas weiter ... Und irgendwann habe ich dann da unten plötzlich einen Garten, der mir mehr Energie bringt, als ich in meinem Unternehmen verbrauche.

GLITZER UND GLAMOUR

Zotter, du bist ja mittlerweile ein gern gesehener Talkshow-Gast – im Radio und so.
Ja, eh lustig. Dann erzähle ich halt wieder ein paar Episoden aus meiner Kindheit. Mein Gott, wie süß. Dass der Zotter einmal ein ganz armer Bauernbub war. Und pleite war er auch schon. Aber was wollte ich eigentlich sagen?

Woher sollen wir das wissen?
Vielleicht wollte ich bloß einmal hochoffiziell feststellen, dass diese ganze Glitzerwelt teilweise schon reichlich komisch ist. Wenn du dir so eine Boulevardzeitung anschaust, greifst du dir wirklich an den Kopf. Manchmal habe ich das Gefühl, dass es keine Reichen und Schönen gibt, sondern nur Arme und Kranke – wenn ihr versteht, was ich meine. Warum ist eine Amy Winehouse zum Beispiel schon mit 27 gestorben? Und sie war ja nicht die einzige Musikerin, die mit 27 gegangen ist. Weil diese Glitzer- und Scheinwelt so verrückt ist, dass sie das einfach nicht mehr packen. Sie verlieren den Boden unter den Füßen. Da hilft ihnen die ganze Kohle nichts. Man muss eben auch einmal sagen, dass man einen 500-Euro-Schein nicht essen kann. So ein Butterbrot mit Schnittlauch und Salz aber – das ist so was von genial. Oder eine Extrawurstsemmel mit Essiggurkerl und Mayonnaise.

So etwas kann man natürlich nur still und heimlich essen, wenn es draußen stockfinster ist. Sehen darf dich niemand dabei. Weil offiziell geht das natürlich nicht, wenn du reich und schön bist. Da führt dann an Kaviar und Jakobsmuscheln einfach kein Weg vorbei – nippen und schlürfen. Auf synthetisches Trüffelöl fährt derzeit sowieso ganz Kitzbühel ab. Und die Gänseleber ist überhaupt überdrüber … Weil das Vieh da wirklich urlang hat leiden müssen, was sich natürlich im Preis niederschlägt. Und um mir so etwas leisten zu können, muss ich natürlich mörderisch hackeln. So deppert musst du erst einmal sein, dass du Tag und Nacht für etwas arbeitest, von dem dir irgendwer einredet, dass es angeblich super ist und wichtig.

GEGENSTAND VON IRGENDWAS
(Harvard)

Zotter, du bist mit deiner Schoko ja auch Gegenstand …
Ja, von was eigentlich? Wir tun uns schwer, das richtig auszusprechen. Hilf uns bitte.
Also, ich bin Gegenstand einer Harvard Business School Case Study.

Wahnsinn!
Da schaut ihr, gell?! Neulich waren wieder zwei ehemalige Studenten da, die das damals gemacht haben, und ich habe mich mit ihnen unterhalten. Beide sitzen jetzt in New York. Er in einer sehr großen Bank, sein Büro ist ein Eckerl in der Wall Street ohne Fenster. Aber er ist ja noch jung, das wird schon noch werden mit einem Fenster. Sie arbeitet derzeit als Troubleshooterin für einen Private-Equity-Fonds und saniert Unternehmen, die der Fonds gekauft hat. Sie verfügt übrigens über enorm viel Erfahrung, weil sie ja immerhin schon 30 ist und das ist ja in diesem Business fast schon alt und – ja, genau – schließlich hat sie ja auch in Harvard studiert. Und Harvard ist nicht irgendwas.

Harvard ist Harvard.
Stimmt. Sie saniert gerade irgendeine Buchhandelskette. Die haben sich vermutlich ein bissel schwergetan, weil in Amerika vielleicht noch weniger Bücher gekauft werden, keine Ahnung, und deswegen sind sie halt übernommen worden. Und jetzt werden sie nach allen Regeln der Kunst aufpoliert. Vermutlich wird jetzt alles besser und es wird auch schon ein Käufer gesucht, der ein paar Millionen hinlegt, da muss es doch jemanden geben, womöglich ein Hedgefonds. Und wahrscheinlich landet die Buchhandelskette, wenn es sie dann überhaupt noch als Kette gibt, in ein paar Jahren wieder bei diesem Equity-Fonds zur Sanierung, aber wahrscheinlich machen das dann schon die nächsten Harvardabgänger. Nichts gegen Harvard – ist eine super Uni. Jedenfalls hatte ich heute mit den beiden eine philosophische Diskussion dort draußen auf der Terrasse. Das Thema war: Ist die Welt noch zu retten?

Er: „Nur wenn es die totale freie Marktwirtschaft gibt." Eh klar: Der Bessere überlebt, der Härtere gewinnt und der Brutalere wird am Ende übrig bleiben. Und dann wird logischerweise alles gut, oder?

zotter **pedia**

Zotter in Harvard

Pionier zu sein, ist für Josef Zotter nichts Ungewöhnliches. In diesem Fall kam es aber eher überraschend. So wurde Zotter 2010 als erster österreichischer Unternehmer zum Lehrinhalt einer Harvard Business School Case Study, einer Fallstudie an der berühmtesten Managementschmiede der Welt. Zotter trat dafür selbst vor Ort vor die Studierenden, um ihnen seine unkonventionellen Überzeugungen näherzubringen: Wie funktioniert ein Unternehmen, dessen Maxime nicht die Gewinnmaximierung ist? Weshalb verzichtet ein Unternehmen auf Marktforschung und klassische Werbung? Wie arbeiten die Kontrollmechanismen im fairen Handel? Warum Insourcing statt Outsourcing, warum Qualität statt Masse? Warum darf man den Markt nie fragen, was er will? Antworten und Anregungen für eine neue Generation von Führungskräften. Inwieweit sich die eine oder andere Zotter-Idee in den Köpfen der Jungmanager fortpflanzt, wird die Zukunft zeigen.

Ich antworte ihm also: „Du machst die Rechnung ohne den Wirt, mein Freund. Wo werden denn all die Ressourcen in Zukunft herkommen?"
Er: „Da gibt es genug davon, nur keine Panik."
Ich: „Aber das Erdöl wird vermutlich in 30 Jahren ausgehen, vielleicht aber auch erst in 45."
Er: „Egal, dann entwickeln wir eben andere Methoden, um Energie zu gewinnen. Machen wir eh schon."
Ich: „Aber Rohstoffe, die man für die Energiegewinnung aus Sonnenenergie braucht, die werden auch schon ziemlich knapp."
Darauf er: „Ja, shit. Aber auch egal, dann wird es halt etwas anderes geben. Wurscht, was."

Ich: „Verdammt, aber das Klima heizt sich jetzt schon auf, dass uns Hören und Sehen vergeht."

Er: „Das glaube ich nicht."

Ich: „Und wo kommt das Essen für 12 Milliarden Leute her?"

Er: „Kein Problem. Mit Kunstdünger und Gentechnik können wir noch viel mehr produzieren."

Ich: „Phosphor, einer der wichtigsten Bestandteile von Kunstdünger, geht übrigens auch schon flöten."

Er: „Ach so. Das habe ich noch nie gehört."

Ich: „Dann wird es aber wirklich knapp, weil dann wächst auch noch weniger."

Er: „Keine Ahnung. Wird schon nicht so schlimm sein."

Ich: „Das Wasser ist in den Ländern, aus denen unsere ganzen schönen Konsumartikeln kommen, außerdem auch schon ziemlich verseucht."

Er: „Dann muss man eben bessere Kläranlagen bauen."

Ehrlich gesagt hat mich dieses Gespräch anfangs ziemlich deprimiert, weil du null Chance hast, da durchzukommen. Da holt dich der Teufel, wenn du scheinbar gegen eine Wand diskutierst und dann merkst, wie jeder in seiner eigenen Welt lebt. Aber das Spannende ist, dass wir von so unterschiedlichen Positionen doch miteinander kommunizieren und voneinander lernen können. Ich werde immer für meine Überzeugungen eintreten, aber es ist wichtig, auch anderen zuhören zu können und sie zu verstehen.

Und auf die anderen zuzugehen. Persönlich schätze ich die beiden ja sehr. Stellt euch vor, er hat mich sogar zu seiner Hochzeit nach Amerika eingeladen. So was taugt mir auch, denn genau bei den Jungen müssen wir ansetzen. Und wenn es oft noch so aussichtslos erscheint. Das musst du denen erklären wollen. Wir müssen ihnen erklären, dass es genial ist, wenn man an morgen denkt, und dass jeder Paradeiser aus dem eigenen Garten der absolute Megahammer ist. Obwohl das natürlich auch kein Zustand ist, wenn jeder nur das Gemüse aus dem eigenen Garten isst. Darum warne ich auch vor diesen gnadenlosen Regionalaposteln. Das ist auch so eine Blase – die Regionalblase. Und am Schluss hockt dann wieder jeder hinter seinem Zaun und ballert auf alles, was sich bewegt.

„Wir müssen ihnen erklären,
dass es genial ist,
wenn man an morgen denkt,
und dass jeder Paradeiser
aus dem eigenen Garten
der absolute Megahammer
ist."

EIN EINFACHES ESSEN
(warum so traurig?)

Sag was, Zotter!
Momentan reden wir ein bissel viel über dieses blöde Wirtschaftswachstum. Aber irgendwie brauchen wir auch ein paar Lösungen, oder wie seht ihr das?

Wir sehen keine Lösungen, ehrlich gesagt.
Ich weiß ja selbst keine – so auf die Schnelle. Aber Trübsal blasen hat auch keinen Sinn. Also, einfallen würde mir schon einiges und ich versuche ja auch, in meinem Betrieb etwas weiterzubringen, aber ich kann ja nicht die ganze Welt …

Was? Retten?
Wer kann schon die Welt retten? Gestern war ich übrigens bei der Eröffnung eines Kulturfestivals. Da wurde so ein Tanzstück aufgeführt, das überwiegend in der Nacht spielt. Also, ich sage euch: Da holt dich der Teufel, wenn du dir das reinziehst. Alles sooo traurig. Wenn du das auf die derzeitige Weltuntergangsstimmung umlegst … Und man hat natürlich keine Chance, etwas dagegen zu tun. Und alle müssen sparen. Es ist so schrecklich. Aber, ich sag euch: Bei dieser Eröffnung haben sich die Balken gebogen vor lauter Essen bzw. Köstlichkeiten am Büfett. Das könnt ihr euch nicht vorstellen. Mehr als genug. Jede Menge Bier. Das war natürlich alles gesponsert, logisch! Der Bürgermeister sponsert und der Landeshauptmann sponsert und die Brauerei sponsert. Und natürlich sponsert der Zotter auch, weil er so nett ist. Man trinkt selbstverständlich nur den besten Wein – auch gesponsert. Herrlich, sage ich euch. Alles im Überfluss.

Nur das Stück, das zur Aufführung gelangte, war todtraurig – weil nämlich die Welt da draußen so fürchterlich traurig ist. Ein Spiegelbild der Zeit. Hauptsache, drinnen gibt es genug zu essen und zu trinken. Prost! Einen Klopfer haben wir schon, oder? Wir fressen und saufen vom Besten und jammern, dass die Welt so schlecht ist. Dann sollte man doch das Essen besser denen geben, die es wirklich brauchen, oder? O. K., bei uns hat es zum Beispiel gestern so ein richtiges Arme-Leute-Essen gegeben. Wisst ihr überhaupt noch, was das ist?

Etwas Einfaches sozusagen.
Ja, Eintopf zum Beispiel. Einfacher Eintopf.

Eintopf ist ja auch relativ einfach zu machen.
Also ein einfaches Essen im doppelten Wortsinn. Genial, oder? Aber laut sagen darfst du es nicht, dass du nur einen Eintopf gegessen hast. Aber wir sind halt auch einfache Leute. Bei dieser Eröffnung gab es aber echte Nobeleintöpfe, von Haubenköchen zubereitet. Weil die Welt ja so fürchterlich in der Krise ist und alle abspecken müssen und daher bei dieser Eröffnung gleich einmal die große Bescheidenheit ausgebrochen ist: Eintöpfe! Huch, es geht uns wirklich schlecht! Dass du mit dem, was diese Eintöpfe gekostet haben, vermutlich ein paar Hundert Kinder vor dem Verhungern retten hättest können – O. K. Aber mittlerweile sind die wahrscheinlich eh verhungert. Wo waren wir eigentlich?

Lösungen! Wir haben nach Lösungen gesucht.
Wenn ich da bei meinem Fenster rausschaue – heute waren wieder mehr als 2.000 Leute hier. Teilweise gehen sie dann auch in den Essbaren Tiergarten und freuen sich ihres Lebens. Manches, was sie dort unten sehen, ist lustig gemacht, manches todernst. Zum Beispiel fehlen gegenüber letzter Woche schon wieder 80 Hühner. Dafür gibt es eine „Himmelsuppe von ehemaligen Tiergartenbewohnern". Das ist durchaus ernst gemeint, schließlich heißt er ja auch Essbarer Tiergarten und nicht zum Beispiel Ungenießbarer Tiergarten oder wie auch immer. Manche Leute wundern sich vielleicht, manche finden das möglicherweise sogar fürchterlich. Man kann nicht jedem alles recht machen, das führt bloß zu einem Einheitsbrei und letztlich zum Konsumfrust. Und dann wundert man sich, wenn die Leute um ein oder zwei Prozent weniger kaufen. Was sollen sie denn kaufen, wenn alles gleich ist? Auf alle Fälle führt das dann direkt in die Wirtschaftskrise und zu allgemeiner Traurigkeit. Aber irgendwann geht dann doch wieder die Sonne auf und wir können uns auch wieder über die kleinsten Kleinigkeiten freuen. So, Schluss! Ich muss etwas tun. Die Leute wollen auch manchmal den Zotter sehen. Also, rein ins Menschenbad! Energie tanken für neue Taten und Ideen! Weil sonst kaufe ich mir ein Motorboot und denk mir: „Macht, was ihr wollt – Hauptsache, mir geht's gut."

„Wir fressen und saufen
vom Besten und jammern,
dass die Welt so schlecht
ist. Dann sollte man doch
das Essen besser denen geben,
die es wirklich brauchen,
oder?"

Die ÖKO-Essbar mit Biorestaurant, Life Cooking und dem Einsatz von Getreidemühle, Ölpresse, Nudelwerkstatt und die Metzgerei warten mit köstlichen Gerichten aus eigener Verarbeitung auf, eine eigene Kaffeerösterei liefert den z o t t e r Kaffee Mi(s)Chung. Sogar ein eigenes Schokoladebier wird gebraut und der Flat-Ice-Salon erfreut sich regen Zuspruchs.
Ebenso beliebt: Der Essig und Öl-Stand sowie eine interaktive Küche, um seine Kochkünste auf virtuelle Weise zu erproben.

Die landwirtschaftlichen Flächen für den Essbaren Tiergarten wurden in der Zwischenzeit auf 72 Hektar erhöht.

zotter pedia

Essbarer Tiergarten

Eine Vision wurde Wirklichkeit, eine Idee zwischen Attraktion und Provokation zu einem neuen Publikumsmagneten. Unter dem Motto „Schaut dem Essen in die Augen" bietet ein 72 Hektar großer Biobauernhof den Besuchern am Gelände der zotter Schokoladen Manufaktur seit Mai 2011 sowohl tierisches Vergnügen als auch interaktiven Anschauungsunterricht zum Thema artgerechter Lebenswandel und bewusster Umgang mit unseren Lebensmitteln. Denn die Tiere des Tiergartens, viele von ihnen vom Aussterben bedrohte Nutztierrassen, dienen nicht nur als Streichelzoo, sondern landen – nach einem quiekfidelen Bioleben – früher oder später auf den Tellern der Tierparkbesucher. Mit dem Essbaren Tiergarten will Zotter die absurde Logik umkehren, dass man einerseits nicht wissen will, wie das Tier aus dem Supermarktfleischpackerl gelebt hat, und dass man andererseits Tiere, die man streichelt und denen es gut geht, nicht verspeisen möchte. Bewusstseinsbildung auf sinnlich-raffinierte Art.

Ganzheitlichkeit dominiert im Essbaren Tiergarten, in dem sich Zottelrinder, Wollschweine, Schwäbisch-Hällische Schweine, Turopolje Schweine, Sulmtaler Hühner, Altsteirer Hühner, Enten, Gänse, Puten, Schafe, Ziegen, Damwild, Belgische Riesenhasen, Esel, Tauben, Wachteln, Bienen, Gänsegeier sowie Karpfen, Schleie und Welse – allesamt artgerecht – tummeln. Der gesamte Tierpark ist dank Fotovoltaikanlage und Erdwärme energieautark. Es gibt Erdställe, alle Bauten sind begrünt, Speisereste und Holzbestecke werden kompostiert.

Zu den zahlreichen kreativen Attraktionen, Bauerngolf (als Wurfgeschoss dient ein Gummistiefel), einer Piep-Show (mit kleinen Kücken), einer Hangrutsche vom Skywalker, Slacklines im Wald oder Musiklauschen am Bach – kommen stets neue dazu.

...zur kleinen Auszeit

Auf dem Weg ...

Das Naturerlebnis-Restaurant

ESSBARer Tiergarten

Bio-Landwirtschaft erleben

Hier summt's im Zug

Ideenfriedhof

Bauerngolf

LETSCHERTER SALAT

Zotter! Die jungen Leute müssen etwas Anständiges lernen – einen Beruf zum Beispiel.
Ja, genau, etwas Anständiges. Irgendwer hat vor nicht allzu langer Zeit eine Kampagne gestartet: Die jungen Leute sollen einen Beruf lernen, ein Handwerk. Und man wollte auch von mir einen Beitrag – dass ich sozusagen etwas Gescheites sage. Aber was soll ich dazu sagen?

Sag halt irgendetwas.
Ich hab eh was gesagt, nämlich: „Was wollt ihr mit dieser Kampagne?" Da haben sie geantwortet: „Ja, dass die Leute wieder einen handwerklichen Beruf lernen, also in die Lehre gehen." Da hab ich ihnen wiederum geantwortet: „So könnt ihr dieses Problem, dass zu wenige junge Menschen ein Handwerk erlernen, nicht lösen. So nicht."

Warum denn nicht?
Warum nicht? Das kann ich euch schon erklären: Weil nämlich das ganze Image der Lehre beschädigt ist. Weil – brutal gesagt – nur mehr der letzte Rest eine Lehre macht. Die, die übrig bleiben, die nicht können und die nicht wollen.

Zotter! So kannst du über die jungen Leute nicht sprechen.
Stimmt, jetzt rede ich auch schon so daher. Unglaublich. Entschuldigung! Also, ich korrigiere mich: Das ist nicht der letzte Rest, der eine Lehre macht. Nein, es sind wahrscheinlich die Talente, die keiner erkannt hat, weil sie durchs System geschleust worden sind, ohne dass sich irgendjemand wirklich mit ihnen beschäftigt hätte. Wenn du heute eine Hauptschule und einen polytechnischen Lehrgang absolvierst, dann bist du in diesem System ja wirklich unten durch. Du bekommst dort wirklich nichts mit, weil sich dort kaum jemand um die Jugendlichen kümmert. Und diese Leute gehen dann maximal in einen Beruf. Ich kenne ein paar Berufsschullehrer, die mir immer wieder schildern, wie es in so einer Anstalt zugeht. Das glaubt man kaum. Das ist ein Wahnsinn. Da lehnen die Leute mitten im Unterricht herum und haben die Füße auf dem Tisch. Und wenn du sie als Lehrer fragst, warum sie verdammt noch einmal die Haxen am Tisch haben, dann

„Dass wir den Kindern einreden,
dass sie nur gut sind,
wenn sie einen Einser in der
Deutschschularbeit haben
und in Mathematik und Latein,
das ist schon einmal
ein fataler Fehler."

fragen sie dich höchstens, was dich das angeht und ob du ein Problem hast. Nicht alle zum Glück, aber die Ausnahme ist es dort angeblich nicht. Da haben dann natürlich die Lehrer auch kaum mehr eine Chance, irgendetwas zu bewirken. Und jetzt stellt euch einmal vor, diese Leute stehen dann in einem Restaurant in der Küche und kochen und ihr seid zu Gast. Vor Kurzem war ich zu einer Hochzeitsgesellschaft in einem renommierten Hotel eingeladen – insgesamt waren da ungefähr 80 Gäste. Aber was der Koch dort gekocht hat – unfassbar. Eine Frechheit, dass solche Leute kochen.

Oje. Was war denn los?
Wir haben einen Salat bekommen – ich glaube, den haben sie drei Stunden vorher abgemacht. Eigentlich sollte der Salat ja das Aushängeschild eines Gasthauses sein – knackig und frisch. Aber der war nicht frisch. Überhaupt war das ganze Essen irgendwie einfach mühsam. Es war echt brutal. Gut ist etwas anderes. Aber wahrscheinlich ist es wirklich kaum möglich, bessere Leute für diesen Job zu bekommen. Wo willst du sie denn hernehmen? Ich sehe es ja auch in unserem Unternehmen, dass es nicht so einfach ist, wirklich gute und engagierte Mitarbeiter zu bekommen. Und wenn ein Koch halbwegs gut kocht oder wenigstens nicht schlecht, dann musst du schon zufrieden sein. Aber wirklich mit Pfiff, das schaffen die wenigsten.

Leider Gottes habe ich nicht mehr die Zeit, um mich selbst in die Küche zu stellen, sonst würde ich es manchmal fast tun. Kochen ist eben etwas, was du auch nur bis zu einem gewissen Grad lernen kannst. Aber wenn du wirklich gut sein willst, dann musst du diese Arbeit lieben. Das kann man nur aus Leidenschaft machen. Sonst funktioniert es nicht. Vielleicht sind solche Leute ja oft auch nur am falschen Ort. Es muss eben auch ein Wille da sein, etwas zu lernen, sich weiterzuentwickeln, sich weiterzubilden. Aber man darf natürlich nicht ungerecht sein. Also war ich noch einmal dort und ich muss sagen: Mittlerweile haben sie dort ein gutes Team gefunden.

Wo hast denn du eigentlich deine Lebensschule absolviert?
Keine Ahnung. Ich bin ja auch in die Hauptschule und ins Polytechnikum gegangen. Eigentlich war mein Lebensweg auch nicht gerade vorprogrammiert. Das Einzige, was mir mein Elternhaus in dieser Hinsicht mitgegeben hat, war das Bewusstsein, dass man für das, was man haben will, arbeiten muss. Ich habe schon sehr früh zu Hause auf dem Hof mithelfen müssen. Aber wenn du so eine Einstellung mitbekommst, ist das eh schon viel.

Andererseits brauchen wir ein neues Bildungssystem. Das, was wir jetzt haben, ist einfach nicht gut. Dass wir den Kindern einreden, dass sie nur gut sind, wenn sie einen Einser in der Deutschschularbeit haben und in Mathematik und Latein, das

„Warum sollte jemand,
der vom Kochen keine Ahnung
hat, sich mit Lebensmitteln
beschäftigen?"

ist schon einmal ein fataler Fehler. Ein Kind kann zum Beispiel zeichnen wie ein Einser, aber Zeichnen ist ja angeblich nicht so wichtig. Wir schneiden beim PISA-Test eh schon so schlecht ab und noch immer haben sie nicht gecheckt, warum. Das allein zeigt ja schon, wie es um unser Bildungssystem bestellt ist. Natürlich kannst du behaupten, die Kriterien würden nicht zu uns passen, und feststellen, der ganze Test sei sowieso für die Fische und das interessiert mich nicht. Klar kannst du das. Das mag ja alles seine Richtigkeit haben. Fakt ist aber auch – und das habe ich in Finnland und Dänemark mit eigenen Augen gesehen –, dass die Menschen dort einfach anders sind. Viel aufgeschlossener der Bildung gegenüber. Ich hab dafür ja auch keine wissenschaftliche Erklärung. Keine Ahnung, ob die deswegen wirklich eine bessere Wirtschaftsleistung haben und innovativer sind als wir. Ich weiß es nicht.

Aber zurück zum Bildungssystem. Wir brauchen Lebenskunde. Wir brauchen Kochen und Lebensmittelkunde-Unterricht. Die Leute müssen sich mit den Basics vertraut machen können. Weil, wenn die Kinder in der Schule sich damit nicht beschäftigen, dann kann man von ihnen später als Erwachsene auch nicht erwarten, dass sie sich über irgendetwas den Kopf zerbrechen. Warum sollte jemand, der vom Kochen keine Ahnung hat, sich mit Lebensmitteln beschäftigen? Kann mir das jemand sagen? Die werden immer nur irgendwelche Fertigprodukte kaufen.

Und noch was: Ich kann nicht erwarten, dass die Erwachsenen kreativ und innovativ sind, wenn ich ihnen als Kindern die Kreativität ausgetrieben habe. Das funktioniert nicht. Ich bin mir nicht mehr so hundertprozentig sicher, ob wir hier das bessere Bildungssystem haben als meine Kakaobauern in Lateinamerika. Natürlich wird bei uns ein höherer Aufwand betrieben, das ist schon klar. Aber ihr müsst euch das einmal anschauen, wie dort der Unterricht abläuft. Dort werden diese Basics vermittelt. Ich möchte jetzt ja nicht behaupten, dass dort alles super ist, aber die Kinder lernen zuerst einmal ganz normal Rechnen und Schreiben und so weiter. Aber sie lernen auch sehr viel vom Leben und zum Überleben. Zwangsläufig. Bei uns aber bekommen die Kids sofort einen irrsinnigen Druck mit, weil sie nämlich nicht an ihren Fähigkeiten und Talenten gemessen werden, sondern an einem bestimmten Ideal von Allgemeinbildung. Und wenn du allgemein ziemlich gut bist, dann hast du gewonnen. Dann bist du ein sogenannter guter Schüler. Das hat aber noch überhaupt nichts damit zu tun, ob du auch entsprechend lebensfähig bist. Ich bilde mir ein, dass das bei uns in die falsche Richtung geht. Das ist traurig, denn eigentlich haben wir kein einziges Talent zu verschenken. Die kann man nämlich nicht nach Belieben nachdrucken, Geld schon.

„Bei uns aber bekommen die Kids sofort einen irrsinnigen Druck mit, weil sie nämlich nicht an ihren Fähigkeiten und Talenten gemessen werden, sondern an einem bestimmten Ideal von Allgemeinbildung."

DAS LEIDEN DES (JUNGEN) ZOTTER
oder selber denken

Und du, Zotter?

Ich habe als Schüler immer unter diesem blöden Notensystem gelitten. Wenn ich zum Beispiel in Mathematik gut war, dann war ich in Deutsch gleich umso schlechter. Mir sind immer sehr lustige Geschichten eingefallen, aber diese Rechtschreibregeln haben mir den letzten Nerv gezogen, das war eine Katastrophe. Wenn es damals schon Computer mit einem Rechtschreibprogramm gegeben hätte, wäre ich vermutlich Autor geworden. Ehrlich gesagt hat es mich einen feuchten Dreck interessiert, ob man etwas mit einem weichen oder einem harten d oder t oder b oder p schreibt, und warum zwei s oder warum nur eines. Ich muss euch das ja nicht erklären, oder?

Natürlich ist ein gewisses Basiswissen wichtig. Dagegen ist ja grundsätzlich nichts einzuwenden. Super, wenn die Kinder schreiben lernen. Aber ich weiß, warum die Nordländer bessere PISA-Ergebnisse haben: Die haben nämlich tatsächlich ein anderes Modell. Ein sturer Lehrplan wie bei uns? So etwas Blödes. Und noch dazu für alle gleich. Für die Lehrer ist das logischerweise lässig. Die spulen den Stoff herunter und dann ab auf den Tennisplatz oder nach Hause – mit den eigenen Kindern üben, weil die am Vormittag womöglich auch nicht wirklich etwas gelernt haben. Aber Lehrer müssen nicht nur ihre eigenen, sondern alle Kinder, die sie unterrichten, lieben, so wie ich meine Schokolade liebe. Ich weiß, das ist jetzt vielleicht ein blöder Vergleich, aber trotzdem … Übrigens: Gerade habe ich eine Vorschrift vom Arbeitsmediziner bekommen: Meine Mitarbeiter müssen während ihres Aufenthaltes im Essbaren Tiergarten Sonnenbrillen tragen. Es dürfen auch irgendwelche billigen sein. Hauptsache, sie tragen welche. Sicher werde ich bald verpflichtet sein, dafür Sorge zu tragen, dass meine Mitarbeiter auf dem Klo auch ganz sicher ihr Hoserl runterlassen. Selber denken wird bald niemand mehr müssen.

„Sicher werde ich bald
verpflichtet sein,
dafür Sorge zu tragen,
dass meine Mitarbeiter
auf dem Klo auch ganz sicher
ihr Hoserl runterlassen.
Selber denken wird bald
niemand mehr müssen."

DIE ARME SAU,
die nicht mit dem Arsch wackeln darf

Zotter, wenn du von einer Schweinefleisch-Aktion im Supermarkt hörst, dann rennst du natürlich sofort hin, gell? Zum Beispiel: „Sensation! Das Kilo jetzt statt 5,99 nur unglaubliche 3,99."

3,99 statt 5,99? Ich sag euch was: Ich habe mich mit einem unterhalten, der sich so etwas angeschaut hat. Die sind mit einem Lkw voll Fleisch vorgefahren, haben es abgeladen und verkauft. Die Leute haben das Geschäft regelrecht gestürmt. Ein Wahnsinn! Könnt ihr euch das vorstellen? Ein fertiges Schnitzelfleisch um 3,99. Und dann fragst du dich, wie viel der Bauer für diese Sau noch bekommen hat. Aber man weiß es ja eh: 1,30 bis 1,80 pro Kilo Schweinefleisch.

Eh super, oder?

Super? Da wäre ich mir nicht so sicher. Das sollte man sich vielleicht ein bisschen genauer anschauen. Rechnen wir einmal nach! Sagen wir, eine 100-Kilo-Sau kostet 140 Euro. Zum Vergleich: Eine Arbeitsstunde bei uns kostet 35 Euro. Das heißt: Vier Arbeitsstunden für eine Sau. Da frage ich mich: Sind wir noch ganz dicht? Vier Stunden für eine Sau! Da ist irgendetwas vollkommen aus den Fugen geraten.

Was meinst du?

Was ich meine? Dass so etwas nur mit Massentierhaltung funktioniert. Aber das siehst du natürlich nicht, wenn du das Fleisch um 3,99 kaufst. Ich kann dir aber sagen, wie das funktioniert: Die arme Sau steht in einem Massenstall und darf sich nicht bewegen. Wenn sie nämlich dreimal mit dem Arsch wackelt, hat sie zu viel Energie verbraucht und rechnet sich nicht mehr. Deswegen wird man natürlich alles daransetzen, dass sie ihren Arsch nicht bewegt und den ganzen Tag nur frisst. Das nennt man dann Schweinemast. Das musst du dir einmal geben!

Aber die Bauern sind ja auch arme Schweine. Was sollen die denn tun, Zotter?

Ich muss ja nicht so gierig sein und immer alles mitmachen. Es muss halt auch Produzenten geben, die selbst ethische Werte haben und sagen: „Ich möchte nichts produzieren, was ich nicht selbst gerne essen würde." Norbert Hackl vom Labonca-Biohof in Burgau ist zum Beispiel so ein Produzent. Aber leider gibt es auch andere

„Vier Stunden für eine Sau!
Da ist irgendetwas vollkommen
aus den Fugen geraten.

... Wenn sie nämlich dreimal
mit dem Arsch wackelt,
hat sie zu viel Energie
verbraucht und rechnet
sich nicht mehr."

Beispiele, zum Beispiel Bauern, die 500 Schweine auf engstem Raum einsperren. Wie gesagt: Nur nicht mit dem Arsch wackeln! Und weiter hinten haben sie einen kleinen Stall mit Wiese rundherum, da leben ein paar glückliche Hausschweine drin und werden jeden Tag mit Brot, Salat und Körnderln gefüttert. Schwein gehabt, kann man da nur sagen. Das sind übrigens die Schweine, die der Bauer selbst isst. Und die anderen, die im Massenstall dahinvegetieren, die sind dann für den Markt. Also, wenn ihr es wissen wollt: Für mich fällt das unter die Kategorie „bauernschlau".

Ist der Konsument nicht selbst schuld, wenn er sich Fleisch aus Massentierhaltung andrehen lässt.
Wer verantwortet das? Ist es wirklich der Konsument? Das frage ich mich schon. Also, ich finde eigentlich nicht, dass der Konsument schuld ist, denn der Konsument kennt sich ja nicht mehr aus.

Ist er zu blöd, um sich auszukennen?
Nein, aber er wird manipuliert. Dauernd brechen von allen Seiten Werbebotschaften über ihn herein – aus dem Fernsehen, den Printmedien, dem Internet. Natürlich kann jeder Mensch rein theoretisch selbst entscheiden, welches Fleisch oder welche Schokolade er kauft und welche nicht, aber wenn die Leute keine Ahnung davon haben, was hinter den Kulissen wirklich vor sich geht, dann werden sie sich dabei schwer tun.

Also ist der Konsument letztlich selbst eine arme Sau.
Ein glatter Freispruch!
Auf alle Fälle kann man dem Konsumenten nicht die Schuld an diesen Zuständen geben, wenigstens nicht die Hauptschuld, sondern man müsste bei den Nächsthöheren in dieser Kette ansetzen und das wären die Produzenten und Unternehmer.

Kennst du dich als Konsument eigentlich halbwegs aus?
Mich würgt es.

Was, du würgst das Fleisch von der Massentierhaltungssau hinunter?
Nein, natürlich nicht! Es würde mich würgen, wenn ich so etwas hinunterwürge. Es schmeckt mir einfach nicht. Mir steigen die Grausbirnen auf. Ich bin schon oft genug irgendwo gesessen und es hat mich plötzlich zu würgen angefangen, weil mir das alles bewusst geworden ist. Darum habe ich mir zum Ziel gesetzt, kein Fleisch zu essen, wo ich nicht weiß, wo das Tier herkommt. Zu Hause funktioniert das sehr gut, auswärts – wenn man zum Beispiel essen geht – ist das schon schwieriger.

„Darum habe ich mir
zum Ziel gesetzt,
kein Fleisch zu essen,
wo ich nicht weiß,
wo das Tier herkommt."

Aber jetzt einmal ehrlich: Der Konsument kauft die Massentierhaltungssau ja nicht unbedingt, weil er manipuliert wird, sondern weil er bei diesem von dir erwähnten Aktionspreis von 3,99 ganz eindeutig der Gewinner ist.

Super, der Konsument ist also der Gewinner. Im weitesten Sinn stimmt das sogar. Er freut sich über den Superaktionspreis, geht nach Hause und schiebt den Schweinsbraten ins Rohr. Aber …

Was aber?

In Wahrheit ist der Konsument auch selbst davon betroffen. Wenn zum Beispiel eine Riesenmöbelkette die Holzlatten in Bangladesch unter widrigsten Bedingungen schneiden und mit Lacken behandeln lässt, die bei uns verboten sind, dann ist es für den Konsumenten natürlich lässig, dass er gewinnt und ein Regal aufbauen kann, das nur 29,90 gekostet hat. Blöd wäre nur, wenn der Konsument zum Beispiel gleichzeitig Tischler ist und in einem Betrieb arbeitet, der Regale erzeugt, die um – sagen wir – 79,90 verkauft werden. Wenn der dann behaupten würde, dass er der Gewinner ist, würde ich das ehrlich gesagt für ein ziemliches Risiko halten. Könnte nämlich durchaus sein, dass dieser Konsument in zwei Jahren als Tischler keine Arbeit mehr hat. Ist der Konsument in diesem Fall der Gewinner?

Wenn wir das richtig sehen, ist der Konsument also eine doppelt arme Sau: Er hat keine Ahnung, was vorgeht, und ist davon auch noch betroffen. Na bravo! Kaufst du denn keine Aktionswurst?

Nein. Ich kaufe meine Wurst bei Norbert Hackl oder bei einem Fleischer in Gleisdorf. Der heißt Feiertag. Der hat Biowurst. Davon hat er zwar nur vier Sorten, aber das reicht mir. Polnische, Käswurst und noch irgendeine. Und die Extrawurst. Die kaufe ich für meine Tochter. Mehr gibt es nicht. So hab ich halt nicht 100 Würste zur Auswahl. Aber ich bin damit gar nicht unzufrieden. Immerhin kann ich dreimal in der Woche die Wurst wechseln. Außerdem mache ich mir meine Wurst ja auch selbst – im Essbaren Tiergarten.

OB DER DISKONTER ZUM DISKONTER GEHT?

Was sind das für Leute, die Chefs der großen Diskontketten?
Interessanterweise sind das durchwegs Leute, die das, was sie verkaufen, selbst nicht unbedingt essen. Das ist ja für mich das Groteske. Die kaufen sicher hochwertige Produkte und das wahrscheinlich nicht einmal in ihren eigenen Läden, sondern im Spezialitätengeschäft oder in der Vinothek um die Ecke. Vielleicht sogar beim Biobauern ihres Vertrauens. Samstags gehen sie auf den Bauernmarkt und schlürfen am Stand unter den Kastanienbäumen Prosecco und am Wochenende treiben sie ihre renovierten Oldtimer über die Weinstraßen der Südsteiermark – mit einem Verbrauch von 18 oder 20 Litern und einer extra Bleizugabe. Aber wurscht. Wenn diese Leute in ihren Märkten das stehen hätten, was sie selber essen, dann würde die Sache anders aussehen. Aber vielleicht täusche ich mich ja und die Diskonter gehen auch alle zum Diskonter, weil es dort so billig ist. Angeblich.

Du willst jetzt aber nicht behaupten, dass es bei den Diskontern nicht billig ist, oder?
Die Leute glauben jedenfalls, dass sie einen Vorteil haben. Ob sie ihn dann auch wirklich haben, ist eine andere Frage. Zum Beispiel bei der Schuhputzcreme – ich hab mir das sogar einmal ausgerechnet: die Tube, die mit dem Schwamm vorne drauf, mit dem du die Creme direkt auf den Schuh auftragen kannst – natürlich sehr praktisch! Wisst ihr, wie viel die Schuhpaste auf das Kilo hochgerechnet kostet? Ungefähr 80 Euro. Ein Kilogramm Schuhcreme aus der ganz normalen Dose kostet hingegen nicht einmal zehn Euro. Aber die Leute kaufen die Tube mit dem Schwamm vorn drauf. Wahrscheinlich, weil es so praktisch ist. Da frage ich mich: Haben wir einen Klescher? Oder die Fertigpizza, die 3,90 Euro kostet oder wie viel auch immer, was scheinbar billig ist. Ich betone: scheinbar. Denn wenn du dich zu Hause hinstellst und dir selbst eine Pizza machst mit dem besten Vollkornteig und der besten Germ und den besten Paradeisern und ein bisschen Speck und Schinken drauf, dann kostet das sicher keine zwei Euro. Und noch was: Wie viel das Hunde- bzw. Katzenfutter verglichen mit dem kostet, was sich die Leute selbst leisten, das ist sowieso ein Wahnsinn. Oft kostet das Hundefutter mehr als das, was die Menschen futtern. Aber die Leute lassen sich halt gerne blenden. Beim Waschpulver hat es sich ja mittlerweile wieder ein bisschen aufgehört, aber eine Zeit lang war das

gang und gäbe, dass die Packungen überhaupt nur zur Hälfte oder einem Drittel mit Waschpulver gefüllt waren. Aber solche Mogelpackungen tauchen ja immer wieder auf. Inzwischen ist das zwar auch schon ein alter Schmäh, aber offenbar funktioniert er immer wieder. Die Leute haben halt auch kaum mehr Zeit zum Nachdenken und gleichzeitig wollen sie alles auf einmal haben.

DIE GESCHICHTE VON DAVID UND GOLIATH

(oder Zotter gegen den Rest der Welt)

Zotter! Anscheinend macht es dir Spaß, die Großen ein bissel zu häkeln. Du weißt, wovon wir sprechen, oder?
Keine Ahnung, aber ich erzähle euch eine Geschichte.

Es war einmal … Ein Märchen!
Nein, die Geschichte fängt anders an und sie ist auch kein Märchen, sondern die nackte Wahrheit, wenn auch symptomatisch dafür, wie es im Lebensmittelbusiness zugeht.

Erzähl!
O. K. Es trug sich also Folgendes zu: Ein großer Lebensmittelkonzern, der mit mir zusammenarbeiten wollte, schickte mir einen Vertrag.

Ja, wusch!
Könnt ihr laut sagen. Denn wenn ihr euch diesen Vertrag einmal etwas genauer anschaut, holt euch der Teufel.

So schlimm?
Wenn du da ein bisschen sensibel bist, mit denen aber vielleicht trotzdem ein Geschäft machen willst, dann sitzt du wirklich in der Bredouille. Was die da alles in so einen Vertrag hineinschreiben – da kriegst du weiche Knie. Ich war wirklich angefressen. Ich habe ihnen sofort geantwortet: „Wenn ihr mir noch einmal so etwas schickt, dann braucht ihr hier nicht einmal mehr bei der Tür hereinschauen. Und jetzt schicke ich euch einen Vertrag." Meine Version. Das habe ich dann auch gemacht. Ihr Vertrag kam übrigens von einer dieser wichtigen Kanzleien, die hauptsächlich für Riesenkonzerne arbeiten – und die auch dementsprechend selbstbewusst auftreten, um nicht zu sagen: unverschämt. Die sind es natürlich nicht gewöhnt, dass einmal einer aufsteht und sagt: „Nein, so nicht! Nicht mit mir!" Mir ist das ja eigentlich wurscht, ob ich mit diesem Konzern etwas mache oder nicht. Ich bin ja auch nicht zu diesem Konzern gekommen, sondern der Konzern ist zu mir gekommen. Also: Entweder zu meinen Bedingungen oder gar nicht und dazu brau-

che ich auch keinen Vertrag. Vertrag gibt es jetzt also keinen, dafür das Produkt. Allerdings zu meinen Bedingungen.

Aber ist das nicht gefährlich, wenn man riskiert, dass man es sich mit denen verscherzt? Du könntest eine Menge Geld verlieren, wenn die abspringen.
Ein bisschen geht es da aber schon auch um meine Prinzipien und um meine Überzeugungen. Geld ist nicht alles. Wenn du natürlich hauptsächlich die Kohle siehst, die du dabei verdienen könntest, dann wirst du dich auch nicht davon beirren lassen, dass zum Beispiel bei der Qualität gewisse Abstriche gemacht werden, um die Produktion billiger zu machen.

Aber ich muss mich Gott sei Dank nicht auf alles einlassen. Natürlich ist es lässig, wenn du mit deinem Unternehmen Geld verdienst. Aber nicht um jeden Preis. Erstens muss ich kein Projekt mit irgendeinem Konzern machen und zweitens wäre es, wenn wir es schon machen, trotzdem klass, wenn es ordentlich gemacht wird. Und mit ordentlich meine ich z o t t e r Qualität. Da habe ich überhaupt keine Lust, irgendwelche Kompromisse einzugehen, nur weil sich jemand ausgerechnet hat, dass es anders billiger gehen könnte.

Fühlst du dich denn stark genug, in diesem Kampf David gegen Goliath zu bestehen?
Sicher. Warum soll das nicht gehen? Ich brauche sie nicht. Das ist ganz einfach. Ich meine es auch nicht böse. Sie sind auch nicht böse. Das Problem ist ein anderes: Sie sind alle extrem getrieben. Und alles soll schnell gehen, am besten sofort. Und wenn wieder irgendein Trend auftaucht, dann hecheln sie ihm schon hinterher – schnell, schnell, schnell. Schaut euch doch einmal diese sogenannte Handelslandschaft an. Eigentlich machen die das ja nicht schlecht. Oft sind die schon zu schnell, um wahr zu sein.

Aber warum streifst du bei diesen Konzernen überhaupt an?
Dazu muss ich sagen: Ich habe dort ja auch tolle Menschen kennengelernt, die nichts mit Hyänentum zu tun haben. Zudem reizt es mich einfach, auch in diesen Bereich hineinzuschauen und zu verstehen, wie das Ding wirklich funktioniert und warum es so ist, wie es ist. Aber mittlerweile bin ich eh schon draufgekommen, wie die Dinge laufen.

Du spielst mit dem Feuer und glaubst, dass du dich dabei nicht verbrennen kannst. Ist das nicht ein bisschen naiv?
Das wäre klass, wenn ich meine Hände ins Feuer halten könnte, ohne sie mir zu verbrennen. Aber so ist es leider überhaupt nicht. Wenn du ins Feuer greifst, wird

zotter pedia

Zotters Vertrieb

Die Marktkonzentration im österreichischen Lebensmittelhandel lässt sich gut an Zahlen ablesen. 63 Prozent der Lebensmittelläden hierzulande sind Supermärkte und Diskonter über 400 m² Verkaufsfläche, diese erreichten zuletzt mehr als **90 Prozent** des Umsatzes von 17,2 Mrd. Euro*. Entgegen diesem Trend sucht Josef Zotter die Zusammenarbeit mit kleinen Einzelhändlern und lehnt Zentrallistungen bei großen Handelsketten ab. Allerdings gibt es eine Zusammenarbeit mit Spar Premium. Rund **8.500** kleine und mittlere Händler im In- und Ausland werden derzeit beliefert. Einen zunehmend wichtigen Vertriebskanal stellt das Internet dar (der Anteil liegt bei rund 7 Prozent), ungebrochen bedeutend ist auch der direkte Vertrieb über den Shop der Manufaktur in Bergl. In den Schoko-Läden in Bergl und Shanghai sowie im Online-shop ist die gesamte Vielfalt des zotter Sortiments mit allen Marken und Produkten bis hin zu den verschiedenen Geschmacksrichtungen des Chocolate Drinks Overdose erhältlich.

Quelle: AC Nielson

es verdammt heiß. Auch aus einem anderen Grund. Ihr glaubt ja gar nicht, wie schnell die Leute etwas missverstehen, wenn sie wirklich wollen. Als ich im Frühjahr vier Schokoladensorten in der Spar-Premium-Linie herausgebracht hab, hat mir eine langjährige Kundin ein sehr unfreundliches E-Mail geschrieben und mir quasi Verrat an der z o t t e r Idee vorgeworfen. Billigprodukt, Massenverkauf, Markenschwindel etc. Das hat mich wirklich sehr getroffen.

Was hast du ihr geantwortet?

Zuerst einmal, dass dies für mich kein guter Morgen ist, weil mich solche Vorwürfe wirklich mitten ins Herz treffen. Denn von Anfang an stehe ich als Josef Zotter für meine Produkte und meine Prinzipien und bin bis heute fest entschlossen, nicht einen Millimeter von meiner Grundphilosophie abzuweichen. Aber wenn es nötig ist, wiederhole ich es immer und immer wieder. Ich habe ihr geschrieben, dass wir natürlich auch weiterhin eine im Vergleich kleine Manufaktur sind und bleiben ein Randsegment für Liebhaber – also weit weg vom Massenmarkt. Und dass demgegenüber mehr als 90 Prozent aller Schokoladen, die man in Österreich kaufen kann, von Industriegrundmassen stammen, die irgendwo umgefüllt und als Edelmarken vertrieben werden – zu ungerechtfertigt hohen Preisen. Bei uns gibt es diesen Markenschwindel nicht. Wir produzieren Bean-to-Bar, also von der Kakaobohne bis zur fertigen Tafel, ausschließlich Bio und Fair Trade. Es gibt in Österreich kein zweites Unternehmen mit dieser Haltung im Qualitätssegment. Diese Qualität gilt natürlich uneingeschränkt für alle meine Produkte – ganz egal wo sie verkauft werden. Bei der Qualität gehe ich grundsätzlich keine Kompromisse ein.

Warum kooperiert Zotter dann überhaupt mit Supermärkten?

Das hat auch mit der Entwicklung der Handelslandschaft zu tun. Als Unternehmer, der auch Verantwortung für viele Mitarbeiterinnen und Mitarbeiter trägt, muss ich mir schon genau anschauen, wie wir unsere Produkte in Zukunft vertreiben können, da der klein strukturierte Handel und die Greißler ja leider immer weniger werden. Die Zahlen, die mir bekannt sind, sagen Folgendes: Die Großen wachsen unwiderstehlich, die Kleinen verschwinden. Daher die Überlegung, künftig in einem genau definierten Rahmen auch in ein breiteres Segment zu gehen. Aber gerade für die kleinen Händler bringt diese Entscheidung ja auch einen Werbeeffekt, da sie weiterhin die Einzigen sind, die alle Sorten unseres Sortiments – immerhin sind es mehrere Hundert – anbieten können. Das ist für uns ganz wichtig: Dass wir weiterhin Stütze für den kleinen Fachhändler sein wollen. Gott sei Dank gibt es die eine oder andere Nische, wo sich ein Kleiner mit seinem Angebot durchsetzen und behaupten kann. Schließlich bin ja auch ich mit den Kleinen groß geworden. Mein Herz wird immer für sie schlagen und ich unterstütze sie, wo ich kann.

EIN NEUES ZEITALTER
oder Frühstück beim Bäcker

Was ist los, Zotter, geht es dir nicht gut?
Wenn du dir heute anschaust, wie das alles funktioniert, dann …

Was dann?
Dann weißt du nicht, wie das alles funktionieren soll. Es kommt sicher ein neues Zeitalter.

Ein neues Zeitalter?
Ja, ein neues Zeitalter. Es wird sicher irgendwann einmal das Geld abgeschafft werden müssen.

Das Geld abschaffen?
Wie auch immer das funktionieren soll.

Wie soll das funktionieren?
Natürlich wird es immer Geld geben, aber so, wie es jetzt ist – diese globalen Finanzmächte, die da wirken … Das ist ein Wahnsinn.

Kann man diese Mächte denn überhaupt beeinflussen?
Keine Ahnung! Ich weiß nicht, ob wir gegen die eine Chance haben. Wenn es den klein strukturierten Handel nicht mehr gibt, dann habe ich natürlich mit meiner Schokolade ein Problem. Dann habe ich verloren. Dann ist der Worst Case eingetreten. Es lässt sich ja noch nicht endgültig sagen, wie sich die Dinge entwickeln werden. Ich weiß es nicht. Es hängt ja auch noch sehr viel vom Verhalten der Konsumenten ab. Nach welchen Kriterien wird der Konsument in Zukunft entscheiden, was er kauft? Wird er nur mehr austauschbare globalisierte Einheitsprodukte kaufen?

Weißt du es nicht?
Ich weiß es nicht. In den letzten Jahren und Jahrzehnten hatten wir nicht nur eine Konzentration beim Handel, sondern auch eine in der Produktion. Denkt zum Beispiel an das Bäckersterben. Früher einmal hat es praktisch fast an jeder Ecke einen Bäcker gegeben, heute gibt es an diesen ganzen Ecken – wenn überhaupt – bloß noch

Filialen von zwei, drei oder vier Backfabriken. Und überall bekommt man das Gleiche. Egal ob Graz, Wien oder Paris – es ist überall das Gleiche. Die kleinen Bäcker verschwinden, die großen teilen sich den Markt auf. Andererseits gibt es in Paris jetzt wieder ganz kleine Bäcker, die stellen sich auf die Straße und verkaufen zum Beispiel Frühstückskipferln oder so. Diese Bäcker sind extrem erfolgreich und die Leute reißen ihnen ihre Erzeugnisse aus den Händen. Unglaublich, oder? In Wien gibt es jetzt auch so einen Bäcker. Auch der ist irrsinnig erfolgreich. Und dann hat sogar noch einer aufgemacht. Aber es sind natürlich nur Nischen, in denen so etwas funktioniert. Was allerdings nicht funktioniert, sind die Betriebe in der Mitte – also zwischen den ganz kleinen und den großen. Da wird es eng. Eine Bäckerei mit zum Beispiel sieben Filialen erfolgreich zu führen, das dürfte fast unmöglich sein.

So eine Bäckerei müsste den Kunden eben etwas Besonderes bieten, um überleben zu können.

Ja, müsste sie sicher. Vermutlich müsste sie ihren Kunden etwas Besonderes bieten, um zu überleben. Ich hab das ja selbst einmal bei einem Bäcker beobachtet. Der hat lange gekämpft. Problematisch war, dass er halb bio und halb konventionell war, also schon irgendwie bio, aber nicht ganz. Ich weiß nicht, ob das eine besonders gute Idee war, das Biothema nur halbherzig anzugehen. Ich zum Beispiel habe mir damals von vornherein gesagt: „Entweder ganz oder gar nicht." Weil wenn du unter den heutigen Bedingungen etwas halb machst, kannst du es gleich bleiben lassen.

Aber heute boomt ja Bio sowieso und sogar in den Supermärkten gibt es bald fast nur mehr Bioprodukte.

Selbstverständlich boomt Bio in den Supermärkten. Aber warum boomt es? Weil Bio dort mittlerweile ja gleich viel kostet wie konventionell produzierte Lebensmittel. Der Kunde hat ja keinen Huscher, dass er das andere nimmt, wenn er zum gleichen Preis oder sogar billiger Bioprodukte bekommt. Für mich ist das zwar nicht wirklich nachvollziehbar, warum Bioprodukte nicht mehr kosten als konventionelle, aber es ist eben so.

Glaubst du, dass diese Preise nicht realistisch sind?

Natürlich sind das realistische Preise, sonst würde es sie ja nicht geben. Wie diese Preise allerdings zustande kommen, ist wieder ein anderes Kapitel. Und dass auch die biologische Produktionsweise zumindest teilweise mit Kompromissen behaftet ist, wissen wir ja.

Was wissen wir?

Wie soll ich das ausdrücken? Dass eben auch Biolebensmittel nicht so bio sind,

„Dass eben auch Biolebensmittel nicht so bio sind, wie manche sich das vielleicht vorstellen.

Vor allem, wenn sie massenhaft produziert werden, möglicherweise auch noch in Ländern, die es vielleicht mit der Einhaltung der Vorschriften nicht ganz so genau nehmen oder in denen es so strenge Vorschriften wie bei uns gar nicht gibt."

wie manche sich das vielleicht vorstellen. Vor allem, wenn sie massenhaft produziert werden, möglicherweise auch noch in Ländern, die es vielleicht mit der Einhaltung der Vorschriften nicht ganz so genau nehmen oder in denen es so strenge Vorschriften wie bei uns gar nicht gibt. Ich möchte ja niemandem etwas unterstellen, aber mit ein bisschen gesundem Menschenverstand kann man sich das ja ungefähr ausrechnen.

Also ist Bio im Supermarkt quasi für die Fische?
Es ist wahrscheinlich immer noch besser, Biolebensmittel zu kaufen als konventionelle. Aber man sollte auch nicht dem Irrtum erliegen, dass diese ganzen Bioprodukte, die teilweise nicht einmal mehr teurer sind als die konventionellen, alle aus der unmittelbaren Umgebung stammen und handwerklich hergestellt wurden. Biogemüse wird zum Beispiel zum Großteil aus Ländern wie Rumänien oder Ägypten importiert. In welcher Dimension war mir bis vor Kurzem selbst nicht ganz klar. Habt ihr zum Beispiel gewusst, dass irrsinnig viele frische Früchte aus Usbekistan importiert werden?

Nein, das wussten wir nicht.
Ich hab's die längste Zeit auch nicht gewusst. Unglaublich, aber die meisten Trockenfrüchte kommen zum Beispiel aus Usbekistan. Auch die Äpfel. Eigentlich nimmt man ja automatisch an, dass die Äpfel alle von unseren Apfelbauern stammen. Ich hab das ja auch geglaubt. Aber in Wirklichkeit kommen die getrockneten Äpfel, die in diesen ganzen Chips- beziehungsweise Müslipackungen drinnen sind, aus Ländern wie Usbekistan. Vielleicht nicht alle, aber sicher die meisten.

Sind das denn keine biologischen Äpfel?
Doch, das sind biologisch produzierte Äpfel. Gerade in Usbekistan ist es ja am leichtesten, Bioäpfel zu produzieren. Schon wegen der klimatischen Voraussetzungen. Nachdem ich das jetzt überzuckert habe, dass die ganzen Äpfel aus Usbekistan kommen, ist mir vieles klar geworden. Ein Biobauer kann bei uns nicht zum selben Preis Trockenfrüchte produzieren wie die Biobetriebe in Usbekistan. Das schafft der nie. Dazu ist das Ungleichgewicht bei den Arbeitskosten einfach viel zu hoch. Das ist für unsere Biobauern wirklich dramatisch.

„Eigentlich nimmt man ja
automatisch an, dass
die Äpfel alle von unseren
Apfelbauern stammen.
Ich hab das ja auch geglaubt."

„Ein Biobauer kann bei uns
nicht zum selben Preis
Trockenfrüchte produzieren
wie die Biobetriebe
in Usbekistan.
Das schafft der nie."

TRÄUME
(schön)

Träumst du, Zotter?
Wovon?

Das musst du selber wissen.
Vielleicht davon, dass alles gut wird.

Bitte, wie soll jetzt plötzlich alles gut werden? Kannst du uns das erklären?!
Man wird doch wohl noch träumen dürfen, oder? Im Moment sieht es teilweise sowieso eher wie ein Albtraum aus. Die Umwelt, die Erderwärmung, der Feinstaub, die Zerstörung der Regenwälder, der Hunger auf der Welt, das Finanzsystem – dieser ganze Irrsinn. Das muss ich euch ja nicht erzählen, wie es überall ausschaut. Und das ist ja nur die Spitze des Eisbergs. Lässig, dass sich in der technologischen Entwicklung so viel tut, aber davon werden die Leute auch nicht satt. Die Produktionen wandern ab und mit ihnen die Arbeitsplätze.

Eines ist klar: Wir kriegen ein Riesenproblem, wenn wir hier bei uns keine Produktionen mehr haben. Dann wird es eng. Ich fürchte mich ein bisschen davor, dass wir am Schluss wirklich glauben, was man uns einreden will: nämlich dass wir eine Dienstleistungsgesellschaft sind und sowieso nichts mehr produzieren werden. Und dass wir in Zukunft nur mehr die Forscher, die Erfinder und die Kreativen sind. Eh klass, aber irgendwann wirst du ganz ohne Produktion auch nur mehr für die Fische forschen.

Ich hätte meine Produktion ja auch verlagern können. Man hat mir ein Angebot unterbreitet: eine rumänische Schokoladenfabrik mit 400 Arbeitsplätzen, die ich retten hätte sollen. Die Fabrik hätten sie mir geschenkt und sogar noch ein bisschen was draufgezahlt. Vorher hat sie einem großen Konzern gehört, der sie von einem auf den anderen Tag geschlossen hat. Das wäre gemein gewesen, wenn der Zotter plötzlich nach Rumänien gegangen wäre. Darum wäre es ja gegangen. Nur mehr das Headquarter in Bergl – Forschung und Entwicklung. Das wäre im Wesentlichen ich selbst gewesen – vielleicht noch ein paar Mitarbeiter und natürlich meine Frau. Ob ich dann den Essbaren Tiergarten auch gleich in Rumänien gemacht hätte? In Transsylvanien vielleicht: mit Dracula.

Aber Rumänien ist doch eh noch nahe. Viele verschwinden ja gleich nach China.
Ja, klar, ich bin ja jetzt auch in China. Irgendwann habe ich in der Zeitung gelesen: „Zotter verlagert seine Produktion nach China." So ein Blödsinn. Wir haben überhaupt nichts verlagert. Die Schokolade, die wir in unserem Schoko-Laden-Theater in Shanghai und über unseren chinesischen Webshop verkaufen, wird hier in Bergl produziert. Damit habe ich hier in Österreich sogar wieder neue Arbeitsplätze geschaffen. In Shanghai gibt es nur eine kleine Produktion, in der unsere Schokolade aus Bergl weiterverarbeitet wird – für die Mi-Xing-bar zum Beispiel. Das kann ich nicht von hier aus machen. China ist ein gigantischer Markt. Als Unternehmer wäre ich ja dumm, diese Chance nicht zu nutzen.

Aber viele lagern ihre Produktionen tatsächlich aus. Das hat ein bisschen damit zu tun, dass die Arbeitskosten dort wesentlich günstiger sind als hier. Auch wir müssen gewisse Dinge in China kaufen – zum Beispiel Verpackungsmaterial. Da verwenden wir zum Beispiel eine kaschierte Schachtel – wenn wir die bei uns produzieren ließen, würde uns das fast mehr kosten, als wir für die Schokolade verlangen, die drinnen ist. Sagen wir 4,50 Euro. Kosten darf sie aber höchstens 70 Cent, mehr will der Kunde einfach nicht zahlen. Jetzt hast du das Problem. Was sollst du tun?

Die Schachtel ersatzlos streichen.
Davon träume ich eh. Mein Traum wäre nämlich, dass man die Schokolade überhaupt nur in ein weißes Sackerl steckt und auf dem Sackerl stünde der Name der Schokolade. Das wäre irgendwie schon ziemlich geil – total reduziert. Und möglicherweise sogar ein Sackerl, das man dann immer wieder befüllen kann. Aber derzeit wage ich so etwas ja nicht einmal zu träumen. Aber die Zeit wird kommen. Vielleicht gibt es ja irgendwann überhaupt keine günstigen Schachteln mehr, wenn die Arbeit bei den Chinesen teurer wird. Oder die Produktionen kommen wieder zu uns – wenn dann bei uns überhaupt noch jemand weiß, wie man so etwas herstellt. Aber warum sollte die Produktion in China plötzlich viel teurer werden? Wenn es darum geht, etwas zu produzieren, dann brauchen wir hier in Europa sicher die nächsten 100 Jahre nicht mehr viel anzugreifen. Fragt sich nur, wovon wir auf Dauer leben sollen, wenn hier nichts mehr produziert wird.

Abwarten …
Worauf?

Darauf, dass sich die Entwicklung irgendwie … äh …
Umdreht?

Ja, genau – umdreht.

Also, ich wäre eher dafür, dass man sich irgendetwas überlegt, wie man aus dem Schlamassel wieder herauskommen kann. Steuerliche Anreize vielleicht – oder gleich ein neues Steuersystem. Derzeit schauen wir uns nämlich erste Reihe fußfrei an, wie unsere Produktionsarbeitsplätze nach Osten wandern oder sonst wohin, praktisch, ohne mit der Wimper zu zucken.

Um Gottes willen, jetzt will der Zotter auch noch eine neue Steuer einführen bzw. gleich ein ganzes Steuersystem. Haben wir nicht eh schon genug alte Steuern.

Ja, sicher. Alte Steuern gibt es wirklich schon genug. Da habt ihr recht. Die Lohnnebenkosten sind einfach zu hoch. Ich frag mich bloß … Weil ich dauernd dieses Wort „Lenkungseffekt" höre … Also, ich frage mich, wohin uns dieser Effekt lenkt. Wenn das der ganze Lenkungseffekt ist, dass die Produktionen das Land verlassen und die Umwelt vor die Hunde geht, dann wird man wohl noch darüber nachdenken dürfen, ob es Alternativen gibt. Und ich bin ja nicht der Einzige, der sich damit beschäftigt. Aber kaum liegt eine halbwegs vernünftige Idee auf dem Tisch, wird sie auch schon wieder abgewürgt. Wenn man sich andererseits anschaut, was diese ganzen Experten bei den Steuern zustande bringen, dann hält sich die Begeisterung auch in Grenzen.

Ich bin ja kein Steuerexperte und auch kein Wirtschaftswissenschafter. Aber ich weiß zum Beispiel, dass wir die Arbeit entlasten müssen, wenn wir verhindern wollen, dass immer mehr Arbeitsplätze abwandern. Das ist ja nichts Neues. Und dass wir unsere Produktionen möglicherweise vor Importen aus den Billiglohnländern durch Zölle in Schutz nehmen müssen – wenigstens teilweise. Ich weiß schon, dass die Welthandelsorganisation und die Amerikaner und auch die Chinesen damit keine Freude hätten, aber man wird wohl noch nachdenken dürfen. Versteht ihr? Ich bin ja außerdem der Letzte, der sich von der Welt abschotten will. Jetzt einfach die Grenzen zuzumachen, das kann es natürlich auch nicht sein. Ich exportiere ja selbst. Und der Kakao wächst auch nicht in der Oststeiermark. Den importiere ich. Allerdings zu einem fairen Preis und nicht zum billigsten, den ich bekommen kann. Das ist der feine Unterschied. Ich mache meine Importe also sozusagen selbst teurer, als sie sein müssten. Aber wie viele machen das schon?! Außerdem importiere ich nur Rohstoffe und verarbeite sie hier bei uns. Mit wesentlich höheren Arbeitskosten, als ich sie zum Beispiel in Rumänien hätte. Aber wie machen es die anderen? Eh nicht alle, aber die meisten. Sie holen sich die Rohstoffe so billig wie möglich und verarbeiten sie dort, wo es am billigsten ist. Und hier verkaufen sie dann ihre Produkte zu einem möglichst hohen Preis.

„Verdammt, zwischen Gewinnmaximierung und unternehmerischem Selbstmord muss es doch noch irgendetwas geben."

Ja, Gewinnmaximierung nennt man das. Selber Schuld, wer sich den Profit durch die Lappen gehen lässt.

Verdammt, zwischen Gewinnmaximierung und unternehmerischem Selbstmord muss es doch noch irgendetwas geben. Dort müssen wir hin: Ein Steuersystem, das zum Beispiel Nachhaltigkeit wenigstens nicht bestraft, das wäre schon ein Fortschritt. Ein gerechteres, innovatives Steuersystem, denn das, was wir jetzt haben, ist weder gerecht noch trägt es dazu bei, unsere Probleme zu lösen. Keine Ahnung, ob das wirklich etwas bringen würde, aber ich könnte es mir vorstellen. Arbeit müsste billiger, Importe hingegen müssten teurer werden. Schließlich geht es ja darum, dass wir hier in der Oststeiermark und in Österreich und überhaupt in ganz Europa wieder Arbeitsplätze haben. Das kann ja nicht die Zukunft sein, dass 30 oder 40 Prozent der Leute arbeitslos sind und der Rest in Pension. Und ein paar Zotters, die so verkehrt denken wie ich, werden halt auch nicht reichen, um all diesen Menschen Beschäftigung zu geben. Vielleicht ist das ja zu einfach gedacht, aber die einfachsten Rezepte sind bekanntlich oft die besten. Und dann würde es sich wahrscheinlich auch wieder auszahlen, bei uns zu produzieren. So schnell können wir gar nicht schauen. Eigentlich wäre das ein geniales Prinzip. Wir müssen wieder Freude daran bekommen, eine Steuer zu zahlen, die jeder versteht und mit der dann auch jeder leben kann.

FRAGEN ÜBER FRAGEN
(wir brauchen Antworten)

Sonst noch Fragen, Zotter?
Warum wird nicht jedem, der eine Fotovoltaikanlage baut, ein Jahr lang die Mehrwertsteuer erlassen? Das geht ganz einfach. Und warum zahlen wir für Ökoprodukte die gleiche Mehrwertsteuer wie für konventionelle?

Keine Ahnung.
Warum essen wir den ganzen Tag lang so viele unnötigen Sachen, damit wir uns dann am Abend mit Hochleistungssport die Röte ins Gesicht treiben?

Woher sollen wir das wissen?
Warum glauben so viele Menschen, dass das, was die anderen haben, besser ist, als das, was sie selbst besitzen? Was ja bekanntlich den Neidkomplex fördert, oder?

Warum fragst du uns?
Kann es sein, dass Luxus bedeutet, dass man weniger besitzt als andere?

Wen interessiert das?
Isst weniger wirklich mehr?

Isst oder ist?
Was weiß ich?!

Das fragen wir uns auch.
Wie viel Strahlung verträgt der Mensch? Das ganze Handy-, Wireless- und Elektrozeug!

Frag nicht uns.
Ist eine Pleite ein Reinigungsprozess oder sollen wir uns lieber waschen?

Geh dich besser brausen. Sonst noch was?
Ja. Wohnen wir bald vor lauter Ursprünglichkeit und Regionalität wieder in Höhlen?

Warum nicht? Was dagegen?
Oder warum kann ein Kilo Fleisch nicht 35 Euro kosten. Dann wären nämlich die Verhältnisse wieder zurechtgerückt und dann wäre auch eine artgerechte Tierhaltung wieder möglich. Warum also nicht eine Stunde arbeiten für ein Kilo Fleisch???

Ja, warum eigentlich nicht?
Ist es möglich, dass Mitarbeiter in der Firma Urlaub machen?

Das musst du wissen. Du hast eine Firma. Wir nicht.
Wenigstens sollte man sich seinen Arbeitsplatz so schön wie möglich machen können, schließlich befindest du dich ja die meiste Zeit des Tages auf deinem Arbeitsplatz. Aber das ist die Aufgabe des Unternehmers, dass er dafür sorgt, dass seine Mitarbeiter einen hübschen Arbeitsplatz vorfinden.

Und dann sollen deine Leute vielleicht am Sonntag auch noch arbeiten, weil ihr Arbeitsplatz so schön ist, oder?
Nein, nicht arbeiten. Weil ich am Sonntag sowieso geschlossen habe, könnten die Mitarbeiter am Sonntag im Essbaren Tiergarten Urlaub machen, wenn sie Lust haben. Urlaub in der Firma! Das muss doch möglich sein, oder? Wir haben dort eine Künstlerwohnung und ein Atelier für Zauberer und Gaukler, die würde ich unseren Mitarbeitern gerne für ein schönes Wochenende zur Verfügung stellen.

Du hast einen ziemlichen Schuss, wenn wir das jetzt einmal feststellen dürfen.
Von mir aus. Ich kann euch eh nicht daran hindern. Klar lachen jetzt alle drüber, aber tief in meinem Inneren ist das ein ernsthafter Gedanke.

Und? Was sonst noch?
Jetzt fragt ihr mir auch schon Löcher in den Bauch. Wir brauchen Antworten – Antworten und keine Fragen. Lösungen!

Dann frag gefälligst, wenn du Antworten brauchst!
Warum kriegt man beim Arzt keine Rechnung? Außer man ist Selbstzahler – so wie ich – und hat einen Selbstbehalt. Oder man zahlt 5 Euro Arzteintritt? Das Wartezimmer muss ja auch geheizt werden.

Ja, warum?
Wer soll Förderungen bekommen und wer besser nicht oder ist es am besten, wenn gar keiner eine Förderung bekommt oder gleich alle?

Gute Frage!
Ist unser Verwaltungsapparat lässig – so, wie er ist?

Lässig? Ist das die Frage?
Oder sollten wir auf ein paar Ebenen verzichten?

Aber du weißt eh, dass das Arbeitsplätze sind?
Ja, weiß ich. Aber …

Was aber?
Aber halt.

ZOTTER IN CHINA

ZOTTER IN CHINA
oder Bio-Schoko für Maos Erben

Zotter, wie bist du eigentlich auf die Idee gekommen, mit deiner Schokolade nach China zu gehen und in Shanghai ein zweites Schoko-Laden-Theater zu errichten?
Na, ganz einfach: Julia, unsere Tochter, hat während eines Schüleraustauschs ein Jahr lang in China verbracht. Uli und ich haben sie in dieser Zeit besucht und da haben wir uns einfach in dieses Land und seine Kultur verliebt. Ich meine, in das, was wir davon gesehen haben, denn China ist ja so riesengroß … Da bekommst du während eines einzigen Aufenthalts ja höchstens einen winzigen Eindruck. Aber der hat uns eben fasziniert. Und so haben wir dann irgendwann einmal gesagt: „Da bauen wir irgendwo ein Schoko-Laden-Theater hin." Am Anfang war es nur so eine Idee, aber ihr kennt mich ja. Außerdem haben wir hier in Bergl auch immer wieder Besuch von chinesischen Wirtschaftsdelegationen bekommen – die sich angeschaut haben, was wir hier machen.

Aber warum ausgerechnet China?
Warum nicht?

Zum Beispiel, weil es das Land der Massenproduktion ist. Ein Land, in dem auf die Umwelt null Rücksicht genommen wird und Menschenrechtsverletzungen an der Tagesordnung sind.
Ja schon, das ist ja völlig richtig. Zuerst einmal zur Massenproduktion: Die Chinesen waren in den letzten Jahren sehr fleißig und haben für uns hier im sogenannten Westen – was aus ihrer Sicht ja auch stimmt – massenhaft billige Produkte produziert. Über deren Erwerb viele Menschen hier bei uns ihren Wohlstand definieren. Ja, und Menschenrechtsverletzungen gibt es auch. Das passt mir überhaupt nicht. Wo es nur geht, werde ich das auch sagen. Schauen wir einmal.

Übrigens: Ist dort nicht gerade eine Bio-Bewegung im Entstehen?
Ja. In China boomt nämlich alles, was es in den USA oder in Europa gibt. Ist ja klar: Wir haben schließlich lange genug unsere Konsumgüter dort produzieren lassen. Das haben die Chinesen gesehen und sich halt irgendwann einmal gedacht: „Hui, das ist lässig, wie die Europäer leben. So wollen wir auch leben." Und so weiter. Jetzt wollen die Chinesen schön langsam auch Bio haben. Aber das wird schwierig

werden – weil das Land in vielen Gegenden ziemlich ausgebeutet und kaputt ist. Aber man kann natürlich auch alles reparieren. Das gilt auch für die anderen Bereiche, die ihr angesprochen habt. China ist ein gigantisches Experiment – voller Widersprüche und Abgründe. Soziale Ungleichheit, Armut, Menschenrechtsverletzungen, Umweltverschmutzung – all das gibt es in China derzeit im Übermaß. Viele Bereiche des Lebens sind von einem Wandel ergriffen worden, der sich noch dazu in einer ungeheuren Geschwindigkeit vollzieht. Niemand kann heute wirklich sagen, wohin sich dieses riesige Land entwickeln wird und welche Kräfte die Oberhand gewinnen.

Eben. Nicht gerade unproblematische Voraussetzungen. Was hat dich daran so gereizt, dass du trotzdem hingegangen bist?

Wie immer: Mich reizt es, etwas zu unternehmen – etwas zu versuchen, was normalerweise nicht geht. Nicht nur, weil die Chinesen kein Bio kennen, sie haben auch überhaupt keine Vorstellung vom fairen Handel. Und auch gar keine Vorstellung mehr davon, wie es funktioniert, etwas nicht in Massen produzieren zu müssen.

Manche haben dir unterstellt, dass du in China bloß billig produzieren willst.

Ja klar – weil ich ja so ein typischer Shareholder-Value-Konzern bin, der seine Fahne immer nach dem billigsten Standort richtet. Nein, genau solche Unterstellungen haben mich noch mehr dazu angestachelt, nach China zu gehen. Denn die, die das behaupten, sind oft dieselben, die dann ganz lässig und selbstverständlich mit einem Handy oder einem Pad herumlaufen, dessen Komponenten ganz zufällig in China produziert worden sind – unter miserabelsten Bedingungen, wie wir mittlerweile wissen. Oder die in Klamotten und Schuhen herumlaufen, die auch aus dieser Gegend stammen; und sich dann darüber aufregen, dass der Zotter nach China geht – und mir im Vorübergehen auch gleich noch irgendetwas unterstellen. Dass der Kühlschrank und so manches aus dem Möbelhaus ums Eck auch aus China stammen, dürfte eigentlich auch kein Geheimnis mehr sein. Ich finde das ehrlich gesagt einfach präpotent. Genauso wie diese Aussagen, mit denen ich immer wieder konfrontiert werde: dass es ein Skandal sei, den Essbaren Tiergarten öffentlich herzuzeigen – also einen Tiergarten, dessen Tiere gegessen werden. Das ist doch die pure Heuchelei. Das ist mir schleierhaft, wie man sich so in die eigene Tasche lügen und dabei auch noch mit der größten Selbstverständlichkeit über andere richten kann. Aber irgendwie bin ich sogar ein bisschen dankbar dafür, denn diese Verlogenheit ist auch etwas, was mich antreibt. Da ist so ein Trotz in mir: Das lass ich mir nicht gefallen. Jetzt erst recht! Wir produzieren gar nix dort – außer die ganz frischen Sachen wie Mi-Xing-bar und Biofekt, damit es dort überhaupt etwas zu sehen gibt im Schoko-Laden-Theater. Aber auch dafür kommt die Schokolade natürlich aus Bergl. Wir liefern von hier – also zur Abwechslung einmal umgekehrt.

Wie bist du das Projekt angegangen?
Ganz normal: hingefahren, eine Menge Locations angeschaut und schließlich eine gefunden. Eine alte Hemdenfabrik am Huangbu-Fluss im Bezirk Pudong. Das ist etwas außerhalb des echten Zentrums, weil wir uns das nämlich sowieso nie im Leben leisten hätten können. Auf der anderen Seite des Flusses liegen eine U-Boot-Werft und ein Hafen. Und jeden Tag fahren unzählige Kohleschiffe vorbei. Zweifel hatten wir anfangs genug – ehrlich gesagt. Gefragt haben wir aber auch niemanden. Mir hat's dort getaugt am Fluss. Mehr gibt es dazu gar nicht zu sagen. Irgendwann hab ich gesagt: „Wir machen es! Vielleicht klappt es, und sonst fliegen wir halt schlimmstenfalls auf die Gosch'n." Und dann haben wir mit der Planung angefangen und schließlich auch noch ein paar gute Leute für die Umsetzung gesucht. Dabei sind wir gleich einmal draufgekommen, dass die Chinesen uns Europäer für ziemlich arrogante Leute halten. Dann sind wir aber schon draufgekommen, dass man viel über ein gutes Abendessen regeln kann.

Wie ticken die Chinesen? Was bedeutet dort zum Beispiel ein gutes Abendessen – weil du es gerade erwähnt hast? Wie benimmt man sich dort richtig und womit kann man so richtig ins Fettnäpfchen treten?
Im Grunde genommen ist es nicht viel anders als bei uns: Man geht einfach halbwegs gut und höflich miteinander um, dann klappt es. Sicher gibt es da auch ein paar speziellere Benimmregeln. Das Ritual bei der Visitenkarten-Übergabe etwa. Und da muss schon mindestens „General Manager" draufstehen, sonst bist du gar nix. So ist dann halt jeder irgendwie General Manager. Und die Fettnäpfchen? Na, zum Beispiel wenn man beim Trinken nicht firm genug ist - was ja immer irgendwer nicht ist …

Wie begegnen dir die Chinesen – zurückhaltend?
Würde ich nicht sagen – im Gegenteil: im Allgemeinen viel offener als zum Beispiel die Wiener und die Grazer.

Was heißt es, als Unternehmer nach China zu gehen?
Ja, gar nix. Das bedeutet einfach, eine Filiale zu eröffnen, wie wir ja auch andere haben. Nicht mehr und nicht weniger. Nur ist Shanghai halt ein bisserl weiter weg – und größer.

„Soll ich den chinesischen Markt fragen, ob er gute, biologische und faire Schokolade haben will?! Hundertprozentig nicht! Ich hab ja keinen Schuss! Da kann ich ja gleich wieder verschwinden. Wir machen gute Schokolade und wenn die jemand will, kann er sie haben. Wenn nicht, dann essen wir sie eben selbst."

Schoko und zotter: Sind das Themen, die dort irgendwen kratzen?
Na, sicher nicht. zotter kratzt dort niemanden. Aber wir werden alles daransetzen, dass die bald vor unserem Theater Schlange stehen und am Boden kratzen, damit sie hineinkommen, um echt gute Schokolade zu probieren, die biologisch produziert und noch dazu fair gehandelt wird.

Hast du diesmal so etwas Ähnliches wie eine Marktstudie in Auftrag gegeben?
Um Gottes willen ...Hilfe! Wen soll ich denn fragen? Etwa den chinesischen Markt, der noch so gut wie keine gute Schokolade kennt und schon gar keine biologisch produzierte und fair gehandelte? Soll ich diesen Markt fragen, ob er gute, biologische und faire Schokolade haben will?! Hundertprozentig nicht! Ich hab ja keinen Schuss! Da kann ich ja gleich wieder verschwinden, wenn ich den Markt frage. Wir machen gute Schokolade und wenn die jemand will, kann er sie haben. Wenn nicht, dann essen wir sie eben selbst. Mir schmeckt sie – basta!

Welche Erfahrungen hast du businessmäßig in China gemacht?
Genau die gleichen wie bei uns. Nur sprachlich gibt es schon eine größere Barriere. Aber das kann man leicht regeln. Einen kleinen Unterschied gibt es aber schon: Es dauert am Anfang in der Planung alles länger. Aber wenn die einmal loslegen, geht es recht schnell. Bei uns in Österreich ist am Anfang alles recht schnell und dann beginnt es sich zu ziehen. Also, am Schluss kommt es sich in etwa aufs Gleiche heraus. Was mir in China schon noch aufgefallen ist: Ich höre ganz selten bis gar nicht, dass irgendwas nicht geht. Das gefällt mir an den Chinesen.

Was fasziniert dich an China?
Diese unglaubliche Dimension: fast 1,4 Milliarden Menschen. Allein in Shanghai leben über 23 Millionen. Und noch etwas: Es gibt kaum Umweltschutz. Das fasziniert mich auch, weil es da noch ganz viel zu tun gibt.

Was hat sich an deiner Sicht von China geändert?
Na ja, als ich vor Jahren China bereist habe, da war aus meiner Sicht vieles noch sehr rückständig. Jetzt habe ich das Gefühl umgekehrt – wenn ich heimkomme.

Würdest du in China leben wollen?
Na, sicher nicht. Wieso sollte ich?! Mein Bauernhof hier in der Steiermark wird jetzt erst so richtig schön zum Leben. Wenn ich in China starten würde, bräuchte ich noch einmal 30 Jahre. Das geht sich irgendwie nicht mehr aus.

Rein theoretisch ...

Ich würde es nicht viel anders angehen als hier. Dort im Yangtse-Delta, etwas außerhalb von Shanghai, habe ich ein Schwemmland entdeckt, das ich sehr reizvoll finde. Ich würde mir dort oder irgendwo anders genauso eine kleine Landwirtschaft aufbauen. Und nicht das essen wollen, was es im normalen Supermarkt gibt.

Was ist das für ein „Feeling" in Shanghai – erzähle uns bitte, wie du diese Stadt erlebst.

Vom Balkon unserer Wohnung im 10. Stock sieht man eigentlich nur Stadt – so weit das Auge reicht. Eine Wohnung war irgendwie notwendig. Hotel muss ich nämlich keines mehr haben, dort war ich oft genug. Der Verkehr ist in Shanghai eigentlich recht gut geregelt. Es gibt da ja dreistöckige Autobahnen durch die Stadt. Auch der Smog ist nicht so arg wie in Peking, weil Shanghai ja am Meer liegt und meistens der Wind weht. Es riecht ähnlich wie in Wien, aber logischerweise mehr nach Meer. Und nach Kanal. Außer man geht auf die alten Märkte. Dort riecht es dann ganz anders, zum Beispiel nach Gewürzen.

Gehst du manchmal auch auf Entdeckungstour durch die Stadt oder auf das Land rundherum?

Ja, klar versuche ich, mir immer wieder einmal etwas anzuschauen. Aber ich habe hier eh noch länger zu tun – bis ich mich dann vielleicht sogar ein bisschen auskenne.

Die Architektur – ziemlich unglaublich, was sich da tut, oder?

Ja, Hochhauskultur. In dieser Intensität sieht man, denke ich, diese Art von Architektur nirgends sonst auf der Welt. Da ist New York ja fast schon ländlich.

Wie schmeckt dir eigentlich die chinesische Küche hier?

Uih, was die Küche betrifft, ist Shanghai nicht mehr sehr chinesisch. Das ist eher Fusionsküche. Außerdem beginnt der Kulinarikboom hier erst so richtig. Ich fürchte aber, dass der schon sehr von den USA und Europa geprägt sein wird, was man auch jetzt schon deutlich feststellen kann. Aber auch wir haben ja aus der Steiermark Marillenmarmelade und Kernöl mitgebracht und immer genug davon im Haus. Und wir haben auch Wein und Bier aus Österreich. Ja, ein bisserl wie daheim – sicherheitshalber. So muss ich dieses Zwischendings nicht essen. Das haben die Chinesen jetzt davon, dass sie nicht mehr richtig chinesisch kochen.

Worauf stehen die Leute in Shanghai eigentlich?

Sie kommen mir ein bisschen wie die Italiener vor: Ganz besonders lieben sie ihre eigene Küche. Aber immer mehr probieren die Leute auch dieses Fusionszeug. Klar,

Eröffnungsfeier – wer dabei war, steht im Buch

Eröffnungstanz ...

... und Blumenmeer

Josef & der Gouverneur von Shanghai

Erfolg steckt im Deta[il]

Der Türsteher

Shanghai Financial District

Zu Besuch im Museum

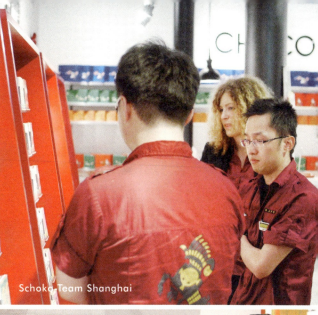
Schoko-Team Shanghai

Julia & Yi

Julia & Josef Zotter

Theater INside

Conchierzeitmaschine

Der Shop

Kindergeburtstag mit Gugelhüpfer & Co

Mrs. Rose von Shanghai

Kaffee-COOL-Tour

westliche Sachen, auch was Lebensmittel und Küche betrifft, sind halt schon schick. Da sind sie schon mehr Amerikaner.

Ein sehr hoher Prozentsatz der Chinesen leidet unter Laktoseintoleranz. Nicht gerade super für einen, der Schokolade verkauft, oder?
Ja, der Anteil der Menschen mit Lactoseunverträglichkeit ist hoch, aber für uns ist das kein Problem: Wir haben genug dunkle Schokoladen ohne Milch bzw. mit Hirsemilch, Soja- oder Reismilch.

Beschreib uns doch dein Schoko-Laden-Theater in Shanghai. Was hat es gekostet, wo liegt es und wie sieht es aus? Mit deinen Worten.
Also, gekostet hat es mich mehrere Millionen Euro. Es ist das gleiche Theater wie hier in Bergl, nur noch schöner. Es war eine alte Hemdenfabrik aus dem Jahr 1921, ein Stück wunderschöner Industrie-Architektur. Unter dem Putz haben wir chinesische Schriftzeichen gefunden, die wir liebevoll restauriert haben. Die Betonwände sind übrigens doppelt so dick wie bei uns – weil alle Angst vor dem großen Erdbeben haben. Das Areal liegt direkt am Huangpu, auf dem die riesigen Hochseeschiffe vorbeifahren, und am anderen Ufer befindet sich eben eine alte U-Boot-Werft. Also ähnlich wie in Bergl, wo wir viel Landschaft sehen. In China sehen wir Wasser, Schiffe – und ganz viele Hochhäuser.

Wie gehst du eigentlich mit deinen chinesischen Mitarbeitern um?
Genau gleich wie hier in Bergl. Sie bekommen 30 Prozent über dem vorgeschriebenen Tarif bezahlt. Wir servieren ihnen auch dort ein Bioessen zu Mittag, und zwar ein vegetarisches, weil wir auf keinen Fall Fleisch aus Massentierhaltung verwenden wollen. Und wir werden versuchen, ein Team aufzubauen, das so hinter z o t t e r steht wie hier. Wir kopieren also hier in China alles, was wir in der Steiermark machen.

Chinesische Wanderarbeiter werden in deinem chinesischen Schoko-Laden-Theater hoffentlich sowieso nicht arbeiten.
Die arbeiten hier nicht, nein. Das geht in Shanghai gar nicht. Da ist das Leben für Wanderarbeiter einfach zu teuer. Wanderarbeiter machen meistens die billigen Klamotten und Handys, Schuhe und Möbel – irgendwo im Landesinneren. Die meisten Einwohner Shanghais verdienen gleich viel wie die Leute bei uns hier in Europa. Bei uns haben alle einen fixen Job. Solange wir halt Arbeit haben – eh klar.

Sind die Vorschriften bei der Lebensmittelerzeugung in China genauso streng wie hier oder tust du dir da ein bisschen leichter?
Na, die sind im Grunde genommen genauso wie bei uns und halt auch wieder ein

bisserl anders. Aber in China gibt es extrem viele Lebensmittelskandale – und da sind die Behörden jetzt schon ziemlich vorsichtig geworden.

Sind die Schokoladen auf Chinesisch beschriftet?

Ja, sicher – aber nur hinten. Vorne auf Englisch – und „made in Austria" ist auch ganz wichtig.

Wer waren von Beginn an deine wichtigsten Mitarbeiterinnen und Mitarbeiter in China – von deiner Tochter einmal abgesehen?

Na ja, General Manager ist meine Tochter. Ihre Assistentin ist eine Österreicherin mit Wirtschaftsabschluss. Die Theaterleitung macht eine Chinesin, die aber fünf Jahre lang in Österreich studiert hat. Ein paar Leute sind im Austausch direkt aus unserem Unternehmen gekommen. Und dann habe ich noch ein paar europäische Mitarbeiter beschäftigt – alle anderen wurden angelernt.

Hast du etwas gelernt hier, was dir bisher noch nicht so klar war?

Sicher habe ich viel gelernt. Das ist ja ganz normal. Schön langsam beginne ich zum Beispiel zu verstehen, wie Kommunismus in Kombination mit freier Marktwirtschaft funktioniert. Beides in abgeschwächter Form scheint ja momentan tatsächlich zu laufen. Was mir Sorgen macht, ist das schnelle Wachstum, weil es auf Kosten der Umwelt passiert. Aber die Chinesen bauen derzeit auch die meisten Fotovoltaikanlagen. Aber leider auch die meisten Atomkraftwerke.

Apropos Kommunismus: Hast du schon einmal eine Mao-Bibel in der Hand gehabt oder darin geschmökert?

In der Hand gehabt schon, aber darin gelesen nicht. Hab aber schon viel von diesem Mao gehört. Der war, glaube ich, kein Lustiger.

Du wolltest doch vor deinem Schoko-Laden-Theater eine Mao-Statue aufstellen.

Ja, schon. Ich habe es mir aber aus Sicherheitsgründen dann doch noch anders überlegt und die Figur lieber hier in Bergl aufgestellt. Aber ich habe andere lustige Figuren nach Shanghai geschickt. Bin schon neugierig, ob die Chinesen den Schmäh verstehen. Zum Beispiel „to much beer in the afternoon" als Pisser.

Welche Ziele hast du mit deinem Schoko-Laden-Theater in Shanghai?

Die gleichen wie mit allen meinen Projekten. Wir wollen natürlich wirtschaftlich reüssieren und zeigen, dass Bioprodukte und Fair Trade ein tragfähiges Modell abgeben, das zu kopieren sich lohnt. Bisher sind Bio und FAIRTRADE in China ja

„In dieser Intensität sieht man diese Art von Hochhaus-Architektur nirgends sonst auf der Welt. Da ist New York ja fast schon ländlich."

praktisch nicht vorhanden. Aber das wird mit der Zeit schon werden. Und noch etwas ist mir wichtig: zu zeigen, dass die Mitarbeiter das höchste Gut im Unternehmen sind.

Deine Tochter Julia wird das ganze Theater in Shanghai führen?

Sie ist „die" Star dort drüben. Wirklich! Obwohl sie für so eine Aufgabe ja doch noch ziemlich jung ist, geht sie das mit aller Konsequenz an. Sie übernimmt Verantwortung, kriegt jetzt natürlich auch voll mit, was es heißt, so ein Unternehmen aus dem Boden zu stampfen. Täglich lernt sie etwas dazu, beherrscht auch die Sprache von Tag zu Tag besser. Ja, sie hat echt Talent dafür – was die Chinesen wiederum sehr schätzen. Sie leitet die Geschäfte in Shanghai und das macht mich als Vater ziemlich stolz. Mich freut es überhaupt, dass sich meine beiden Großen – Julia und Michael – aus freien Stücken im Unternehmen engagieren und weitermachen wollen. Michael macht gerade sein zweites Studium in IT und Wirtschaft und gibt auch Vollgas, damit wir einmal den besten Webshop der Welt betreiben können (lacht). Michi ist außerdem ein sehr Genauer. Er kann auch Buchhaltung und weiß, wie man Ordnung hält. Er hat viel von seiner Mama.

Derzeit wacht ja noch deine Frau über die Zahlen.

Ja, sie schaut nach wie vor jeden Tag darauf, dass wir wirtschaftlich irgendwie überleben, ist nebenbei die beste Mutter der Welt und sorgt dafür, dass ich am Abend auch noch ein gutes Essen kriege. Ohne sie wäre die Story hier leider zu Ende.

Warum zu Ende?

Weil ich, was realistisches Rechnen und Ähnliches betrifft, eine Niete bin. Einmal war sie eh zu gutgläubig – und schon hatten wir den Bauchfleck hingelegt.

Fast hätten wir deine kleine „Prinzessin" vergessen: Valerie.

Die würde gerne in der Business Class nach China fliegen – weil sie sagt, dass sie dann besser ausgeschlafen ankommt. Ja klar. Geht aber nicht, weil wir das gar nicht anfangen bzw. – wie immer – klein anfangen. Und sie geht in eine Waldorfschule, worauf ihr Papa auch sehr stolz ist. Weil es dort nämlich nicht andauernd um Leistung geht und darum, der oder die Beste zu sein. Lesen und rechnen lernen die Kinder dann, wenn sie das Gefühl haben: „Jetzt interessiert es mich. Jetzt will ich die Wurzel aus 68956 wissen!" Der Unterricht fängt nicht mit Lernen an, sondern mit Spielen und Bewegung. Ich denke, sie wird eine richtige Naturschützerin werden und gegen die Ausbeutung von Menschen sein – irgendwann halt.

Noch eine Frage – hätten wir jetzt beinahe vergessen: Wie viel kostet deine Schoko in China? Ist sie billiger oder teurer? Und wie kommt sie überhaupt dorthin?
Sie kostet in etwa doppelt so viel wie bei uns – weil wir ja Transportkosten und Importkosten wie zum Beispiel die Zollgebühren haben. Das meiste kommt mit dem Schiff. Nur die Produkte, die besonders heikel sind, kommen mit dem Flugzeug. Wir sind mit dem Flieger in drei Tagen in Shanghai und nach dem Zoll innerhalb von einer Woche im Shop.

Den Chinesen sagt man ja nach, dass sie kein r aussprechen können und stattdessen l sagen.
„Zottel" sagen sie auf jeden Fall nicht. Es klingt eher wie Sotter oder so ähnlich. Aber unsere Firma in China heißt ja „Zhen de". Das heißt übersetzt: „Hüte den Schatz".

Wie ist es zu diesem Namen gekommen?
Durch einen Feng-Shui-Berater.

„Wir wollen natürlich wirtschaftlich reüssieren und zeigen, dass Bioprodukte und Fair Trade ein tragfähiges Modell abgeben, das zu kopieren sich lohnt. Bisher sind Bio und FAIRTRADE in China ja praktisch nicht vorhanden."

IMPRESSUM

Herausgeber und Verleger
zotter Schokoladen Manufaktur GmbH, Bergl 56, 8333 Riegersburg, www.zotter.at

Art-Design und Layout
gugler* brand, 3390 Melk, www.gugler.at/brand
Mit zahlreichen **Illustrationen** von Andreas h. Gratze.

Lektorat
KORRELEKTOR, www.korrelektor.at

Fotos
Coverfoto – „Butter & Brot", www.butterundbrot.at;
Familienunternehmen – zotter Archiv
Schokoladenproduktion – H. Lehmann, www.herbertlehmann.com;
Aus dem Schoko-Atelier – Robert Leitner (S. 156); Karin Trummer (S. 158, 159, 164, 165, 176, 177);
Bernhard Bergmann, www.reportagefotografie.com (S. 160, 161, 166–175, 178–181);
Foto Langhans (S. 162, 163);
Zotters Bauern – C. Brück, FAIRTRADE; zotter Archiv;
Ein Zotter, zwei Schuhe – Robert Leitner;
Essbarer Tiergarten – BigShot, www.bigshot.at; Foto Langhans, Fürstenfeld;
Bernhard Bergmann, www.reportagefotografie.com; zotter Archiv;
Zotters Reisen – Roland Wehap, www.rowe.at (Indien);
zotter Archiv (Nicaragua, Brasilien, Usbekistan, Schanghai usw.);
Zotter in China – Roland Wehap, www.rowe.at; Robert Leitner; zotter Archiv.

Produktion und Druck
gugler* print, 3390 Melk, www.gugler.at/print

Höchster Standard für Ökoeffektivität. Weltweit einzigartig:
Cradle-to-Cradle®-Druckprodukte innovated by gugler*.
Sämtliche Druckkomponenten sind für den biologischen Kreislauf optimiert.
Bindung und Umschlag ausgenommen.

ISBN 978-3-9503461-2-1

Erweiterte und aktualisierte Neuausgabe
Copyright © 2015 zotter Schokoladen Manufaktur GmbH
Alle Rechte vorbehalten, jede Art der Vervielfältigung ohne Genehmigung des Verlages ist unzulässig.